btb

Buch

Der Essayist und Erzähler Günter de Bruyn hat den Mittelpunkt seines Lebens immer in der Mark Brandenburg gesehen. Als Herausgeber der Reihe »Märkischer Dichtergarten« hat er auf bekannte, weniger bekannte und nahezu vergessene Autoren dieser Landschaft aufmerksam gemacht. Die Beschäftigung mit den Autoren dieser Region war für de Bruyns Schaffen von großer Bedeutung. In »Die Finckensteins« gelingt es de Bruyn meisterhaft, anhand von Familienepisoden die Geschichte eines preußischen Adelshauses zu entwickeln.
Was einst, um 1800, ein blühendes Dorf mit einem pulsierenden Musenhof war, wurde später, durch Krieg und Diktatur, eine Brache. Mittlerweile steht jenes Madlitz wieder in altem Glanz. Günter de Bruyn schließt sein Buch über ein Stück preußischer Kulturgeschichte folgendermaßen: »*Ein Kleinod im märkischen Sand ist hier wiedererstanden, das nach einem halben Jahrhundert Verfall und Missachtung des preußischen Erbes reine Freude erzeugen könnte, mischte sich nicht bei dem Gedanken an die vielen Adelssitze und Dorfkirchen, die in der Mark und in Mecklenburg weiter verfallen, Melancholie darunter, der man am besten auf dem kaum noch als solchen erkennbaren Friedhof der Finckensteins nachhängen kann.*«

Autor

Günter de Bruyn, 1926 in Berlin geboren, lebt seit 1961 als freier Schriftsteller in Berlin und in einem Dorf in der Mark Brandenburg. Zu seinen zahlreichen Auszeichnungen zählen der Heinrich-Mann-Preis, der Thomas-Mann-Preis, der Heinrich-Böll-Preis, der Große Literaturpreis der Bayrischen Akademie der Künste und der Jean-Paul-Preis. Zuletzt erhielt er viel Anerkennung für seine beiden autobiographischen Bücher »Zwischenbilanz« und »Vierzig Jahre«.

Günter de Bruyn

Die Finckensteins
Eine Familie
im Dienste Preußens

btb

Umwelthinweis:
Alle bedruckten Materialien dieses Taschenbuches
sind chlorfrei und umweltschonend.

Der btb-Verlag ist ein Unternehmen der Verlagsgruppe
Random House GmbH.

2. Auflage
Genehmigte Taschenbuchausgabe Juli 2004
Copyright © 1999 Siedler Verlag, Berlin
Umschlaggestaltung: Design Team München,
unter Verwendung einer Fotografie aus dem Privatbesitz
des Autors
SR · Herstellung: Augustin Wiesbeck
Made in Germany
ISBN 3-442-73227-1
www.btb-verlag.de

Inhalt

Kunersdorf	7
Halbmonde und Stern	10
Der Feldmarschall	14
Der Kronprinzenerzieher	26
Jugendfreunde	39
Madlitz	48
Theokrit und Kleist	52
Der gerechte König	60
Reform und Opposition	67
Der Frühlingstag im Garten	77
Musenhöfe	85
Arethusa	99
Burgsdorff	104
Tieck	110
Begegnung in der Oper	118
Im Salon	123
Namenloser Gram	129

Krank in Madlitz	135
Glück zu zweit	141
Die Gewaltkur	146
Nervenfieber	152
Henriette	165
Caroline	179
Barnime	193
Einquartierung	200
Industrie und Ackerbau	211
Erhaltung für ewige Zeiten	216
Die Oderfront	225
Trümmer	230
Heimkehr	238
Nachweis der Zitate	247
Ausgewählte Literatur	254
Erbfolge der Madlitzer Finckensteins	258
Personen- und Ortsregister	261
Abbildungsnachweis	270
Karten	272

Kunersdorf

Der 12. August 1759 war für Preußen ein schwarzer Tag. Am 10. war des Königs Armee, von Beeskow und Müllrose kommend, unter Umgehung Frankfurts, wo die Russen schon waren, in Lebus eingetroffen, war am 11. bei Reitwein über die Oder gegangen, hatte am nächsten Morgen die bei Kunersdorf stehenden Russen und Österreicher angegriffen und war am Abend, unter Zurücklassung vieler Geschütze, in wilder Flucht an das Flußufer zurückgewichen. Der König hatte nur durch das Eingreifen eines Rittmeisters von Prittwitz und seiner Husaren vor der Gefangennahme durch die Kosaken bewahrt werden können. Von seiner aufgelösten Armee hatte er noch etwa 3000 Soldaten um sich. Vor der Schlacht hatte er 48 000 gehabt.

Der Anekdote, nach der der König im Chaos des Rückzuges gerufen hatte, er wünschte, daß eine dieser verdammten Kugeln auch ihn endlich träfe, entspricht der verzweifelte Brief, den er am Abend an seinen Berliner Vertrauten schrieb: Sein Rock sei von Kugeln durchlöchert, zwei Pferde ihm unter dem Leibe erschossen worden. Die Verluste seien beträchtlich, und er, der alles verloren gebe, sei nicht mehr Herr seiner Leute. In Berlin solle man an die eigne Sicherheit denken. »Den Untergang meines Vaterlandes werde ich nicht überleben. Adieu für immer«, so schließt dieses in Eile gefertigte Schreiben, das nach den einen unsicheren Quellen in Ötscher, noch am östlichen Oderufer, nach anderen erst im links der Oder gelegenen Reitwein geschrieben wurde. Ein Kurier brachte es nach Berlin.

Adolph Menzel: Der König bei Kunersdorf in Gefahr. Friedrich beschreibt diese Situation in seiner »Geschichte des Siebenjährigen Krieges« so: »Der König deckte den Rückzug. Dabei bekam er einen Prellschuß. Hinter ihm wurde das Pionierregiment gefangen genommen, während die Infanterie bereits über die Dämme zurückgegangen war. Nun wollte zuletzt auch der König zurück, doch wäre er dem Feinde in die Hände gefallen, hätte sich nicht der Rittmeister von Prittwitz mit hundert Husaren ihnen entgegengeworfen, so daß dem König Zeit zum Entkommen blieb.«

Gerichtet war dieses Dokument der Verzweiflung an einen Menschen, dem Friedrich, da er ihn von Kindheit an kannte, in Staats- und Organisationsangelegenheiten mehr als seinen schöngeistigen Freunden vertraute und dem er zu Beginn des Krieges schon Instruktionen für den Fall seines Todes gegeben hatte, an den Minister Karl Wilhelm Graf Finck von Finckenstein.

Während dieser mit dem Hofstaat, der königlichen und der eignen Familie vor den Russen nach Magdeburg flüchtete, zog sich der König, der, wie fast immer in den drei schon vergangenen Jahren des Krieges, alle Strapazen mit seinen Soldaten teilte, langsam nach Westen zurück. Seine Armee, die sich in drei Tagen wieder gesammelt, aber fast die Hälfte ihres Bestandes verloren hatte, sollte hinter der Spreelinie bei Fürstenwalde Berlin zu schützen versuchen, doch war bei der Übermacht der Verfolger und der schlechten Moral der Truppe die Aussicht auf wirksame Abwehr gering.

Die Dörfer des Oderbruchs und des Lebuser Plateaus, die die Truppen durchzogen, waren bereits von Kosaken geplündert worden, so auch Madlitz, wo der König, geschützt durch die Petershagener Seenkette, am 16. August eine Rast einlegte und, inzwischen gefaßter, in Briefen über die Hoffnungslosigkeit seiner Lage berichtete, daneben aber auch die Tatsache, daß er sich momentan auf Finckensteinschem Grund und Boden bewegte, für erwähnenswert hielt.

Zwar wird das geflügelte Wort vom »Mirakel des Hauses Brandenburg«, in einem Brief an den Bruder, den Prinzen Heinrich, erst vierzehn Tage später geschrieben werden, aber das damit gemeinte Wunder, daß nämlich die verbündeten Österreicher und Russen, die bei Kunersdorf auch schwere Verluste erlitten hatten und sich überdies uneins waren, auf die Verfolgung und die Einnahme Berlins verzichteten und sich zurückzogen, trat eigentlich schon während der Madlitzer Marschpause ein.

Halbmonde und Stern

Madlitz, damals zum Kreis Lebus, heute zum Oder-Spree-Kreis gehörig, liegt ostnordöstlich von Fürstenwalde auf der Barnim-Lebuser Hochfläche, die östlich des Dorfes durch eine schmale Rinne von Seen unterbrochen wird. Das Land ist flach, mit nur leichten Wellen; Äcker und Wiesen wechseln mit Wäldern, die damals noch vielfältiger als die heutigen Kiefernanpflanzungen waren, und die wenigen Hügel, die sich kaum merklich aus der Ebene erheben, werden großspurig Berge genannt.

Das Dorf, wahrscheinlich eine Gründung des dreizehnten Jahrhunderts, ist erst seit 1373 urkundlich bezeugt. Lehnsherren waren die Markgrafen und Kurfürsten, Lehnsträger wechselnde Adelsgeschlechter, kurzzeitig auch das Kartäuserkloster und die Universität im nahen Frankfurt an der Oder, bis dann, ab 1551, für genau zweihundert Jahre, die von Wulffen hier saßen, gefolgt, bis in unsere Tage, von den Grafen von Finckenstein.

Will man der mündlichen Überlieferung glauben, daß Friedrich der Große im August 1759 angesichts des geplünderten Dorfes die Ansiedlung von Kolonisten als Schadensausgleich versprochen habe, ist auch der heutige Name des Dorfes auf ihn zurückzuführen. Denn mit der Gründung von Neu Madlitz in den siebziger Jahren bürgerte sich der Name Alt Madlitz ein.

Das Straßendorf, das auf den Herrensitz zuläuft, hatte in den fünfziger Jahren des achtzehnten Jahrhunderts, mitsamt den zwei Vorwerken, zwei Forsthäusern und der Wassermühle, etwa hundert Einwohner, vorwiegend Kossäten, aber auch einen Fi-

10

scher, einen Müller, einen Radmacher und einen Schmied. Ihre Häuser waren klein und niedrig, die Einrichtung dürftig, mit Küchen, die von den offenen Feuerstellen geschwärzt waren. Die meist großen Familien lebten auf engstem Raum.

Die Kirche, ein Feldsteinbau aus dem Mittelalter, der später mehrfach verändert, verputzt, angebaut und mit einer klassizistischen Kanzelwand versehen wurde, liegt weder zentral, noch ist er in die Anlage von Schloß und Park einbezogen. Er muß sich vielmehr in die Reihe der die Dorfstraße säumenden Häuser und Höfe bequemen, nur hat er mehr Platz um sich als diese, da früher hier auch begraben wurde; doch schon seit langem hat man den Friedhof aus dem Dorfe verbannt.

Ein Pfarrhaus neben der Kirche sucht man in Madlitz vergebens, da der zuständige Pfarrer schon etwa seit 1600 bei der Mutterkirche im Nachbarort Wilmersdorf saß.

Der Kirchenraum, mit flacher Holzbalkendecke und Westempore, hat keine Patronatsloge, wie sie sonst in Gutsdörfern üblich war. Die gräfliche Familie saß nicht räumlich getrennt von der Gemeinde, sie hatte rechts vorn ihre längs stehende Bank. Ein prunkvolles, hölzernes Epitaph mit Bildnis und zwei Grabsteine mit Relieffiguren erinnern an die von Wulffen; die Finckensteins sind durch eine Stuckkartusche mit ihrem Wappen vertreten: zwei Halbmonde, die sich, unter einem darübergesetzten Stern, den Rücken zukehren, also Zu- und Abnehmen symbolisieren. Sie deuten wohl die Dauer im Wechsel an.

Unerklärlich ist die dem Wappen beigegebene Jahreszahl 1734. Zu dieser Zeit gehörte Madlitz noch den von Wulffen, und ein besonderes Ereignis der Finckensteinschen Geschichte, wie zum Beispiel die Verleihung der Reichsgrafenwürde, fällt in dieses Jahr nicht.

Auf die Totengruft in oder an der Kirche hatten die Finckensteins schon früher als andere Gutsherren verzichtet. Ihre Begräbnisstätte lag draußen, östlich des Dorfes, am Weg zur Madlitzer Mühle, auf einem Hügel, dessen Name, der Friedrichs-

Das restaurierte Wappen der Finckensteins über dem Kamin im Schloß Madlitz. Die dazugehörige Sage erzählt die traurige Geschichte von zwei Brüdern, die die gleiche Jungfrau liebten. Deshalb zwei Halbmonde und nur ein Stern.

berg, möglicherweise auf den König zurückgeht (denn auch andere Flurnamen der Gegend, wie die Russenschanze hinter der Seenkette, erinnern noch an das Jahr 1759), wahrscheinlich aber nach einem Kinde dieses Namens benannt ist, das 1788 schon in der Wiege starb und hier begraben wurde, als erster Finckenstein in Madlitzer Erde, dem Generationen von Toten folgten, bis dann, irgendwann nach 1945, die Grabstätte mutwilliger oder geplanter Zerstörung zum Opfer fiel.

Den Gemeindefriedhof, den man im vorigen Jahrhundert dem der Gutsherrschaft vorgesetzt hatte, muß man heute umgehen, um zu den Finckenstein-Gräbern zu kommen, die unter Eichen und Lebensbäumen nicht mehr erkennbar sind. Neben einem steinernen Kreuz ist nur noch das erste der Grabmäler, das des Kindes, erhalten, ein Granitquader, auf dem mit Mühe folgende Verse zu lesen sind:

»Rötlich hieng die Blüthe
Da hauchte sie leise der Tod an
Und an des Himmels Strahl
Zeitiget schwellende Frucht«

Der Feldmarschall

Zu jenen märkischen Adelsfamilien, die stolz von sich sagen konnten, sie seien schon vor den Hohenzollern im Lande gewesen, gehörten die Finckensteins nicht. Sie waren erst im achtzehnten Jahrhundert aus Preußen, das man später Ostpreußen nannte, an Spree und Oder gekommen, und sie führten ihre Herkunft nicht, wie die Quitzows oder die Putlitzens, auf den altslawischen Adel, sondern auf den in Tirol, in Kärnten oder in Bayern zurück. Sie waren, will man der urkundlich nicht belegten, aber auch im Grafen-Diplom von 1710 erwähnten Überlieferung glauben, im dreizehnten Jahrhundert mit den Rittern des deutschen Ordens nach Nordosten gezogen, um die heidnischen Pruzzen zu unterwerfen und zu bekehren, waren zwischen Nogat und Memel heimisch geworden und hatten es beim Verfall der Ordensherrschaft im südwestlichen Teil des Landes zu Grundbesitz beträchtlichen Umfangs gebracht. Von ihren Herrensitzen, die zwischen Neidenburg, Osterode, Gilgenburg und Marienburg lagen, wurde Schloß Finckenstein, seiner barocken Pracht wegen, besonders bekannt.

Als Preußen, wo sich polnische, schwedische und brandenburgische Interessen und Einflüsse kreuzten, durch von Heiratspolitik gesteuerte Erbfolge an den Kurfürsten von Brandenburg gelangte, gehörten die Finckensteins, wie die Dohnas, die Dönhoffs und die Kuenheims, zu den einflußreichsten Familien des Landes, die, immer darauf bedacht, ihre Rechte und Freiheiten zu wahren, sich nur zögernd und mit Vorbehalten in kurfürstliche Dienste begaben. Hofämter in Berlin bekleideten sie von den Zeiten des Großen Kurfürsten an.

Aber die Symbiose von Fürst und Adel stand im siebzehnten Jahrhundert noch in den Anfängen. Der Adlige fühlte sich mehr seinem Stand als dem Staat oder gar der Nation verpflichtet. In fremde Dienste zu treten war auch noch nach dem Dreißigjährigen Krieg für die Militärs unter ihnen nicht die Ausnahme, sondern die Regel. Der Reitergeneral Derfflinger, der für den Großen Kurfürsten bei Rathenow und Tilsit die Schweden besiegte, war vorher in schwedischen wie auch in böhmischen Diensten gewesen; und der historische Prinz Friedrich von Homburg hatte, anders als der von Kleist geschaffene, bevor er bei Fehrbellin gegen die Schweden kämpfte, für die Schweden gegen die Dänen und die Polen gekämpft. Für die in ritterlichen Traditionen Erzogenen kam es nicht darauf an, wofür, sondern daß man kämpfte und, wo auch immer, neben militärischen Kenntnissen Lohn und Lorbeer gewann.

Ein Menschenalter später war es damit zu Ende, zumindest im absolutistischen Preußen, das seinen erstaunlichen Aufstieg auch der Tatsache verdankte, daß es den Ehrbegriff des Adels an die Person des Königs und damit an den Staat zu binden verstand. Friedrich Wilhelm I. hatte mit adliger Aufsässigkeit, gegen die er mit Drohungen und Vereinbarungen anging, noch Sorgen; sein Sohn, Friedrich II., aber konnte sich auf den Adel schon völlig verlassen; das gesamte Offizierskorps wurde von ihm gestellt. Jener Finckenstein, der einen Zweig seines Geschlechts an die Spree bringen sollte, bietet ein Beispiel dafür, wie relativ rasch diese bindende Verpflichtung des Adels gelang.

Albrecht Konrad Finck von Finckenstein, den wir in Folgendem den Feldmarschall nennen werden, wurde 1660 in einem Dorf bei Soldau, im südlichen Ostpreußen, geboren – und nicht in Neidenburg, wo eigentlich sein Elternhaus stand. Es waren Kriegszeiten, die auch Pestepidemien zur Folge hatten, und vor diesen waren die Eltern aufs Land geflohen. Sein Vater, der in jungen Jahren in Berlin beim Kurprinzen, dem späteren Großen Kurfürsten, als Kammerjunker gedient hatte, fiel kurz vor der Geburt seines jüngsten Sohnes der Pest zum Opfer, und da seine Frau ihm bald danach in den Tod folgte, wurde das Kind bei Verwandten erzogen, bis der Sechzehnjährige eine militärische Laufbahn einschlug, aber nicht in preußische, sondern, durch Vermittlung eines älteren Bruders, in niederländische Dienste trat. Die dort regierenden Oranier waren verwandtschaftlich mit dem kurfürstlichen Hause verbunden; sie waren Reformierte, wie die meisten dem Hofe nahestehenden Adelsfamilien; und sie beherrschten die modernste Kriegstechnik. Gründe für diesen Schritt also gab es genug.

Unter Wilhelm III. von Oranien, der später König von England wurde, focht er in mehreren unglücklich verlaufenden Schlachten gegen die Franzosen Ludwigs XIV., wurde nach einer Verwundung deren Gefangener, erkaufte sich seine Freiheit wieder, indem er in die französische Armee wechselte, sich vom Gemeinen zum Offizier hochdiente, in Spanien kämpfte, den Dienst aber quittierte, als Brandenburg-Preußen wieder zum Kriegsgegner Ludwigs XIV. wurde und der Kampf um die Pfalz begann. 1689, unter Kurfürst Friedrich III., trat er als Major in brandenburgische Dienste und begann damit seine preußische Karriere, die ihn über viele Schlachtfelder der Nordischen Kriege und des Spanischen Erbfolgekrieges führte und die schließlich, fast am Ende seines fünfundsiebzigjährigen Lebens, mit der Feldmarschallswürde und dem höchsten preußischen Orden, dem des Schwarzen Adlers, gekrönt wurde. Es war ein ruhm- und erfolgreiches Soldatenleben, dessen Bedeutung für Preußen und auch für die eigene Familie, aber doch weniger auf seinem bedeutenden militärischen Wirken, für das ihm vom Kaiser die Grafenwürde verliehen wurde, als auf der Tatsache beruhte, daß Finckenstein Oberhofmeister, also Erzieher und Berater zweier preußischer Kronprinzen wurde und damit dem Königshause aufs engste verbunden war.

16

Als am 18. Januar 1701 Kurfürst Friedrich III. als Friedrich I.
zum König »in« Preußen gekrönt wurde, gehörte Finckenstein
schon seit einigen Jahren zum engeren Kreis derer, die regelmäßig bei Hofe verkehrten. Besonders die geistvolle Kurfürstin
Sophie Charlotte schätzte den Offizier mit französischer Bildung, der neben militärischen Kenntnissen und Verdiensten
auch die feinsten Manieren hatte und der sich als Vierzigjähriger
zur Heirat mit einer ihrer Hofdamen entschloß. Im Mai des Jahres 1700, in dem Jahr also, in dem, auch auf Betreiben der mit
Leibniz befreundeten Kurfürstin, die Sozietät der Wissenschaften, die spätere Akademie, gegründet wurde, heiratete Finckenstein die aus Hessen-Kassel stammende Susanna von Hoff. Im
Berliner Stadtschloß, das in diesen Jahren von Andreas Schlüter
zu dem barocken Monumentalbau gestaltet wurde, den 250
Jahre später der Zweite Weltkrieg beschädigen und Ulbricht be-
seitigen sollte, richtete die Kurfürstin für ihre Hofdame die
Hochzeit aus.

Als vier Jahre später der Generalmajor Finckenstein zum
Oberhofmeister des Kronprinzen ernannt wurde, war dieser
schon sechzehn Jahre alt. Die Wahl des neuen Erziehers, der
einen Grafen von Dohna ablöste, hing sowohl mit dem schwie-
rigen Charakter des Zöglings als auch mit den schwer durch-
schaubaren Intrigen und Prestigekämpfen des Hofes zusammen,
in die auch Sophie Charlotte, die Königin, ständig verwickelt
war. Sie war für die frühe Erziehung des Thronfolgers verantwortlich gewesen und hatte dabei besonderen Wert auf gelehrte
französische Bildung, auf sittlich-religiöse Erziehung und höfischen Anstand gelegt. Damit aber waren die Lehrer, die sie ausgewählt hatte, teilweise gescheitert. Der Zögling, dessen Charakter sich früh schon verfestigt hatte, war zwar zu einem gläu-
bigen Christen, nicht aber zu einem Bildungsbeflissenen und
Hofmann geworden. In seinen Flegeljahren zeigte er seiner Umgebung ständig, daß er in Opposition zu ihr stand. Zum Beweis
seiner Verachtung höfischer Formen kleidete er sich gern in gro-

Adolph Menzel: Königin Sophie Charlotte im Gespräch mit den Philosophen Leibniz vor dem nach ihr benannten Schloß Charlottenburg. Menzel schuf diese Illustration zu Friedrichs II. »Denkwürdigkeiten des Hauses Brandenburg«.

bes Zeug wie ein Bauer, verschmähte, so oft es ging, Rock und Perücke, aß lieber, manchmal auch mit den Fingern, von Holzbrettern als von silbernen Tellern, ließ seinen Haß auf alle Gelehrsamkeit überall laut werden, und die Damen, die ihn schüchtern machten und erröten ließen, behandelte er grob. Statt mit den Herren vom Hofe, vor denen er linkisch wirkte, verkehrte er lieber mit gewöhnlichen Leuten, am liebsten mit Soldaten und Korporälen, deren grobes Deutsch er nachahmte, wie überhaupt von früh an seine Liebe allem Militärischen galt. Das Kind, das später Soldatenkönig genannt werden sollte, hatte schon seine Kompanie zum Exerzieren, und als Offizier erfüllte es seine Pflichten pünktlich und akkurat.

Finckenstein, der zwar zum Kreis der Königin gehörte, von den anderen Parteiungen bei Hofe aber seiner militärischen Verdienste wegen geachtet wurde, schien ein Mentor zu sein, der guten Einfluß auf den eigensinnigen Thronfolger ausüben konnte, weil er Kriegserfahrung und soldatischen Mut, die dem jungen Mann imponierten, mit Bildung, einem bei Hofe durchaus nicht selbstverständlichen unanstößigen Lebenswandel und elegantem Auftreten verband.

Die Ernennung erfolgte in Freienwalde an der Oder, wo die königliche Familie den »Gesundbrunnen« gebrauchte, dessen Heilkraft zwanzig Jahre zuvor vom Apotheker des Städtchens entdeckt worden war. Schon der Große Kurfürst war hier Kurgast gewesen, und sein Sohn, der König, ließ sich zwei Jahre darauf von Andreas Schlüter neben der Quelle ein Schlößchen errichten, das aber heute nicht mehr existiert.

Es war der sechzehnte Geburtstag des Kronprinzen, der zum Anlaß genommen wurde, ihn vorzeitig für volljährig zu erklären und den Erzieher der Kinderzeit abzulösen. Finckenstein, der nicht, wie sein Vorgänger, bis ins Detail festgelegte Erziehungsinstruktionen zu befolgen hatte, sondern nur angewiesen wurde, alle für einen Regenten erforderlichen Fähigkeiten festigen zu helfen, sollte mehr ständiger Begleiter, Beschützer und Berater als Lehrer sein.

Er erfuhr von seiner Ernennung erst durch Kuriere, denn er war mit der Truppe, die Bündnispflichten zu erfüllen hatte, im Krieg. Ein Tag zuvor, am 13. August 1704, hatte eine der blutigsten Schlachten des Spanischen Erbfolgekrieges begonnen. Bei Höchstädt, in Schwaben, waren die Franzosen und Bayern von den alliierten Engländern, unter Marlborough, Österreichern, unter dem Prinzen Eugen, und Preußen, unter dem, damals noch jungen, Alten Dessauer, geschlagen worden, und Finckenstein war dabei gewesen und hatte zum Sieg wesentlich beigetragen. Erst am 25. August konnte er in Berlin eintreffen und sein Amt antreten – das offiziell schon nach zwei Jahren, mit der Heirat des Kronprinzen, enden sollte, in Wahrheit aber noch lange währte, da Friedrich Wilhelm ihn auch als König noch brauchte: für seinen Sohn.

Es war eine schwierige Aufgabe, die Finckenstein übernommen hatte, und zwar nicht nur, weil er, der gereifte Soldat und feine Hofkavalier, nun täglich mit dem zu Derbheiten neigenden, cholerischen, oft kränkelnden jungen Mann zusammensein und mit ihm auskommen mußte, sondern auch, weil der Wille des Königs, den er zu erfüllen hatte, häufig im Widerspruch zu dem des Kronprinzen stand. Seine Pflicht war es, den Thronfolger vor Gefahren für Gesundheit und Leben zu schützen, und da dieser, besonders auf Kriegsschauplätzen, die Gefahren oft suchte, durfte der Beschützer auch List nicht verschmähen. Hinzu kam, daß die Parteien des Hofes bei ihren Machtkämpfen Einfluß auf den Kronprinzen zu nehmen suchten, und dazu bot sich Finckenstein als Mittelsmann an.

Vor den militärischen Exkursionen, die er mit seinem Zögling zu machen hatte, wurde, im Herbst 1704, eine Bildungsreise, eine sogenannte Kavalierstour, unternommen, die in die Niederlande führte, wo der Kronprinz schon einmal, als Zwölfjähriger, gewesen war. Obwohl man incognito reiste, wurde man manchmal mit königlichen Ehren empfangen, und die Kriegsschiffe, die man besuchte, schossen Salut. Den Winter über besichtigte

Albrecht Konrad Finck von Finckenstein, Feldmarschall und Kronprinzenerzieher, Erbauer des Schlosses Finckenstein. Seine Verdienste in der Schlacht bei Malplaquet wegen verlieh ihm 1710 der Kaiser die erbliche Reichsgrafenwürde. Friedrich I., der eine Verletzung seiner Souveränität witterte, stimmte der Verleihung erst nach Fürsprache des Prinzen Eugen zu.

man in verschiedenen Städten Bauten und Häfen, unterrichtete sich über Finanzen und Handel, bewunderte den Wohlstand der Bürger, besuchte nicht nur Gemäldegalerien, sondern auch die Ateliers der Maler, und alles ließ in dem künftigen König, der später mit Backsteinbauten und Grachten Holland nach Potsdam zu holen versuchte, im Malen dilettierte und sich einen Lebensabend in Delft oder Den Haag erträumte, bleibende Eindrücke zurück.

Im Februar sollte die Reise, an Feldmarschall Marlboroughs Seite, weiter nach England führen. Schon waren zum Begleitschutz bei der Kanalüberquerung britische Kriegsschiffe nach Holland beordert worden, da traf die Nachricht vom plötzlichen Tod der Königin bei Finckenstein ein. Der Sohn, der an der Mutter in Liebe gehangen hatte, obwohl er für ihre musischen und philosophischen Neigungen kein Verständnis aufbringen konnte, verfiel in so tiefe Trübsal, daß Finckenstein um seine Gesundheit bangte. Doch brachte er ihn, der bei der prunkvollen Trauerfeier nicht fehlen durfte, heil nach Berlin zurück.

Schwieriger war es, den militärbegeisterten Schützling, der seiner Feuertaufe entgegenfieberte, auf kriegerischen Bildungsreisen zu hüten, zu denen der Spanische Erbfolgekrieg Gelegenheit bot. 1706 reiste man zu Belagerungsgefechten nach Flandern, und 1709 durfte der Kronprinz die blutige Schlacht bei Malplaquet miterleben, wo 60 000 Soldaten starben und ein preußisches Korps an dem Sieg Marlboroughs und des Prinzen Eugen entscheidend beteiligt war. Da mußte Finckenstein, der in der Schlacht auch militärische Aufgaben zu erfüllen hatte und sie so glänzend erfüllte, daß ihm und seiner Familie dafür vom Kaiser auf Vorschlag des Prinzen Eugen die Reichsgrafenwürde verliehen wurde, seinem Schützling als Sicherheitsmaßnahme berittene Eskorten verordnen. Er mußte Wege und Hecken nach versteckten Freischärlern absuchen lassen und Umwege wählen, damit der Kronprinz und seine Begleiter auf den Kampfplätzen erst eintrafen, wenn die größte Gefahr schon vorüber war.

Daß es den späteren Soldatenkönig, der die Mahnung seiner Mutter, nie Angriffskriege zu führen, immer beherzigen sollte, noch leidenschaftlicher als nach Kriegsbewährung nach Paraden, die man damals Revuen nannte, nach Verbesserung der Ausrüstungen und der Uniformen und vor allem nach Exerzierübungen verlangte, erleichterte wiederum Finckensteins Aufgabe; denn das, was man damals »kleiner Dienst« nannte, mit dem sich Feldherren normalerweise nicht abgaben, sondern ihn den Subalternoffizieren und den Korporälen überließen, hielt den Thronfolger, der seiner Armee mit Hilfe des Alten Dessauers den später berühmten und berüchtigten preußischen Drill beibrachte, häufig von wagehalsigen Unternehmungen ab.

In diese Jahre fiel auch des Kronprinzen Heirat, mit der der König es eilig hatte, weil er sich krank fühlte und die weitere Thronfolge gesichert sehen wollte. Auch dabei war Finckenstein nötig, und er wurde nun doch wider Willen in eine Hofintrige verwickelt, in der er Partei für den Kronprinzen und gegen den König nahm. Er befolgte dabei Befehle, denn Friedrich Wilhelm war für ihn einerseits zwar Schützling und Zögling, andererseits aber auch Vorgesetzter, dem zu gehorchen war.

Drei Heiratsverbindungen waren erwogen worden: mit Hessen-Nassau, mit Hannover und mit Schweden. Die erstgenannte Prinzessin schied aus, weil Friedrich Wilhelm äußersten Widerwillen gegen sie zeigte. Die zweite, eine Nichte der verstorbenen Königin Sophie Charlotte, also eine Cousine, war dem Kronprinzen am liebsten, und sie wurde auch von der mächtigsten Hofpartei favorisiert. Der König aber konnte die Verwandten seiner Frau in Hannover nicht leiden, da sie ihn, auf Grund ihrer engen Verbindungen zu England, zu bevormunden versuchten, und da er gerade Allianz-Verhandlungen mit Karl XII. führte und bei einer ehelichen Verbindung sich Hoffnung auf Schwedisch-Vorpommern oder Livland machen zu können glaubte, bevorzugte er die schwedische Prinzessin Ulrike Eleonore, die aber in Berlin unbekannt war. Also wurde Finckenstein, als Heiratsspion sozusagen, unter dem Namen von Obentraut (das war der Geburtsname seiner Mutter) in die schwedische Hauptstadt geschickt.

Vom König hatte er den Auftrag erhalten, die Gestalt, das Gemüt und, der erwünschten Nachkommen wegen, die Gesundheit der Prinzessin in Erfahrung zu bringen; der Kronprinz aber hatte ihm zusätzlich befohlen, die Schwedin auf jeden Fall häßlich, maliziös, stupide und zwergenhaft verwachsen zu finden und das dem König auch mitzuteilen, was Finckenstein, dem Kronprinzen zuliebe, auch wunschgemäß ausführte – und damit der künftigen Mutter Friedrich des Großen zur Königinnenwürde verhalf.

Die greise Kurfürstin Sophie von Hannover, des Kronprinzen Großmutter, war mit den preußischen Heiratsplänen zwar sehr zufrieden, nur hätte sie sich für die Prinzessin Sophie Dorothea den Enkel, der anscheinend mehr auf den Exerzierplatz als ins Brautbett strebte, etwas verliebter gewünscht. Im Juni 1706 gingen in Hannover in Anwesenheit des Königs die Brautwerbung und die Verlobung vonstatten, die Hochzeit aber mußte bis in den November verschoben werden, weil der prunkliebende König, zum Entsetzen des sparsamen Kronprinzen und zur Belustigung Ludwigs XIV., die Ausstattung der Braut in Paris bestellte, obwohl man sich im Kriegszustand mit Frankreich befand.

Da der Hof in Hannover, der die Hochzeit ausrichten mußte, sich dem verlangten königlichen Aufwand finanziell und zeremoniell nicht gewachsen fühlte, wurde die Vermählung in Hannover nur formell, durch einen Stellvertreter, den sogenannten Prokurator, vollzogen, zu dem Prinz Georg, Bruder der Braut und späterer König von England, ausgewählt wurde. Ihm mußte Finckenstein, der mit großem Gefolge nach Hannover geschickt worden war, die Vollmacht des kronprinzlichen Bräutigams überreichen und einige Tage nach der Formaltrauung die Braut in die preußische Residenz begleiten. Da gab es viel Pomp und

Zeremoniell schon auf der Reise und mehr noch bei der Ankunft in der illuminierten Hauptstadt und in der Schloßkapelle, wo Bischof Ursinus, ein Reformierter, der auch 1701 bei der Königskrönung das Zeremoniell der Salbung vollzogen hatte, bei der erneuten Trauung sich predigend kurz faßte, weil er wußte, daß das dem Kronprinzen, der auch mit Zeit gern sparte, gefiel. Im neuen Schloß, dem Prachtwerk Schlüters, wurde mit großem Aufwand getafelt. An dem traditionellen Fackeltanz der Minister und Generäle, nach welchem das Brautpaar ins Schlafzimmer geleitet wurde, hat Finckenstein wohl auch teilgenommen, und sicher hat er geahnt, daß es mit Festlichkeiten wie diesen, die sich bis zu den Weihnachtstagen erstreckten, zu Ende sein würde, wenn sein Zögling, der sich die weiße Schlepprobe nach französischem Muster vor der Trauung nur widerwillig hatte umlegen lassen, erst die Macht über das Land und den Staatsschatz hatte. Vielleicht hat dem vollendeten Hofkavalier, der die dem Sonnenkönig nachgeahmten Zeremonien wie kein anderer beherrschte, bei aller Anhänglichkeit an den künftigen König vor diesem zu erwartenden Umsturz bei Hofe auch ein wenig gegraut.

Der Kronprinzenerzieher

Eine vereitelte Flucht, die den Tod eines Menschen zur Folge hatte, wie Sophie Dorothea sie später bei ihrem Sohn Friedrich erleben sollte, stand auch an ihrem Lebensbeginn. Ihre Mutter, auch eine Prinzessin Sophie Dorothea, war aus Erbfolgegründen mit sechzehn Jahren an den Kurprinzen von Hannover, den späteren König Georg I. von Großbritannien, verheiratet worden, der sie vernachlässigt und offen betrogen hatte, worauf auch sie ein Liebesverhältnis begonnen hatte, mit einem Grafen von Königsmark. Dieser, ein Bruder der berühmten Geliebten Augusts des Starken, war, da er mit der Prinzessin zusammen hatte entfliehen wollen, ermordet worden, und sie wurde, als Fünfundzwanzigjährige, zu lebenslänglicher Haft verurteilt. Als »Prinzessin von Ahlden« hat sie auf dem Schloß dieses Lüneburger Marktfleckens (in dem, unter Verwendung dieser düster-romantischen Liebes- und Lebensgeschichte, Arno Schmidt seinen 1956 erschienen Roman »Das steinerne Herz« ansiedelte) unter Bewachung noch zweiunddreißig Jahre gelebt. Ihre zwei Kinder, die wie die Eltern Sophie Dorothea und Georg hießen, hat sie nie wieder sehen dürfen. Sie wuchsen am Hof von Hannover mutterlos auf.

Friedrich Wilhelm, der Kronprinz von Preußen, war als Kind, wenn er Besuch bei der Großmutter machte, häufig mit ihnen zusammengekommen, hatte Sophie, sein späteres »Fiekchen«, erfreulich, deren Bruder Georg, den späteren englischen König, aber unausstehlich gefunden und sich dann lebenslang

26

diese Meinung über die beiden bewahrt. Da er sich vorwiegend in Männergesellschaften bewegte, von Frauen, über die er nur Schlechtes dachte, also auch nicht in Versuchung geführt werden konnte und in dieser Hinsicht sehr sittenstreng lebte, hat er seiner Frau immer die Treue gehalten – auch in dieser Hinsicht ein Ausnahmefall unter den Fürsten der Zeit.

Sophie Dorothea war in Hannover selbstverständlich französisch erzogen worden, paßte also gut an den Hof Friedrichs I., wo ihre Bildung und Eleganz auch gewürdigt wurden und ihre schlanke Gestalt, die allerdings später, nach vierzehn Geburten, überaus füllig wurde, den Kavalieren gefiel. Weniger gut paßte sie, die Sparen nicht gelernt hatte, an die Seite ihres äußerst sparsamen Gatten, der bewußt den derben Deutschen hervorkehrte, jähzornig werden konnte und sie, ihrer Erfolge bei Hofe wegen, mit einer Eifersucht quälte, die allen und jedem, sogar seinem Vater galt. Glücklich war diese Ehe wohl nicht zu nennen, aber da Friedrich Wilhelm, bei aller Tyrannei, die er über seine schnell wachsende Familie ausübte, der Frau und den Töchtern doch den gewohnten höfischen Lebensstil, wenn auch knapp bemessen, zubilligte, konnte die Ehe in dieser Zweiteilung in eine asketisch-männliche und eine höfisch-weibliche Sphäre trotz scharfer Gegensätze, in die auch die Kinder verstrickt wurden, bis an sein Lebensende bestehen.

Finckenstein, ohne den diese Ehe möglicherweise gar nicht zustande gekommen wäre, gehörte nach Bildung und Lebensart eher in den Kreis um Sophie Dorothea, doch da seine dienstlichen Aufgaben ihn an den Kronprinzen, später den König, banden, kann man bei ihm wohl einen inneren Zwiespalt zwischen Pflicht und Neigung vermuten und ein Bestreben, als Mittler zu wirken, vor allem in der problematischen Beziehung zwischen Vater und Sohn.

Ein Jahr nach der Heirat des Kronprinzen kam ein Thronfolger zur Welt, der sie aber bald wieder verlassen mußte; und auch der nächstjährige Knabe war lebensunfähig. Dann kam ein Mäd-

27

chen, die Wilhelmine, die nach Bayreuth heiratete und im Alter
hochinteressante, nicht immer ganz glaubwürdige Memoiren
verfaßte; und dann wurde, am 24. Januar 1712, Friedrich geboren, zu dessen Tauffeierlichkeiten der glückliche Großvater noch
einmal zeigte, was er an Luxus und Zeremoniell aufbieten
konnte – zum vorletzten Mal. Denn das nächste und letzte glän-
zende Fest, schon im Jahr darauf, war sein Leichenbegängnis,
bei dem mit ihm auch die Auffassung zu Grabe getragen wurde,
daß die Königswürde Aufwand und Verschwendung verlange.
Der neue König war mehr für das Großhungern und das Mehr-
Sein-als-Scheinen. Die barocken Perücken mußten den billigeren
Zöpfen weichen. Tafelgeschirr und edle Weine wurden verkauft,
um die Schulden zu decken. Lakaien mußten Soldaten, Hofmu-
siker Militärmusiker werden, und die Maler bekamen keine Auf-
träge mehr. Die Zahl der Feiertage wurde verringert, Blaue
Montage und Volksfeste wurden verboten. Die Marktweiber
sollten, nach Meinung des Königs, nicht untätig hinter ihren
Kiepen sitzen, sondern dabei Wollstrümpfe stricken, und aller
Müßiggang wurde bestraft. Mit Sparsamkeit, Zweckdenken und
einer gewaltsamen Pädagogik machte Friedrich Wilhelm I. aus
Preußen das, was man später unter Preußen verstehen sollte:
einen Staat der Vernunft, des Militärs, des Rechts und der Ordnung, der an der Hierarchie von König, Adel, Bürger und Bauern nichts ändern sollte, der sich aber nicht als Geldeintreiber
der Krone, sondern als dem Allgemeinwohl verpflichtet verstand. Jeder hatte an seinem Platz seine Pflichten, auch der
König, der der erste Diener des Staates war.

Am Hofe, der personell stark reduziert worden war und wie
das ganze Land knausern mußte, hatte man nach der Thronbe-
steigung erwartet, daß Finckenstein, des jungen Königs Vertrauter, zum ersten Minister gemacht werden würde, aber Friedrich
Wilhelm brauchte ihn für einen anderen, nicht weniger verant-
wortungsvollen Posten, der ihn noch viele Jahre an Berlin und
die Mark band.

Dabei fühlte sich Finckenstein, obwohl er neben seinen Militär- und Hofämtern als Johanniter-Ritter auch in der Komturei Lietzen, im Kreis Lebus, Aufgaben hatte, zeit seines Lebens in Ostpreußen heimisch. Dort, auf seinem Gut Habersdorf, erbaute er sich in diesen Jahren, nach Entwürfen von Jean de Bodt, der in Berlin auch an der Parochialkirche und dem Zeughaus mitgebaut hatte, eines der prächtigsten Schlösser des deutschen Ostens, das hundert Jahre danach selbst Napoleon, der dort seine Liebesromanze mit der Gräfin Maria Walewska erlebte, als ihm standesgemäß anerkannte und das 1945 beim Einmarsch der Roten Armee mit der ganzen deutschen Kultur dieser Region zugrunde ging.

Friedrich Wilhelm, der es kurz nach seiner Erbauung auf einer Inspektionsreise besucht hatte, war der Name Habersdorf unpassend erschienen, und er hatte es in Finckenstein umzutaufen befohlen – worauf ein anonymer Dichter, ein »unterthäniger Diener dieses Hohen Hauses«, ein langes Gedicht verfaßte, das mit den Zeilen beginnt:

>»Beglücktes Habersdorff, Du heißt nun Finckenstein,
>Nachdem der König Dich hat wollen so benennen ...«

das dann die Kriegstaten Finckensteins an der Seite des Prinzen Eugen und seine Erhebung in den Grafenstand preist, in der zehnten Strophe auch seine Verdienste als Diplomat mit den Worten rühmt:

>»Wie als Gesandter er Sein Ambt hat offt verricht,
>Wann Er geschicket wardt nach anderweitig Höfen,
>Mit was Vernunfft und Witz Er Sachen hat geschlicht,
>So wie er anderseits gefochten als die Löwen,
>Wie Er die Feder hat gebrauchet gleich dem Degen,
>Davon muß alle Welt ein Zeugniß ihm ablegen«,

Schloß Finckenstein in Ostpreußen. Als sich hier die Liebesgeschichte Napoleons mit der Gräfin Maria Walewska abspielte, gehörte das Schloß schon seit Jahrzehnten nicht mehr den Finckensteins, sondern den Dohnas. 1945 brannte das Schloß völlig aus.

um am Schluß, in der dreizehnten Strophe, in einer Anspielung
auf das Finckensteinsche Wappen philosophisch zu werden:

»So grün dann Finckenstein bis an das End der Welt
Und bleibe fest bestehn so lang die Sonne läuffet.
Im Wapen deines Herrn sieht man den Mond gestellt,
Der nehme immer zu und werde stets gehäuffet.
Doch wünsch ich zum Beschluß:
Daß niehmals hier auf Erden
Des Wechsels halber mag Dein Mond vollkommen werden.«

Häufig wird sich wohl Finckenstein in Finckenstein nicht aufgehalten haben können, denn sein neuer, verantwortungsvoller
Posten als Erzieher des Kronprinzen Friedrich, den er nicht allein lassen durfte, erforderte seine ständige Anwesenheit in Berlin oder im Jagdschloß Wusterhausen, dem heutigen Königs
Wusterhausen, in dessen Abgeschiedenheit und Primitivität der
König gern lebte und gern auch die Kinder zu sich beorderte –
zu deren Schrecken, wie man aus den Memoiren der Prinzessin
Wilhelmine weiß.

Der Kronprinz war in den ersten Jahren der Obhut der
Frauen anvertraut gewesen, von seinem siebenten Lebensjahr an
aber wurde seine Erziehung zur Sache des Königs, der die
Oberaufsicht über die Lehrer Finckenstein übertrug.

Die Bestallung zum Gouverneur oder Oberhofmeister ist datiert vom 13. August 1718 und der verqueren, ungeschickten und
umständlichen Sprache des Königs wegen sehr lang. In ihr wird
anfangs die Wahl dieses Mannes, die »sonder Zweifel durch des
Höchsten Vorsehung« erfolgte, mit dessen Verdiensten und seiner Treue begründet – was sich in der Diktion des Königs, der
Deutsch nie systematisch gelernt hatte, dann so anhört:

»Unter Allen, so Mir nach einer sorgsamen Überdenkung
beigefallen, habe Ich, sonder Zweifel durch des Höchsten Vorsehung, Meine Augen und Wahl so wohl auf Meinen Generallieu-

tenant Graff von Finckenstein geworffen, als welcher vor seine
Persohn mit ungemeinen Qualitäten, einer sonderbaren Pru-
dence und Moderation, einer untadelichen Conduite, welcher er
auch in der Jugend spüren laßen und mit vielen in Kriegesopera-
tionen nöthigen Wissenschafften begabet, auch welcher über-
dem Mir seine treue Devotion und Ergebenheit in allen denen
wichtigen Kriegsangelegenheiten, so Ich ihm anvertrauet, satt-
samlich und zu Meiner sonderbahren Vergnügung spüren laßen;
welches Mir dann so wohl alß auch daß er jederzeit und selbst
von Meiner zahrten Jugend an, auch noch immerhin, sich an
mich eintzig und allein attachiret, zu keinem anderen sich ge-
wendet und ihn angehangen, sondern Mir zu Gefallen sich be-
fließen und angelegen seyn laßen, vornehmlich mich bewohgen,
ihm Meinen Sohn zu übergeben und anzuvertrauen ...«

Die Erziehung, die der königliche Vater fordert, ist in erster
Linie, noch vor der militärischen, eine religiöse, die »Lust und
Hochachtung vor der Tugend« und »Abscheu und Ekel vor dem
Laster« erzielen soll. In acht Punkten schreibt Friedrich Wilhelm
seine Anordnungen nieder. Der Kronprinz muß, erstens, morgens und abends sein Gebet auf den Knien verrichten, muß,
zweitens, jeden Morgen ein Stück in der Bibel lesen, drittens
und viertens regelmäßig die Kirche besuchen und fleißig den Ka-
techismus studieren, und es muß ihm, fünftens bis achtens, Abscheu vor allem Schlechten eingeflößt werden, besonders vor la-
sterhaften Gesprächen, vor pflichtvergessenen Personen, vor
Opern, Komödien und allen anderen weltlichen Eitelkeiten.
Nebst Gott muß er seine Eltern lieben und achten lernen. Muß
ihm aber seiner Unarten wegen mit einer Anzeige bei den Eltern
angst gemacht werden, darf nur die Mutter dabei erwähnt werden, nicht aber der Vater, der nicht gefürchtet, sondern geliebt
werden will. Die Anekdote, nach der der König Berliner Bürger,
die aus Furcht vor ihm fliehen, mit den Worten: »Lieben sollt ihr
mich, ihr Kanaillen!« verprügelt, trifft auch sein Verhältnis zum
ständig von ihm schikanierten Kronprinzen, der ihm gegenüber

zu seinem Leidwesen nur »knechtische und schlawische Affekte« zeigt. In der Anweisung für Finckenstein, dieses Verhalten durch Erziehung zu ändern, klingt etwas von der Verzweiflung eines Vaters mit an, der alles falsch macht, weil er es gut machen will.

Einblick in den Alltag des neunjährigen Zöglings gibt eine Anordnung des Königs aus Wusterhausen, die die Behauptung Wilhelmines, daß für die Kinder Berlin nur das Fegefeuer, Wusterhausen aber die Hölle gewesen sei, zu bestätigen scheint. In Berlin nämlich konnten sie leicht in mütterliche Bereiche flüchten; in dem kleinen Jagdschloß aus Renaissance-Zeiten aber, das mit seinem gedrungenen Turm noch ein wenig an die Burg erinnerte, die hier im Mittelalter den Notte-Übergang gegen die Lausitz geschützt hatte, waren sie in den winzigen Stuben des Obergeschosses dem immerfort polternden König ganz ausgeliefert. Es war wie in einer Kaserne, wo ein mißtrauischer Korporal jeden Schritt kontrolliert.

Die Anordnung für Finckenstein führt den Titel »Reglement, wie Mein ältester Sohn Friedrich seine Studien in Wusterhausen halten soll«, und sie stellt für die Herbstmonate, die man hier zu verbringen pflegte, einen detaillierten Dienstplan des Kronprinzen dar. Exakt festgelegt sind hier Tage und Stunden. Geweckt, und ohne nochmaliges Umdrehen sofort aufgestanden, wird um sechs, nur sonntags um sieben. Kaum in den Pantoffeln, wird auf die Knie gefallen und laut gebetet, dann »hurtig« angekleidet, »propre«, aber nur sonntags mit Seife, gewaschen, frisiert, geschwänzt, nur sonntags gepudert, und das alles in fünfzehn Minuten. Für Frühstück und Tee bestimmt sind am Sonntag sieben Minuten, wochentags aber wird während des Kämmens gegessen. Vor halb sieben wird mit den Domestiken und Lehrern gebetet, ein Kapitel aus der Bibel gelesen, ein Lied gesungen, so daß der Unterricht pünktlich um sieben beginnen kann. Er dauert bis fünf Uhr nachmittags, von einer Mittagszeit unterbrochen, die der Schüler, frisch gewaschen und weiß gekleidet, beim König verbringen muß. Zwischen Unterrichtsschluß und Abendessen darf er sich an der Luft, nicht in der Kammer, »divertiren« und »thun was Er will, wenn es nur nicht gegen Gott ist«. Auch den Sonntag, nach Kirchgang und Mittagessen, hat »das Fritzgen vor sich«.

Zu des Erziehers wichtigsten Pflichten gehörte es selbstverständlich, den Kronprinzen zu einem guten Soldaten zu machen. Früh mußte er reiten, exerzieren und eine Kompanie Kadetten kommandieren lernen. Schon der Achtjährige wurde zum Subalternoffizier befördert, der Achtzehnjährige zum Oberst ernannt. Alles war darauf gerichtet, aus Friedrich einen zweiten Friedrich Wilhelm zu machen, aber dieser mit Gewalt durchgesetzte Plan ging nicht auf. Der Sohn, der sich für Wissenschaften interessierte, die ihm, mit Ausnahme von Staatengeschichte und militärischen Lehren, verboten waren, der sich gern elegant kleidete, tanzte, französische Romane las und die Flöte spielte, mußte sich gegen das Unverständnis und die Gewalttätigkeit seines Vaters durch heimliche Umgehung der Verbote, durch Lügen, Intrigen und Heuchelei wehren, und es ist anzunehmen, daß Finckenstein ihn dabei deckte oder zumindest zu vermitteln versuchte, was ihm auch dadurch erleichtert wurde, daß seine Frau, die von den Prinzessinnen und Prinzen wie eine zweite Mutter geliebt wurde, am Hofe Sophie Dorotheas eine bedeutende Stellung bekleidete und in der Frage der englischen Heirat von Friedrich und Wilhelmine, ebenso wie ihr Mann, ganz auf seiten der Königin stand. Friedrichs geliebter und auch im Alter noch immer verehrter Lehrer Duhan de Jandun, ein aus Frankreich geflüchteter adliger Hugenotte, der ihn in die Sprache, Kultur und Literatur Frankreichs einführte, ihm auch verbotenerweise Latein beizubringen versuchte und dem lektüresüchtigen Jüngling eine Bibliothek von etwa viertausend Bänden beschaffte, die vor dem König versteckt werden mußte, hätte das alles wohl kaum ohne das Einverständnis des Oberhofmeisters vollbringen können, der seinen Zögling sogar des Nachts nicht

34

Adolph Menzel: Das Tabakskollegium. Für den Kronprinzen Friedrich war dieses Vergnügen seines Vaters ein Greuel. In einem seiner ersten Gedichte, von 1729, heißt es: »Ich hab mich aus der Tabagie gedrückt. / Sonst wär ich ohne Hexerei erstickt. / Dort kann man herzlich Langeweile spüren, / Geredet wird allein vom Bataillieren. / Mir, der ich friedlicher Gemütsart bin, / Will dieses Thema gar nicht in den Sinn.«

allein lassen durfte – wie auch aus einer späteren Bemerkung Friedrichs hervorgeht, in der er sich an seine früheste Lektüre erinnert. In den Gesprächen mit seinem Vorleser de Catt, der ihn auf den Feldzügen des Siebenjährigen Krieges begleitet, erzählt er am 21. Mai 1758: »Es war jedoch Befehl gegeben worden, mich am Lesen zu hindern; so war ich gezwungen, meine Bücher zu verstecken und mich beim Lesen vor dem Ertapptwerden zu schützen. Wenn mein Erzieher, der Marschall Finck, und mein Kammerdiener schliefen, stieg ich über das Bett meines Dieners hinweg und schlich mich ganz leise in ein anderes Zimmer, wo beim Kamin eine Nachtlampe brannte. Bei dieser Lampe zusammengekauert las ich das Volksbuch von der schönen Magelone und andere Bücher, die mir meine Schwester und andere verschwiegene Leute verschafft hatten. Diese nächtliche Lektüre dauerte einige Zeit, bis der Marschall einmal durch einen Hustenanfall erwachte. Er vermißte mein Atmen, betastete mein Bett, fand mich nicht und rief laut: Mein Prinz, wo sind Sie? Alles war auf den Beinen. Ich hörte den Lärm, lief schnell zu meinem Bett und behauptete, ich hätte ein dringendes Bedürfnis gehabt. Man glaubte mir. Ich aber wagte nicht wieder, so zu entwischen, denn es wäre zu gefährlich gewesen.«

Sein Vater, so erzählt er weiter, wollte auch einen Jäger aus ihm machen, aber er las, wenn er auf Hasen und Hirsche lauern sollte, und er machte sich nichts aus dem Schimpf und dem Spott. »Mein Vater wollte durchaus nicht, daß ich läse, ich aber habe vielleicht mehr gelesen als alle Benediktiner zusammen«, sagte er, noch nach dreißig Jahren voller Triumph über den Vater, der ihn »für eine Art menschlichen Teig gehalten hatte, aus dem man formen kann, was einem beliebt. Aber wie sehr täuschte er sich.«

In die Katastrophe von 1730, zu der sich der Zwist zwischen Vater und Sohn schließlich steigerte, war Finckenstein direkt nicht mehr verwickelt, weil sich sein Amt 1729 mit der Volljährigkeitserklärung des Kronprinzen erledigt hatte. Er war in

Ehren entlassen worden, und die Vorwürfe wegen falscher Erziehung, die ihm der König nach dem Fluchtversuch Friedrichs, dem Kronprinzen-Prozeß und der Hinrichtung Kattes brieflich machte, waren sehr vorsichtig formuliert. Sie bezogen sich auf die calvinistische Prädestinationslehre, die Finckenstein, ein Reformierter, dem Kronprinzen angeblich beigebracht hatte und die der König, trotz seines ebenfalls reformierten Bekenntnisses, in sittlicher und staatlicher Hinsicht für verderblich hielt. Ein Zerwürfnis hatte diese nachträgliche Schuldzuweisung, die Finckenstein zu entkräften versuchte, nicht zur Folge. Vielmehr wurde er bald danach (1733) zum Feldmarschall befördert, und es spricht für seine kluge Mittlerstellung zwischen den Parteien, daß nach seinem Tode, 1735, König und Kronprinz sein Andenken in gutem Sinne bewahrten, wovon nicht nur beider Kondolenzbriefe zeugen, sondern auch die Erwähnung von Finckensteins militärischen Verdiensten in Friedrichs historischen Schriften, die Ernennung der Witwe Finckensteins zur Oberhofmeisterin der Witwe des Königs, Sophie Dorotheas, und nicht zuletzt das Vertrauen, das Friedrich als König in die Söhne Finckensteins setzte, wovon noch die Rede sein wird.

Friedrichs Schwester Wilhelmine hat in ihren geheimgehaltenen Memoiren, die erst im neunzehnten Jahrhundert an die Öffentlichkeit kamen, Finckenstein weniger gehässig als andere Personen ihrer leidvollen Kindheit behandelt, aber überaus freundlich nicht. Zwar spricht sie anerkennend von seiner Ehrlichkeit und seinen militärischen Verdiensten, hält ihn aber, »seiner sonstigen Talentlosigkeit« wegen, als Fürstenerzieher für unfähig, muß andererseits aber auch einräumen, daß er Friedrichs Achtung genoß.

Zu den letzten Gunstbezeigungen des Königs zu Finckensteins Lebzeiten gehörte, daß er ihm, der schon seit 1696 dem Johanniterorden angehört hatte, 1731 die Pfründe eines Komturs von Lietzen verschaffte, was möglicherweise ausschlaggebend für die Verwurzelung der Familie in der Mark Brandenburg war.

Denn Lietzen, im Kreise Lebus gelegen, ursprünglich eine Besitzung des Templerordens, die nach dessen Auflösung die Johanniter übernommen hatten, wurde nun jährlich für einige Wochen zum ersten märkischen Aufenthaltsort der Familie, und es ist nicht auszuschließen, daß dabei das nahe gelegene Madlitz in ihr Blickfeld geriet.

Jugendfreunde

Die Gemahlin des Feldmarschalls, die ihren Mann siebzehn Jahre überlebte und als Witwe der Witwe des Königs als Oberhofmarschallin diente, hatte neun Kinder geboren, von denen drei die ersten Jahre nicht überlebten, was der damaligen Kindersterblichkeitsrate etwa entsprach. Zwei Töchter heirateten in andere Adelsfamilien, wobei sie dem Königshof aber verbunden blieben, und der älteste Sohn, der mit vierzig Jahren noch unverheiratet war, starb als Offizier König Friedrichs an einer schweren Verwundung im ersten Schlesischen Krieg. Der zweite Sohn, Friedrich Ludwig, ebenfalls Offizier, wurde Erbherr auf Finckenstein, Ostpreußen, das er am Ende seines Lebens aber veräußern mußte. Als Napoleon auf dem Schloß residierte, gehörte es schon den Dohnas, nicht mehr den Finckensteins. Die beiden anderen Söhne ließen sich in der Mark nieder, der jüngere, ebenfalls Offizier und Pour-le-mérite-Träger, rechts der Oder, in Drehnow, Neumark, der ältere, Karl Wilhelm, in Madlitz, zwischen Oder und Spree.

Er war der einzige der Söhne, der seinem Vater nicht in die militärische Laufbahn folgte, sondern in diplomatische Dienste trat. 1714 geboren, war er zwei Jahre jünger als Kronprinz Friedrich, den er, durch die enge Verbindung der Eltern, von Kindesbeinen an kannte, wodurch zwischen beiden, ungeachtet der Unterschiede ihrer Entwicklung, ein enges Vertrauensverhältnis bestand. Wie Friedrich wurde auch er von französischen Refugiés unterrichtet, von zwei Theologen, deren Namen, Achard

Sophie Dorothea, Königin von Preußen, Mutter Friedrichs des Großen. Diese Bleistiftzeichnung von Adolph Menzel entstand nach einem Gemälde von Antoine Pesne.

und Formey, in der Berliner Französischen Kolonie in den
nächsten Generationen noch berühmt werden sollten. Selbstverständlich waren sie Reformierte, die ihre unbeugsame Frömmig-
keit, derentwegen sie ihre Heimat hatten verlassen müssen, auf
ihren Schüler zu übertragen vermochten, so daß sich in ihm zeit
seines Lebens eine französische Bildung, die eher ins siebzehnte
Jahrhundert gehörte, mit reformiertem Glaubenseifer verband.
Während des Kronprinzen Unterrichtung mit der Volljährigkeit
endete, wurde dem jungen Grafen ein Studium möglich, und
zwar nicht an einer der lutherisch orientierten preußischen Universitäten in Halle und Frankfurt/Oder, sondern in der Stadt, in
der Calvin gelebt, gelehrt und Einfluß gewonnen hatte und die
sich in den Glaubenskämpfen des siebzehnten Jahrhunderts
zum geistigen Zentrum des Protestantismus im französischen
Sprachraum, zum »calvinistischen Rom« entwickelt hatte, nämlich in Genf.
   Karl Wilhelm also konnte systematisch sein Wissen erwei-
tern, während sich Friedrich, nach der mißlungenen Flucht, dem
Prozeß und der Hinrichtung Kattes, in Küstrin und Ruppin au-
todidaktisch weiterzubilden versuchte, unter anderem auch
durch Briefwechsel mit so unfrommen Geistern, wie Voltaire
einer war. Als der Student 1735 aus Genf zurückkehrte, in das
Departement für auswärtige Affairen eintrat und einen Monat
später schon, mit einundzwanzig Jahren, vom König an die Ge-
sandtschaft in Stockholm beordert wurde, war Friedrich als Re-
gimentskommandeur an das Nest Neuruppin gebunden, wo er,
neben frivolen Casino-Scherzen, auch mit dem Pfarrer der Berliner Französischen Kolonie und Finckensteins ehemaligem
Lehrer, Anton Achard, über Seelenunsterblichkeit korrespon-
dierte und sich dabei als philosophisch Belesener und als Zweif-
ler erwies. Da die vier glücklichen Rheinsberger Vergnügungs-
und Bildungsjahre den Kronprinzen aufgeklärter und noch un-
christlicher machten, während der Diplomat in seinem Glauben
beharrte, trennten sich die Kindheitsgefährten in geistiger Hin-

41

Kronprinz Friedrich (II.). Dieses Gemälde eines unbekannten Künstlers hing auf Schloß Finckenstein. Wahrscheinlich handelt es sich um die Kopie eines Gemäldes von Antoine Pesne.

sicht immer mehr voneinander, doch ihr Vertrauensverhältnis litt dabei nicht. Das spricht für beide und ist ein Beispiel für tolerantes Denken in Preußen, das sich die Duldung verschiedener religiöser und philosophischer Auffassungen leisten konnte, weil seine Staatsidee von keiner abhängig war.

Kaum hatte Friedrich 1740 (wie der Große Kurfürst 1640 und Friedrich Wilhelm IV. 1840) den Thron bestiegen, ließ er Finckenstein, der sein diplomatisches Geschick in Schweden bewiesen hatte, schon abberufen, um ihn fortan immer dorthin zu schicken, wo es ihm wichtig dünkte, nach Kopenhagen, nach London oder St. Petersburg. Zwar machte Friedrich, ganz absolutistischer Herrscher, seine Außenpolitik selber, aber er brauchte kenntnisreiche Berater und verläßliche Ausführende, die bei Verhandlungen im Ausland auch selbständig entscheiden konnten, denn die Nachrichtenwege in fremde Residenzen waren lang.

Im Sommer 1749 (Finckenstein war gerade fünfunddreißig Jahre alt geworden) machte der König ihn zu einem der beiden Minister für Auswärtiges, und acht Jahre später, zu Beginn des Siebenjährigen Krieges, war er es, dem der König, der ihn immer mit Graf Finck anredete, für den Fall eines Unglücks die Verantwortung für den Staat, die königliche Familie und den Staatsschatz übergab. Obwohl die Preußen bei Roßbach und Leuthen gesiegt hatten, war durch den Mehrfrontenkrieg gegen Österreicher, Franzosen, Schweden und Russen doch eine kritische Lage entstanden, in der der König letztwillige Verfügungen für nötig hielt.

In seinem Brief vom 10. Januar 1757 bevollmächtigte er den Jugendfreund also zum Handeln bei folgenden Unglücksfällen: Erstens bei einer militärischen Niederlage, die die Besetzung Berlins zur Folge haben könnte; zweitens beim Tod des Königs und drittens bei seiner Gefangennahme. Und in allen drei Fällen sollte zugunsten des Staates gehandelt, nicht aber Rücksicht auf den König genommen werden. So hieß es zum Beispiel, im Fall der Gefangennahme des Königs solle man allem, was dieser dann schriebe, keine Beachtung schenken, kein Lösegeld zahlen, sich auf keine Bedingung einlassen, sondern »den Krieg weiterführen, als ob ich niemals in der Welt gewesen wäre«. Glücklicherweise brauchte sich Finckenstein nur im ersten der erwogenen Fälle bewähren: bei der Flucht aus Berlin.

Das geschah vierzehn Monate später, als der verzweifelte Brief des Königs über die Niederlage bei Kunersdorf in Berlin Entsetzen erregte und Finckenstein die Flucht organisierte, die am nächsten Tag, dem 13. August 1759, mit mehr als hundert Kutschen und Gepäckwagen vor sich ging. Wie Graf Lehndorff, Kammerherr der Königin, in seinem Tagebuch notierte, sammelte sich die Kolonne auf der Schloßfreiheit und fuhr, »nachdem die Prinzessinnen noch etwas kaltes Fleisch gegessen hatten«, unter einer Schimpfkanonade der Berliner, die sich verraten fühlten, um neun Uhr in Richtung Spandau ab. Über Wustermark und Rathenow erreichte man am nächsten Tag Magdeburg, wo der Hof dann das Jahr 1760 über noch blieb. Denn wenn auch die Russen und Österreicher nach ihrem Sieg bei Kunersdorf nichts gegen Berlin unternommen hatten, so kamen sie doch ein Jahr später, wenn auch nur für einige Tage, so daß sich die Vorsichtsmaßnahme als richtig erwies.

In Magdeburg starb Graf Podewils, der zweite Minister, so daß Finckenstein jetzt die Geschäfte alleine führte, bis nach dem Friedensschluß von Hubertusburg der preußische Unterhändler, für den Finckenstein die Instruktionen entworfen hatte, ihm als zweiter Minister zur Seite gesetzt wurde, mehr als dreißig Jahre erfolgreich mit ihm zusammenwirkte und ihn später für die Öffentlichkeit in den Schatten stellte: Graf Hertzberg wurde bekannter als Finckenstein. Er war nicht nur ein erfolgreicher Außenpolitiker und ein guter Landwirt, der sein Gut in Britz (heute zu Berlin gehörig), in dessen Dorfkirchengruft er auch beigesetzt wurde, zu einer Musterwirtschaft entwickelte, sondern auch ein Mann mit schriftstellerischer Begabung, der den

Karl Wilhelm Graf Finck von Finckenstein, preußischer Kabinettsminister, der Madlitz erwarb. Der abgebildete Kupferstich ist von H. Sintzenich.

Königen, denen er diente, wichtige Denkschriften verfaßte und der in einer berühmten Rede die preußische Monarchie als Staat der Vernunft definierte, in der unter der Herrschaft von Gesetzen auch bürgerliche Freiheit bestmöglich gedeihe.

Das waren schon Reaktionen auf die Revolution in Frankreich und auf den geistigen Umbruch im nachfriderizianischen Preußen, den der elf Jahre ältere Finckenstein nicht mehr wahrnahm oder nicht wahrhaben wollte. Schon zu Lebzeiten des großen Königs war er manchem altmodisch erschienen, und Friedrich, der ihm in Staatsangelegenheiten mehr als jedem anderen vertraute, hat nie einen Geistesverwandten in ihm gesehen. Seine Briefe an ihn waren zwar persönlich gehalten, aber immer ernst und sachlich, nie heiter, ironisch oder auch eitel wie die an seine philosophierenden Freunde. Nie hat er den geachteten Staatsmann in seine engere Umgebung gezogen. An der Tafelrunde der geistreichen Spötter wäre er ebenso deplaziert gewesen, wie er es in der frivolen Gesellschaft nach dem Tod Friedrichs war. Der sich zu seinem Glauben bekennende Minister, der regelmäßig Gottesdienste besuchte und in der Parochial-Kirchgemeinde in der Ehrenstellung als Vorsitzender wirkte, wurde von manchem Hofmann, der nicht als Frömmler gelten wollte, gemieden; und den mystischen Schwärmern einer modern werdenden Erweckungsbewegung war sein Protestantismus zu vernünftig, zu dogmatisch, zu kalt.

Was ihn, neben der gemeinsam verbrachten Kindheit, mit Friedrich verbunden hatte, war der Dienst an Preußen gewesen. In dieser Pflicht stand er mehr als fünfzig Jahre, bis zum buchstäblich letzten Tag seines Lebens, dem 3. Januar 1800, als er, sechsundachtzigjährig, in Ausübung seines Amtes starb. Er hatte schon bei Friedrichs Tod abtreten wollen, aber Friedrich Wilhelm II. und III. hatten seine Erfahrungen nicht missen wollen. Das Jahrhundert, das nun begann, war nicht mehr das seine. Er repräsentierte das klassische, nun vergehende Preußen und wurde sicher von Leuten belächelt, denen Anpassung an den Zeitgeist das Selbstverständliche war.

46

Anders als sein Vater, der Feldmarschall, der trotz seiner Gebundenheit an die Residenzen sich immer als Ostpreuße empfunden hatte, war der Minister ein Berliner. Er war in der Stadt geboren und aufgewachsen, und er war hier, obwohl er Madlitz gekauft hatte, ein halbes Jahrhundert zu Hause gewesen, in seinem zweigeschossigen Palais in der Wilhelmstraße, dessen Garten sich an der Rückseite bis zur Zollmauer vor dem Tiergarten erstreckte, während sein säulengeschmücktes Portal mit der breiten Auffahrt dem Wilhelmplatz zugewandt war. Es war ein Werk Philipp Gerlachs, des Hofbaumeisters Friedrich Wilhelm I. und Schöpfers der Potsdamer Garnisonkirche, der es 1736 für einen Minister von Marschall erbaut hatte. Von Finckenstein, der erst in der Letzten Straße, der späteren Dorotheenstraße, gewohnt hatte, war es 1764 erworben worden. Nach seinem Tode kaufte es der Minister von Voß, einer seiner Schwiegersöhne, allerdings mit der Auflage, daß zwei Wohnungen des großen Hauses für die auf ihren märkischen Gütern lebenden Finckenstein-Söhne auch weiterhin zur Verfügung stehen mußten – was zur Folge hatte, daß das Palais, das erst im späten neunzehnten Jahrhundert dem Durchbruch der Voßstraße weichen mußte, für die finckensteinische Familiengeschichte noch lange von Wichtigkeit war.

Madlitz

Im Sommer 1749 hatte der Minister sein Amt angetreten, im
Sommer 1751 wurde, nach Vorverhandlungen im Frühjahr auf
dem benachbarten wulffenschen Gut Steinhöfel, der Kaufver-
trag zwischen der Erbengemeinschaft der Brüder von Wulffen,
»alle drey in Persohn gegenwärtig«, und dem »Herrn Grafen
von Finckenstein, seiner Königlichen Majestät in Preußen hoch-
betrautem, wircklichen, geheimten Etats-, Kriegs- und Cabi-
netsminister«, über das Gut Madlitz, »im Lebusischen Creyse
gelegen«, geschlossen und durch eigenhändige Unterschriften
und »Signeten« bestätigt. Die Kaufsumme betrug »52 000
Reichsthaler, in Friedrichsd'or a 5 Reichthaler zu bezahlen«, und
das Gekaufte bestand außer dem Gute Madlitz, nebst Anteilen
von Kersdorf, aus allen »dazu gehörigen Vorwercken, der Erb-
mühle mit den Mühlenpächten und übrigen Abgaben, dem iure
patronatus, Ober- und Niedergerichten, den gesamten Unterta-
nen an Bauern, Coßäthen, Büdnern und Hausleuten mit allen
ihren schuldigen Diensten, Abgaben und Prästationen, item der
Schäferey mit deren gesamten Hof-, Wirtschafts- und übrigen
Gebäuden, auch Äckern, Gärten, Wiesen, Forsten, Wäldern, der
sogenannten Plage oder auch Busch, Brüchern, Feldern mit allen
Triften, Hütungen und Hütungsgerechtigkeiten, der hohen,
mittel und kleinen Jagdt bei Madlitz und dem Antheil Kers-
dorff, Fischereyen, Seen, Teichen, Rohrwerbungen und allen anderen Herrlichkeiten, Freyheiten, auch Rechten und Gerechtig-
keiten nebst dem völligen inventario an Winter- und Sommer-

Schloß Steinhöfel auf einem Aquarell von Friedrich Gilly. Der Bau in dieser Form ist ein Werk David Gillys. Er entstand erst nach 1790, als Steinhöfel nicht mehr den von Wulffen, sondern den von Massow gehörte.

saat, Vieh und allen Acker-, Haus-, Garten-, Brau-, Fischerey- und Molckengeräten« und was dergleichen noch dazugehört.

Von dem Herrenhaus, oder auch Schloß, das hier den Besitzer wechselte und in seinem Hauptteil, wenn auch umgestaltet, heute noch steht, sind weder Bilder noch Beschreibungen aus dieser Zeit überliefert. Man weiß aber, daß es auf Fundamenten aus dem sechzehnten Jahrhundert erbaut wurde, damals nur zwei Geschosse hatte und daß der neue Besitzer noch im Jahre des Kaufs ein drittes Geschoß aufsetzen ließ. Da das Gebäude laut mündlicher Überlieferung vormals drei Ecktürme und eine Erdumwallung gehabt hatte, kann man ein ursprünglich wehrhaftes, sogenanntes Festes Haus vermuten, wofür auch die Lage, etwas abseits des Dorfes, spricht. Von der Erdumwallung war zur Zeit des Kaufs noch ein die Sicht behindernder Teil vorhanden und wurde erst Jahrzehnte später bei der Neugestaltung des Parks beseitigt.

Wie Schloß und Gutshof zueinander standen, läßt sich auf alten Karten erkennen. Sie bildeten das typische Viereck aus Herrenhaus, Scheunen und Ställen, das im neunzehnten Jahrhundert dann von den wohlhabend werdenden Bauern durchgängig nachgeahmt wurde, nur war in diesem Fall der Hof durch einen Graben mit Brücke in Schloß und Wirtschaftsbereich geteilt. Das Schloß der von Wulffen hatte wohl eine barocke Dreiflügelanlage werden sollen, aber der zweite Seitenflügel war nicht mehr zustande gekommen, so daß der Bau in L-Form verblieb. Die Asymmetrie, die sich dadurch ergeben hatte, ist seltsamerweise bei den neuen Besitzern, und bis heute, erhalten geblieben; denn nach Abriß des im rechten Winkel sich zum Hof hin erstreckenden alten Flügels wurde 1784 dem aufgestockten Mittelteil ein wiederum einseitiger, nun aber in gleicher Flucht stehender zweigeschossiger Anbau beigegeben, den manch ein Maler oder Fotograf später, der Proportionen wegen, gnädig hinter hohen Bäumen und Büschen verschwinden ließ.

Nördlich der Schloßanlage befand sich damals ein Obstgarten mit Hunderten von Apfel-, Birn-, Kirsch-, Pflaumen- und Aprikosenbäumen, westlich von ihr, hinter der Erdaufschüttung, ein barocker Lustgarten mit geometrisch geformten Buchsbaumhecken, Laubengängen und einer das Viereck nach hinten abschließenden Galerie. Alles das war vermutlich Ende des siebzehnten Jahrhunderts entstanden, zur Zeit des Kaufs schon verwildert, verfallen, und geändert haben wird sich vermutlich daran so schnell nichts. Denn der pflichttreue Minister wird für seine ländlichen Besitzungen wenig Zeit gehabt haben, und fünf Jahre nach der Erwerbung von Madlitz begann der Krieg. Er brachte sieben Jahre lang Truppendurchzüge, die, auch wenn die eignen Truppen kamen, für die Landbewohner verlustreich waren, Plünderungen, Hungersnöte, Geldentwertung und immer neue Rekrutierungen, die mit Verwundungen endeten oder mit Tod. Der Minister mußte mit Amt und Familie nach Magdeburg flüchten, mußte häufig den König in schlesischen, böhmischen, sächsischen Feldlagern aufsuchen, und er mußte sich um seine Frau sorgen, die im letzten Kriegsjahr, 1762, starb.

Sie war eine entfernte Cousine, aus einer der ostpreußischen Finckenstein-Linien; ihr Vater war Beamter in Frankfurt an der Oder gewesen; und sie hatte aus mütterlicher Erbschaft, von den Freiherrn Dobrzenski, das bei Crossen gelegene Gut Drehnow in die Familie gebracht. Von ihren sechs Kindern waren fünf am Leben geblieben, alle zur Zeit ihres Todes noch minderjährig, also zur Übernahme der Güter noch nicht bereit. Sie waren im elterlichen Hause in Berlin aufgewachsen und von Hauslehrern unterrichtet worden, so daß sie wahrscheinlich zu den ländlichen Besitzungen wenig Beziehungen hatten. Und doch war es einer der Söhne des Ministers, Friedrich Ludwig Karl, dem Madlitz seine spätere Bedeutung für die Kultur- und Kunstgeschichte der Mark verdankt.

Theokrit und Kleist

An den drei Etappen der Entwicklung Preußens im achtzehnten Jahrhundert waren die märkischen Finckensteins jeweils mit einer Persönlichkeit auf wichtigem Posten beteiligt: der Feldmarschall bei der Festigung und Gesundung des Staates unter Friedrich Wilhelm I., der Minister an der Erweiterung, Verteidigung und Behauptung Preußens unter Friedrich dem Großen und der Sohn des Ministers, den wir, der damaligen Titelsucht folgend, den Präsidenten nennen, an der mit kultureller Verfeinerung einhergehenden nachfriderizianischen Wandlung, die mit dem Jahrhundert nicht endete, aber an seinem Ende begann.

Daß die Bedeutung des Präsidenten nicht mehr auf seiner Stellung im Staate, sondern auf seinem geistig-kulturellen Interesse beruhte, ist symptomatisch für diese Umbruchperiode, in der neben der staatlichen, gesellschaftlichen und militärischen Krise Kunst und Literatur blühten und Berlin zu einem kulturellen Zentrum von Rang werden ließen. Auf Mars folgten die Musen. Auf Pflicht, Gehorsam und Strenge, wie sie der Offizier und der Staatsmann verkörpert hatten, folgten Geistigkeit, Schönheit, Kontemplation.

Die oft, auch von Zeitgenossen, geäußerte Meinung, der preußische Adel, und mit ihm das Offizierskorps, sei nicht nur ungebildet, sondern auch an Bildung nicht interessiert gewesen, trifft bei genauerer Betrachtung sicher nur teilweise auf den Landadel zu. Nicht nur die Finckensteins, auch die Dohnas, Burgsdorffs, Lehndorffs, Schwerins und viele andere ließen ihre

52

durch Hofmeister vorgebildeten Söhne, bevor sie in Offiziers-
oder in Staatsstellungen eintraten, mit ihren Hofmeistern zusammen jahrelange Kavalierstouren durch mehrere europäische
Länder, vor allem durch Holland und Frankreich, machen, oder
sie schickten sie, als nach 1700 diese Bildungsreisen langsam
aus der Mode kamen, auf die Universitäten in Halle, Frank-
furt/Oder oder auch Königsberg. Seit dem Großen Kurfürsten
sorgten sich auch die Herrscher um die Offiziersbildung. 1653
wurde in Kolberg die erste Ritterakademie für die Ausbildung
des pommerschen Adels gegründet; 1704 folgte die für den märkischen Adel auf der Dominsel der Stadt Brandenburg. Beide
Akademien waren zwar aufs Militär ausgerichtet, zielten aber
auch, den Gymnasien entsprechend, auf eine kulturell-wissen-
schaftliche Bildung, was auch bei den von Friedrich I. eingerich-
teten Kadettenanstalten so war. Diese hatten in den nicht-mi-
litärischen Fächern zum Teil ausgezeichnete Lehrer, die Berliner
Kadetten zum Beispiel den Odendichter und Lessing-Freund
Karl Wilhelm Ramler, der sie vierzig Jahre lang in Philosophie
unterrichtete und daneben auch als Lehrer an der 1765 von Friedrich zur Weiterbildung der Offiziere gegründeten Ecole militaire
tätig war.

In vielen Adelsfamilien gehörte die Liebe zu Kunst und Bildung zu den Selbstverständlichkeiten, wobei es sich bis etwa
1750 vor allem um französische Bildung handelte, doch kam mit
der Entwicklung der deutschen Philosophie und Literatur, trotz
der Ignoranz des Königs, auch deren Aufnahme im Adel voran.
Es gab adlige Dichter, wie den Freiherrn von Canitz auf Blumberg, dessen Mutter aus der Burgsdorff-Familie stammte, den
Hofpoeten Johann von Besser, der allerdings erst von Friedrich I. geadelt wurde, und von den Kleists gleich drei. Hans Hermann von Katte, der unglückliche Freund des Kronprinzen
Friedrich, absolvierte das Pädagogium in Halle, studierte in Königsberg Jura und vollendete dann seine Bildung durch eine
Reise nach London und nach Paris. Der Generalfeldmarschall

von Knesebeck auf Karwe, der in seiner Jugend mit Gleim und dem Halberstädter Dichter- und Gelehrtenkreis korrespondiert und selbst Gedichte gemacht hatte, erzählt in seinen Erinnerungen, wie wichtig im Herrenhaus in Karwe (das in DDR-Zeiten verfiel und abgerissen wurde) die Bücher gewesen waren und der Umgang mit gebildeten Offizieren der Garnison Neuruppin. Sein Vater, der mit Lessing Verbindung gehabt hatte, versammelte, wenn der Herbst kam und die Abende länger wurden, die Familie um sich und las aus Zeitungen und Büchern vor. Französisches wurde in der Originalsprache gelesen, man beachtete aber auch Deutsches, wie den Roman »Sophies Reise von Memel nach Sachsen« von Hermes, der gerade erschienen war. Der General von Stille, dem Friedrich die Erziehung seiner jüngeren Brüder anvertraute, sprach fünf Sprachen, wirkte als Übersetzer und versuchte sich auch, dem Zug der Zeit folgend, am deutschen Gedicht. Der Major von Tellheim aus Lessings Lustspiel »Minna von Barnhelm«, für dessen Charakter Ewald von Kleist als Vorbild gedient hatte, ist alles andere als ungebildet. Und König Friedrich, der altersstarrsinnig die deutsche Literatur, die er nicht kannte, verachtete und damit hinter der kulturellen Entwicklung zurückblieb, ordnete doch für die Offiziersausbildung Übungen zur Verbesserung des Deutschen, besonders des Briefstils, an.

Der Bildungsgang des Ministersohns (er führte die Vornamen Friedrich Ludwig Karl und wurde Karl gerufen) bewegte sich ganz in dem für Adlige üblichen Rahmen: Häusliche Unterrichtung durch Hofmeister, ein Jurastudium in Halle, Anstellung im Staatsdienst und relativ schnelle Karriere – nur scheint es, daß nicht Herkommen, Studium oder Beruf den jungen Mann nachhaltig prägten, sondern einer der Hauslehrer, Stubenrauch mit Namen, ein Kandidat der Theologie, der später Prediger in Alt Landsberg wurde, und ein weiterer Theologe, der den Halbwüchsigen begeistern konnte: Friedrich Samuel Gottfried Sack. Stubenrauch konnte dem Schüler die Dichter und Philosophen des klassischen Altertums nahebringen, und Sack, Sohn des Berliner Hof- und Dompredigers, der am Ende des Jahrhunderts die Stellung des Vaters bekleiden sollte, machte den Freund mit neuerer Philosophie und Dichtung bekannt. Neben Theokrit und Virgil begann der damals Vierzehnjährige auch Ewald von Kleist zu lesen, vielleicht gerade in jenen Wochen, in denen Friedrich der Große sich und den Staat schon verloren glaubte und der Dichter des »Frühling« auf qualvolle Weise starb.

Am 12. August 1759, dem Tag der Kunersdorfer Niederlage, war nach dem ersten erfolgreichen Angriff der Preußen, den auch der Major von Kleist vom Prinz-Heinrich-Regiment mitgemacht hatte, schon eine Stafette mit der Ankündigung eines wahrscheinlichen Sieges in Berlin eingetroffen und hatte jubelnde Erleichterung ausgelöst. Schon traf man Vorbereitungen zur Siegesfeier, da kam die Meldung von der völligen Niederlage. Und während der Hof sich, auf Anordnung des Ministers, zur Flucht nach Magdeburg rüstete, lag der Major von Kleist, der den Angriff seiner Grenadiere auf eine russische Schanze vorausreitend angeführt hatte, schwerverwundet in einem Sumpf. Sein rechtes Bein war von einer Kartätsche zerschmettert worden, er war vom Pferd gesunken, Soldaten hatten ihn beiseite getragen, ein Wundarzt, der ihn hatte verbinden sollen, war selber getötet worden, und dann waren die Preußen geflohen. Kosaken kamen und raubten ihm sämtliche Kleidungsstücke, selbst Hemd und Perücke. Am Abend fanden ihn russische Husaren, die ihn zu ihrem Lagerfeuer trugen, ihm Wasser und Brot gaben, den Nackten mit einem Mantel bedeckten und ihm am Morgen, als sie weitermußten, ein Geldstück zuwarfen, das er sich weigerte anzunehmen, das sich dann aber Kosaken nahmen, die auf Suche nach Beute über das Schlachtfeld streiften. Auch den Mantel nahmen sie mit.

Um neun Uhr vormittags setzten sich in Berlin die Kutschen und Packwagen des Hofes und der vornehmen Familien in Bewegung und rollten die Straße Unter den Linden entlang nach

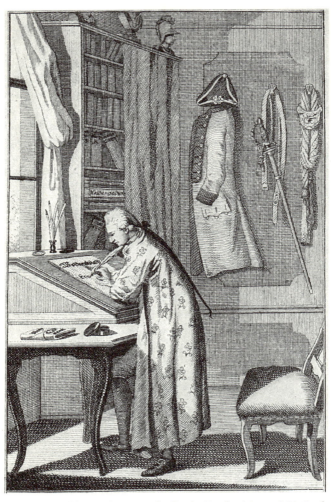

Christian Ewald von Kleist am Schreibpult, Kupferstich von I. M. Stock. Die Uniform am Kleiderhaken weist darauf hin, daß der Dichter auch Offizier war.

Westen. Um zehn Uhr wurde der nackte Verwundete von einem
russischen Offizier gefunden, einem Hauptmann von Stackelberg, einem Deutschen in russischen Diensten, der sofort einen
Wagen besorgte, mit dem Kleist die zwölf Kilometer nach
Frankfurt gefahren und in der Oderstraße bei Professor Nicolai,
einem Bruder des Berliner Buchhändlers und Verlegers, untergebracht und gepflegt wurde. In der Hoffnung, daß einer seiner
Dichterfreunde, Lessing, Gleim oder Ramler, ihn noch würde
besuchen können, starb er elf Tage später. Und die Vorstellung
ist nicht aus der Luft gegriffen, daß der vierzehnjährige Karl, der
den Dichter lebenslang lieben sollte, gerade in diesen Tagen, in
denen er mit Mutter und Geschwistern behelfsmäßig in Magdeburg wohnte, sich zum erstenmal vom »Frühling« oder vom
»Landleben« bezaubern ließ.

Bei Kleists Bestattung auf dem Friedhof vor dem Gubener
Tor, dem heutigen Park vor der Gertraudenkirche, erwiesen ihm
die russischen Truppen alle militärischen Ehren. Anstelle seines
geraubten Degens gab ihm der Hauptmann von Stackelberg den
seinen als Grabbeigabe. Die Stelle auf der Kunersdorfer Feldmark, an der der Verwundete gefunden worden war, wurde mit
einem Findling gekennzeichnet, der heute noch steht. Das
Denkmal aber, das sich auf seinem Grabe erhebt, entstand erst
1777, und es wird Finckenstein wohl Anregung für seine Art der
Kleist-Ehrung gewesen sein. Vielleicht wollte er dem das Denkmal zierenden Spruch

»Für Friedrich kämpfend sank er nieder,
So wünschte es sein Heldengeist,
Unsterblich groß durch seine Lieder,
Der Menschenfreund, der Weise – Kleist«

eine andere Auffassung des Dichters entgegensetzen, die sich in
Gedichtstiteln wie »Sehnsucht nach Ruhe« oder »Einladung
aufs Land« besser ausgedrückt findet als in der »Ode an die

Grabdenkmal für Ewald von Kleist in Frankfurt an der Oder, Stahlstich nach einer zeitgenössischen Zeichnung von Johann Vogler. Das Denkmal wurde im Juli 1779 enthüllt. Im April 1780 kam die Dichterin Anna Louisa Karsch nach Frankfurt, um auf das Grab Blumen zu streuen und zu dichten: »... Ich streue sie im Namen einer halben / Von dir entfernten Menschenwelt, / Die Dich verehrt und oft um Deinethalben / Gedankenfahrten angestellt.«

preußische Armee«. Falls er später Kleists Briefe an Gleim gelesen haben sollte, wird ihm der vom 29. Juni 1758 besonders gut gefallen haben, in dem der Offizier davon träumt, gleich nach dem Krieg seinen Abschied zu nehmen. »Meine Felder und meine Gärten sollen mich schon ernähren ... Wie will ich Kohl und Mohrrüben pflanzen und Alleen und Hecken und Blumen.«

So oder so ähnlich wird auch Finckenstein einmal denken, und das nicht erst ein Jahr vor seinem Tod.

Der gerechte König

Zu den historischen Kuriositäten gehört es, daß Friedrich der Große, dessen Verdienste um die Rechtspflege in Preußen tatsächlich sehr groß waren, seinen in ganz Europa sich ausbreitenden Ruhm als gerechtigkeitsliebender Herrscher ausgerechnet einem Streitfall verdankte, bei dem er die eignen Prinzipien einer unabhängigen Justiz mißachtet hatte und mit der Willkür eines Despoten aufgetreten war. Um der Gerechtigkeit willen hatte er Unrecht begangen. In dem Bestreben, dem Schwachen zu helfen, war er einem Irrtum erlegen, der aber insofern zum Segen wurde, als eine Welt, in der Ungleichheit herrschte, von der Rechtsgleichheit in Preußen als Vorbild und Ansporn erfuhr.

Nettelbeck, Seefahrer und Bürger zu Kolberg, berichtet in seiner Lebensbeschreibung, »von ihm selbst aufgezeichnet«, von einer riesigen Menschenmenge, die sich auf einem Marktplatz in Lissabon um ein Zelt drängte, auf dessen Spitze die preußische Fahne wehte und das von zwei preußischen Grenadieren bewacht wurde, allerdings von solchen aus Wachs. Neugierig geworden, schlängelte er sich durch die Einlaß begehrende Menge und stand bald im Innern des Zeltes vor einer in Wachs ausgeführten Figurengruppe, an der sich sein »preußisches Herz erlaben« konnte. »So getreu und natürlich, als ob er leibte und lebte, stand mitten inne der alte König Friedrich mit einem Richtschwert in der Hand, und vor ihm lag ein Mann mit Weib und Kindern auf den Knien, die um Gerechtigkeit zu flehen schienen. Ihm zur Rechten war eine große Waage angebracht, in

60

deren einer Schale eine Bildsäule der Gerechtigkeit thronte und die andre, mit Papier und Akten angefüllt, hoch in die Höhe wog. Zur andern Seite eine Gruppe preußischer Generale und Justizpersonen und im Hintergrunde in großen leuchtenden Buchstaben die portugisische Inschrift: Gerechtigkeitspflege des Königs von Preußen, drunter aber der Name: Arnold. – Man sieht also, daß hier der berühmte Prozeß des Müllers Arnold gemeint war, der damals in ganz Europa das höchste Aufsehen erregte. Wem dennoch das Ganze hätte unverständlich bleiben mögen, dem half ein bestellter Ausrufer zurecht, der die Geschichte laut und pathetisch herzuerzählen wußte. – Alles horchte und schien tief davon ergriffen; auch mir armen Narren hämmerte das Herz unterm dritten Knopfloch, daß ich mich vor patriotischer, freudiger Wehmut kaum zu lassen wußte. Nein, es mußte heraus! Ich mußte mich in den innersten Kreis hervordrängen, und so gut oder übel ich die fremde Sprache zu radebrechen verstand, rief ich aus: ›Es ist mein König. Ich bin Preuße!‹ – War zuvor der dichte Haufe noch nicht in lebendiger Bewegung gewesen, so fielen doch jetzt diese wenigen Worte wie ein elektrisches Feuer in alle Herzen. Die ganze Schar umringte mich, sank um mich her auf die Knie und hob gleichsam anbetend die Hände zu mir empor. Gloria dem König von Preußen! Rief der eine, Heil ihm! Der andre, heil ihm für die strenge Gerechtigkeit!, und die volle Menge setzte schwärmerisch hinzu: Leuchtendes Beispiel für alle Regenten der Erde! … Soll ich noch erst sagen, wie tief mich dieser Auftritt erschütterte? Die Tränen drängten sich mir unaufhaltsam aus den Augen. Ich neigte mich rings umher, ich legte die Hand aufs Herz, ich dankte stammelnd und suchte einen Ausweg durch die immer gedrängter zusammenstürzende Menge. Zwar machten sie mir willig Platz, aber sie folgten mir auch mit anhaltendem Freudengeschrei: Vivat der gerechte König! In der Tat, nie in meinem Leben fühlte ich mich geehrter und glücklicher, ein Untertan des großen Friedrich zu sein, als in diesem Augenblicke.«

So wie hier in Lissabon wurde Friedrichs Ruhm von Moritatensängern in vielen Ländern verbreitet. Aufklärer priesen in vielen Sprachen den für die Armen eintretenden König. Und Goethe ließ in seinem Fragment gebliebenen Schauspiel »Die Aufgeregten« einen angeblichen Ausspruch Friedrichs zitieren: »Die Reichen haben viele Advokaten, aber die Dürftigen haben nur einen, und das bin ich.« Ein tatsächliches Zitat Friedrichs, das in diesem Zusammenhang fiel, aber lautete: »Denn ich will, daß in meinen Landen einem jeden, er sei vornehm oder gering, prompte Gerechtigkeit widerfahre, und ... einem jeden ohne Unterschied des Standes und ohne Ansehen der Person eine unparteiische Justiz administriert werden soll.«

Der Müller, um den es in diesem Prozeß ging, hieß Johann Arnold, saß in der Neumark, im Kreise Crossen, und hatte mit dem Müller von Sanssouci, mit dem er häufig verwechselt wird, nichts zu tun. Der Sanssouci-Müller, der nach einer gut erfundenen Anekdote dem König angeblich mit dem Kammergericht in Berlin gedroht hatte, betrieb die, nach Kriegszerstörung von 1945, heute wieder unweit des Schlosses stehende Windmühle; Arnold aber war Wassermüller, Pächter der Krebsmühle, die zum Rittergut Pommerzig gehörte, wo, bis 1945, die Familie der Grafen von Schmettau saß.

Überquert man bei Frankfurt die Oder und hält sich, noch vor Kunersdorf, südlich, erreicht man über Ziebingen und Drehnow, die Finckensteinsche Besitzungen waren, Crossen und bald danach, immer dem Lauf der Oder folgend, Pommerzig, das noch vor Züllichau liegt und heute Pomorsko heißt. Hier mündet, von Kay kommend, das Mühlenfließ in die Oder, dessen Wasser die Krebsmühle für Arnold bewegte – bis sie ihm zwangsversteigert wurde, weil er dem Gutsherrn, dem Grafen von Schmettau, die in Korn zu entrichtende Pacht jahrelang schuldig geblieben war. Vor den Gerichten und in seinen Bittgesuchen an den König erklärte der Müller seine Zahlungsunfähigkeit mit dem Wassermangel, den der Besitzer von Kay, der

Landrat des Kreises, ein Herr von Gersdorff, durch die Anlage von Karpfenteichen am Oberlauf des Fließes verursacht hatte, was der so Beschuldigte aber mit Hinweis auf eine ebenfalls an dem Fließ gelegene Schneidemühle, die trotz der Teiche genug Wasser hätte, glaubhaft bestritt.

Der König, der Edelleuten, die vor Gericht gegen Abhängige siegten, grundsätzlich mißtraute, glaubte dem unrichtigen, die Angaben des Müllers bestätigenden Gutachten eines Offiziers mehr als den Richtern, deren Advokatenkniffe er, wie er meinte, kannte, und verwies die Sache wieder an das für die Neumark zuständige Gericht in Küstrin. Als man dort, sich gegen die Einmischung des Königs verwahrend, nach erneuter sorgfältiger Prüfung das für Arnold ungünstige Urteil bestätigte, wurde als die für die Mark zuständige Berufungsinstanz das Kammergericht in Berlin mit dem Streitfall beauftragt; und als dessen mutige Richter, um der Wahrheit zum Sieg zu verhelfen, eine Revision des Urteils ablehnen mußten, nannte der König sie »Diebesbande« und »schlimmer als Straßenräuber« und sperrte sie und ihre Küstriner Kollegen ein. Ihre Vorgesetzten, die sich für die Unschuldigen verwenden wollten, wurden bis hinauf zum Justizminister ihrer Stellung enthoben. Auch der Landrat von Gersdorff mußte sein Amt, obwohl es auf einem Wahlakt der Stände beruhte, niederlegen. Der Müller wurde für seine angeblichen Verluste entschädigt, und Friedrich, der diese Gelegenheit nutzte, um mit einem neuen Justizminister die Verbesserung und Vereinheitlichung des Rechtswesens voranzutreiben, galt fortan als der Anwalt der Armen, als weiser Salomo.

Fast ein Jahrzehnt war von der Anlage der Fischteiche bis zum gewaltsamen Ende des Prozesses ins Land gegangen. Für Graf Finckenstein, den Sohn des Ministers, der 1767 sein Jurastudium in Halle beendet und eine Referendarzeit am Kammergericht in Berlin absolviert hatte, war es das Jahrzehnt einer ungeliebten Karriere gewesen, deren abruptes Ende ihn sicher weniger als andere Mitleidende traf. 1770, als die Fischteiche in Kay

»Balance de Frédéric«. Allegorie auf den Müller-Arnoldschen Prozeß 1779. Kupferstich von F. C. Geyser nach Vangelisti.

angelegt wurden, war er nach bestandenem Examen zum Kammergerichtsrat, dessen Gehalt ihm die Heirat erlaubte, befördert worden, hatte 1775, als in Pommerzig und Küstrin schon prozessiert wurde, widerwillig ein hohes Regierungsamt in Stettin angetreten und war zwei Jahre später zum Regierungspräsidenten der Neumark ernannt worden, mit Sitz in Küstrin. Hier gab es kein Obergericht, wie in der Ucker- und Altmark, hier war die Regierung oberste Rechtsbehörde, so daß Finckenstein, der sich im Streit mit dem König an die Seite seiner nach bestem Wissen und Gewissen urteilenden Richter stellte, mit in den Strudel der Entlassungen geriet.

Im Dezember 1779 schrieb der König, der, wenn es ums Recht ging, tatsächlich ohne Ansehen von Rang und Stand strafte, an seinen von Kindheit an vertrauten Minister, daß er, zu seinem größten Bedauern, auch dessen Sohn, den Regierungspräsidenten, aus seiner Stellung entfernen müsse. Bald darauf verließ der Präsident, der diesen Titel nie mehr loswerden sollte, seine Küstriner Behörde; und obwohl er sechs Jahre später, gleich nach dem Tode des Königs, von dessen Nachfolger rehabilitiert wurde, strebte und trat er nie mehr ein Staatsamt an. Der weiteren Entwicklung Preußens stand er immer skeptisch gegenüber, so daß der junge Leopold von Gerlach 1816 behaupten konnte, Finckenstein sei »die symbolisierte Opposition«.

Im Nachlaß des Präsidenten befindet sich eine Aufzeichnung, in der eine Kutschfahrt von Küstrin nach Madlitz beschrieben wird. Datiert sind diese acht Seiten, auf denen viel durchgestrichen und korrigiert wurde, auf den 30. April 1779, doch ist anzunehmen, daß es sich bei der Jahresangabe um einen Irrtum handelt und eigentlich 1780 heißen müßte. Denn diese Frühlingsfahrt beendete wohl den endgültigen Abschied vom Amt.

Der 30. April, den er, wie es heißt, immer zu den glücklichsten Tagen seines Lebens rechnen werde, war ein schöner Tag mit »lachendem Himmel«; die Landschaft, die sich ihm zeigte, war »vermögend, die angenehmsten Gefühle zu erregen«; und die Aussicht, seine Familie, von der er einige Zeit getrennt gewesen war, wiedersehen zu können, stimmte ihn froh. Er fuhr nicht, wie es möglich gewesen wäre, schon in Küstrin über die Oder, um auf kürzestem Wege das Bruch zu überqueren, das König Friedrich erst zwei bis drei Jahrzehnte zuvor hatte trockenlegen lassen; sondern er blieb am östlichen Ufer, um erst in Frankfurt über den Fluß zu gehen. Hier hatte er auf der Rechten die von Baumreihen, Gräben, Wegen und Deichen geometrisch gegliederte Oderbruchebene, auf der Linken die den Fluß begleitenden Hügel mit Wäldern, Bachrinnen, Büschen und sich versteckenden Dörfern, eine der »angenehmsten Gegenden« also, die der künftige Gestalter des Madlitzer Landschaftsgartens wie eine natürliche Kunstschöpfung beschrieb.

Daß der Präsident für die Heimreise den längeren Weg über Frankfurt wählte, hatte vielleicht auch mit seiner Verehrung für Ewald von Kleist zu tun. Hier nämlich konnte er die »Gefilde« durchqueren, auf denen einundzwanzig Jahre zuvor die »Cunersdorfer Schlacht getobt« und der Dichter »die tödliche Wunde empfangen« hatte, und er konnte Kleists Grab auf dem Friedhof vor dem Gubener Tor in Frankfurt besuchen, wo das heute noch existierende Denkmal, eine dreiseitige Pyramide, die im Juli 1779 feierlich enthüllt worden war, schon stand. Mit der Versicherung, daß er von Madlitz aus dorthin noch oft »wallfahrten« werde, schließt das Konzept.

Wahrscheinlich war er in seinen zwei Präsidentenjahren schon häufig, aber immer nur kurzzeitig, nach Madlitz gefahren. Jetzt aber war es eine Ankunft, die von Dauer sein sollte. Der achtunddreißigjährige Beamte war Pensionär geworden, der sich zwar noch politisch betätigen sollte, dessen Neigung aber anderen Bereichen gehörte: der Familie, dem Gut, dem Park und der Kunst.

Reform und Opposition

Die Ehe des Präsidenten, die 1770 in Berlin geschlossen wurde, scheint sehr glücklich gewesen zu sein. In seinem Nachlaß erhalten hat sich ein vierseitiges Schreiben, das die Überschrift trägt »Geschichte meiner Liebe, geschrieben im sechsten Jahre meines Ehestandes«, das dann aber wie ein Brief mit »Meine Caroline« beginnt. »Du hattest es mit einem Menschen zu tun«, heißt es da, »der nicht auf den ersten Blick Dir huldigte, um dir hernach desto treuer zu bleiben.« Zwar konnte er früh schon ihre Schönheit erkennen und ihr »natürliches, freundliches Wesen«, ihre Bescheidenheit und Anspruchslosigkeit achten, aber sein Herz schwieg noch – bis er sie nach einer längeren Trennung in einem Konzert erblickte und nicht mehr von ihrer Seite wich. Erst konnte sich die Liebe nur in Blicken zeigen, dann vermittelte die Schwester Botschaften zwischen den beiden, arrangierte an einem Sonntag eine Begegnung und ließ die beiden in ihrem Zimmer allein. »Meine Zunge konnte nur stammeln und meine Lippen nur den ersten Kuß den Deinigen rauben, die voll unschuldiger Sittsamkeit mir mein Glück verkündet hatten. Wie heiter glitten nun meine Tag dahin.« Er sah die Verlobte täglich, lauschte stundenlang ihrem Gesange oder sah ihr stumm in die »holden Augen«, in denen er ihre »schöne Seele« zu sehen glaubte. Und dieses Glück hielt auch in der Ehe an.

Es war eine Liebesheirat, die keine Widerstände zu überwinden hatte, da die Braut adlig war und Erbschaften mit in die Ehe brachte, die allerdings erst juristisch erkämpft werden mußten.

Einer der Streitfälle, der sogar zu kriegsähnlichen Verwicklungen führte, wurde erst Jahre später durch Entscheidungen auf hoher politischer Ebene gelöst.

Anlaß für diese Verwicklungen war vor allem die Großmutter der Braut gewesen, eine Dorothea Regina Wüthner (1708-1788), die König Friedrich 1744 unter dem sprechenden Namen von Carlowitz nobilitiert hatte, weil sie die Mätresse des Markgrafen Carl von Brandenburg-Schwedt, einem Enkel des Großen Kurfürsten und Cousin des Soldatenkönigs, gewesen war. Die Tochter aus dieser Verbindung, die den Grafen Albrecht von Schönburg-Glauchau geheiratet hatte, war früh gestorben, so daß ihre Tochter Caroline bei der Großmutter von Carlowitz aufwachsen mußte, die nach dem Tode des Markgrafen (1762) in dem von diesem im Auftrag des Johanniter-Ordens erbauten Palais am Wilhelmsplatz lebte, der dem Finckensteinschen Palais benachbart war. Die Brautleute kannten sich also schon als Kinder. Doch war der Vater der minderjährigen Gräfin, der als Offizier in Friedrichs Armee gekämpft hatte, nach einer erneuten Heirat auf seine Herrschaft Glauchau zurückgekehrt.

Ein Teil des Erbes war der Braut schon durch Eingreifen des Königs verlorengegangen, nämlich das am Rande des Oderbruchs gelegene Dorf Quilitz, das Markgraf Carl testamentarisch der Frau von Carlowitz und deren Enkelin übereignet hatte, was Friedrich nicht anerkannte. Er war der Meinung, daß die Lehnsgüter des Markgrafen nach dessen Tode an die Krone zurückfielen, und so wurde von ihm Quilitz an den Major von Prittwitz, der ihm während der Kunersdorfer Katastrophe das Leben gerettet hatte, verschenkt. Die Entschädigung, die Jahre später von Friedrichs Nachfolgern an die Finckensteinsche Familie gezahlt wurde, entsprach in keiner Weise dem Wert der großen Besitzung, die nach dem Tode von Prittwitz dem Staatskanzler Hardenberg übereignet wurde, bei dessen Nachkommen sie unter dem Namen Neuhardenberg (der in DDR-Zeiten in Marxwalde verändert wurde) bis in unsere Tage verblieb.

Das Erbteil aus Glauchau aber weigerte sich der Brautvater, der inzwischen Kinder aus zweiter Ehe hatte, herauszugeben; und als er gerichtlich zur Zahlung verurteilt wurde und die sächsischen Behörden in Vertretung der preußischen ihn mit militärischer Gewalt dazu zwingen wollten, entzog er sich der Verhaftung durch Flucht. Da Schönburg-Glauchau seit dem Mittelalter unter der Lehnshoheit der Böhmischen Krone, nicht aber der der Wettiner gestanden hatte, erkannte der Graf die sächsische Macht nicht an. Er wandte sich um Hilfe an die Kaiserlichen Behörden, denen allein er sich verpflichtet fühlte; und tatsächlich rückten von Böhmen her Kaiserliche Truppen unter dem Befehl des Grafen Kinsky an die Schönburger Grenze, worauf sich die Sachsen zurückzogen und der sogenannte Glauchauer Krieg von 1777, dessen Anlaß auch die Finckensteinschen Erbansprüche gewesen waren, unblutig endete. Doch blieb dieser Triumph für Prag und Wien nur kurzfristig, weil ein Jahr später, als Folge des Bayerischen Erbfolgekrieges, den Sachsen an preußischer Seite mitgemacht hatte, das bisher reichsständische Schönburg-Glauchau endgültig an Sachsen fiel.

1770 also war die Ehe des Präsidenten mit der Gräfin Caroline von Schönburg-Glauchau, die die Orte, die ihr Name bezeichnete, wohl niemals gesehen hatte, geschlossen worden. Beide hatten eine gute Bildung genossen und dabei Liebe zur Poesie und Musik entwickelt. Er dichtete und komponierte; sie hatte eine hervorragende Singstimme; und da sie eng mit ihren Kindern zusammenlebten und diese in ihre Interessen mit einbezogen, wurde den Söhnen und Töchtern ein von Kunst bestimmter Lebensstil mitgegeben, der ihnen, wie sich erweisen sollte, nicht nur zum Segen geriet.

Dreizehn Kinder wurden in dieser Ehe geboren, von denen drei die damals gefährlichen ersten Jahre nicht überlebten. Um ihren Hausarzt an der Seite zu haben, war die Gräfin zu jeder Entbindung nach Berlin gefahren. Alle Kinder wurden also in der Wilhelmstraße geboren, mit Ausnahme einer Tochter, die schon während der Kutschfahrt ans Licht kam, zwischen Vogelsdorf und Dahlwitz, auf der Hochfläche des Barnim also, und die deshalb den seltsamen Namen Barnime erhielt.

Die anderen Kinder trugen die üblichen Namen, wie Karl und Caroline nach Vater und Mutter, Henriette und Wilhelm und Wilhelmine, oder auch Friedrich, der nur einige Monate lebte, 1788 als erster Madlitzer Finckenstein auf dem Friedhofshügel östlich des Dorfes begraben wurde und dem der Gedenkstein mit den poetischen Versen gesetzt wurde, der heute noch steht. Späteren Briefen des Ältesten kann man entnehmen, daß die Geschwister, die sich oft im Chorgesang übten, liebevoll aneinander hingen und gegenseitig Verantwortung fühlten. Musikalisch und mit schönen Stimmen begabt scheinen alle gewesen zu sein.

Der Präsident (so wurde er bis an sein Lebensende betitelt), der den Chor und die ganze lebhafte Kinderschar dirigierte, konnte ihr und dem Gut, der Kunst und dem Park viel Zeit widmen, weil er Angebote, wieder in den Staatsdienst zu treten, ablehnte; doch schloß dieser Verzicht, der vielleicht auch damit zu tun hatte, daß die jetzt Regierenden zu viele Neuerungen versuchten, Interesse und Mitwirkung an öffentlichen Aufgaben nicht aus. Wenn er gebraucht wurde, stellte er sich zur Verfügung, bei den jahrelangen Diskussionen zum Beispiel, die über den von Friedrich initiierten Entwurf des Allgemeinen Preußischen Landrechts geführt wurden. Obwohl dieses Gesetzeswerk, das die unterschiedlichen Rechtsverhältnisse der Provinzen vereinheitlichen sollte, die bestehende Ständeordnung im wesentlichen nur festschrieb, war es dem Präsidenten zu reformfreudig. Denn politisch war er ein Konservativer, den schon die schwachen Versuche des Staates, die Verwaltungen der Provinzen zu vereinheitlichen, die Privilegien des Adels zu mindern und die Abhängigkeit der Bauern zu lockern, mißtrauisch machten, weil er die Stabilität des Ganzen dadurch gefährdet sah.

Hatten ihn schon die wenigen Modernisierungen des Allge-

Friedrich Ludwig Karl Graf Finckenstein, der Präsident, Schöpfer des Madlitzer Parks, Freund der Künste und Gegner der Reformen.

Caroline Wilhelmine Albertine Gräfin Finckenstein, geb. Schönburg-Glauchau. Ihres großmütterlichen Erbes wegen entbrannte der sogenannte »Glauchauer Krieg«.

meinen Landrechts verbittert, so mußten ihn die nach Preußens Niederlage von 1806 einsetzenden Stein-Hardenbergschen Reformen vollends zum Gegner der Regierenden machen, die in seinen Augen Gesetzesbrecher waren, da sie die angestammten Rechte des Adels nicht wahrten. Nicht um des eignen Vorteils willen, sondern aus Achtung vor Traditionen mußte er sich ihnen verweigern. Er gehörte also zu jenen, die in allen preußischen Provinzen gegen die Modernisierung des Staates und die stärkere Belastung des Adels mit Memoranden an den König opponierten. In der Mark begann das 1811 in der Prignitz, dann folgten die Adligen des Lebusischen Kreises, denen sich der Kreis Beeskow-Storkow anschloß – dessen Landrat des Präsidenten Schwiegersohn war.

Die Denkschrift, die der Präsident mit unterzeichnete, hieß »Letzte Vorstellung der Stände des Lebusischen Kreises«. Sie war, wahrscheinlich unter Mithilfe von Adam Müller, von seinem Gutsnachbarn von der Marwitz auf Friedersdorf verfaßt worden und, wie Staatskanzler von Hardenberg meinte, in einem »auffallend unehrerbietigen Tone« gehalten, den der Kanzler für strafbar hielt. Er bewirkte also beim König eine Verhaftung der beiden Empörer, die dann am 28. Juni 1811 standesgemäß vor sich ging. Ein Kammergerichtsrat mit zwei Polizeidienern verhaftete erst in Friedersdorf den Major von der Marwitz, fuhr dann die zwanzig Kilometer nach Madlitz, wo im Schloß übernachtet wurde, und am nächsten Morgen, um halb sieben, mit beiden Verhafteten nach Berlin. In Vogelsdorf wurde zu Mittag gegessen, in Berlin im ehemals Finckensteinschen Palais, das nun dem Minister von Voß gehörte, der Tee eingenommen, dann ging es Unter den Linden entlang über Charlottenburg nach Spandau zur Festung, deren Kommandant die prominenten Gefangenen am Tore empfing.

Die Festungshaft, deren Einzelheiten man kennt, weil der schreibfleißige Marwitz Tagebuch führte, dauerte, ohne daß sich ein Gericht mit der Sache befaßt hätte, fünf Wochen. Dann ord-

72

nete der König die Freilassung der Empörer an, und sie kehrten auf ihre Güter zurück. Während der sehr viel jüngere Marwitz, der etwas von dem unbeugsamen Rechtsdenken eines Kleistschen Michael Kohlhaas hatte, die Opposition mit Reden und Denkschriften fortsetzte – und dafür Jahrzehnte später von den Partei-Konservativen als Vorkämpfer verehrt wurde –, zog sich der schon sechsundsechzigjährige Finckenstein, der für die Nachwelt auch mehr in die Kunst- und Kulturgeschichte gehörte, weitgehend aus dem politischen Trubel zurück. Er hatte noch sieben Jahre zu leben und dabei viel Trauer zu tragen. Im Jahr davor war ihm die Frau gestorben. Im Jahr danach wurde die Tochter Barnime zu Grabe getragen. Und vier Wochen nach der Haftzeit in Spandau starb unter seinen Augen in Madlitz Karl, sein ältester Sohn.

Während Marwitz in Spandau Tagebuch führte, war Finckenstein möglicherweise mit seinem großen Gartengedicht beschäftigt, das sich neben einigen Briefen, die ihm die Söhne und Töchter liebevoll schrieben, in seinem Nachlaß erhalten hat. Es trägt den Titel »Der Frühlingstag im Garten. Gedicht in drei Gesängen« und ist im ersten und zweiten Teil mit 1811, im dritten und umfangreichsten mit 1812 datiert. Auffallend ist, daß sich die beiden ersten, im Jahr der Haftzeit geschriebenen Gesänge inhaltlich von dem dritten stark unterscheiden. Während dieser eine poetisch geformte Theorie des Landschaftsparks bietet, herrscht in ihnen Politisches vor. Schon im ersten Gesang wird deutlich, daß der Dichter mit Wehmut auf die Zeiten Friedrichs zurückblickt, »welcher zum fernsten Pol den Namen Preußen getragen […] das Steuer des Staats mit mächtigen Armen« lenkte und vor allem »Sitt' und Verfassung« ehrte und »des Landes Gesetz und das Wort, von den Vätern gegeben«, niemals verriet. Doch gingen »die Tage des Glücks und der Sicherheit« unter den neuen Herrschern verloren.

»Feinde überschwemmten das Land, zerrissen es, und mit den Trümmern
Treibt der Pfleger nun selbst ein verwegenes Spiel. Untergraben
Sind des Staats Grundfesten, nicht heilig mehr der Verträge
Treue, nicht Eigenthum unverletzlich, alle des Volkes
Alterthümliche Bande gelöst, tyrannische Willkür
Sitzet, wo sonst das Recht. Es hält mißtrauender Argwohn
Bürger von Bürgern getrennt, mit der Sicherheit ist auch der heit're
Frohsinn entfloh'n, kaum noch die bittere Lache des Spottes
Lüftet etwa die beklommene Brust ...
Ach, nach besserem forscht umsonst der Bewohner, nur anders
Sieht er alles und neu, kaum glaubt er sich noch in der Heimat.«

Im zweiten Gesang wird dann, nur lose mit dem Gartenthema verknüpft, das verkündet, was Marwitz in der »Letzten Vorstellung ...« prosaischer sagte, nur fällt die Kritik an Friedrich Wilhelm III. hier schärfer aus.

»Steh nun Red', o Herrscher, dem Volk, antworte der Frage,
War dir der Arm kraftlos, den Feind zu bekämpfen, woher dann
Stärke genug der Hand, zu brechen Wort und Verträge,
Und des Fußes, daß er unter sich trete duldsamer Bürger
Eigentum und heiliges Recht? ...«

Und er prophezeit ihm:

»Fallen Du wirst, doch Teutschland wird sich wieder erheben.
Dann ist die Fessel gesprengt, es tritt an des Aftervereins
Stelle wieder aufs Neu' der alterthümliche Bund ein«,

in dem der Adel wieder »den Nied'ren im Volke gegen der Willkür Pfeil ein deckender Schutz« ist und eine Stütze dem Thron.
Er ruft die Söhne des Adels zum Kampf auf gegen Napoleon,
den Unterdrücker, warnt sie vor der Verlockung des Geldes, das
die Neuerer nun an Stelle von Erbe und Ehre zu setzen geden-
ken, und mahnt sie, nie alte Rechte zu opfern, doch immer zu
wissen, daß Rechte und Pflichten zusammengehören, »ein un-
zertrennliches Paar«.

Der aus Preußen verbannte Freiherr vom Stein, der von Prag
aus die mühsame Umsetzung der von ihm eingeleiteten Reformen beobachtete, sah die Dinge ganz anders. Er hielt die
Rechtsargumente der adligen Opponenten für romantische
Phantasien oder Bemäntelungen von Egoismus und warf Marwitz und seinen Gefährten Mangel an Vaterlandsliebe vor. Ihm,
der aus dem liberaleren und reicheren Adel des Westens
stammte, waren die ostelbischen Junker aus diesen »sandigen
Steppen«, »diese pfiffigen, herzlosen, hölzernen, halbgebildeten
Menschen«, für führende Positionen schon ihrer Armut wegen
ganz ungeeignet. In einem Brief an Gneisenau, der die politische
Gleichgültigkeit der Berliner bedauert hatte, ließ er sich im August 1811 von seinen Vorurteilen dazu verführen, die märkische
Landschaft für den Mangel an Patriotismus verantwortlich zu
machen. »Ein Unglück für den preußischen Staat ist es, daß die
Hauptstadt in der Churmark liegt. Welchen Eindruck können
ihre dürren Ebenen auf das Gemüth der Bewohner machen? Wie
vermögen sie es aufzuregen, zu erheben, zu erheitern? Was kündigen sie an? Kümmerliches Auskommen, freudenloses Hinstar-
ren auf den kraftlosen Boden, Beschränktheit in den Mitteln,
Kleinheit in den Zwecken. – Man nenne mir nicht Friedrich den
Großen; die Hohenzollern sind Schwaben; sie haben sich fort-
gepflanzt durch Weiber aus fremden Völkerstämmen; und was
haben die Neustädter Pferderennen gemein mit den dickköpfigen, trübseligen churmärkischen Landgäulen?«

Der Philosoph Solger, der sich in diesen Jahren mit Tieck anfreundete und ihn mehrmals in Ziebingen besuchte, war auch kein Freund der adligen Reformgegner, aber er war vorurteilsloser. »Was haben Sie zu dem Vorfall gesagt, der den Herrn Präsidenten betroffen hat«, schrieb er an Tieck. »Ich gestehe Ihnen, daß ich über manches anders denke als diese Herren ... aber ich achte ihren Eifer für das Interesse ihres Standes recht sehr.«

Der Frühlingstag im Garten

»In einer der traurigsten Gegenden Deutschlands« (womit die
märkische Landschaft gemeint ist) »ist mir ein Garten bekannt,
der allen romantischen Zauber auf die sinnigste Weise in sich
vereinigt, weil er, nicht um Effekt zu machen, sondern um die
innerlichen Bildungen eines schönen Gemüthes in Pflanzen und
Bäumen äußerlich zu erschaffen, vollendet wurde; in jener Gegend, wo der edle Herausgeber der Arethusa nach alter Weise im
Kreise seiner liebenswürdigen Familie lebt; dieser grüne, herrli-
che Raum schmückt wahrhaft die dortige Erde, von ihm umfan-
gen vergißt man das unfreundliche Land und wähnt in lieblichen
Thälern und göttergeweihten Hainen des Altertums zu wandeln. In jedem Freunde der Natur, der diese lieblichen Schatten
besucht, müssen sich dieselben heitern Gefühle erregen, mit
denen der sinnvolle Pflanzer die anmuthigste Landschaft hier
mit dem Schmuck der schönsten Bäume dichtete, die auf sanften
Hügeln und in stillen Gründen mannigfaltig wechselt und durch
rührende Reize den Sinn des Gebildeten beruhigt und befriedigt. Denn ein wahres und vollkommenes Gedicht muß ein solcher Garten sein, ein schönes Individuum, das aus dem eigen-
sten Gemüthe entsprungen ist.«

Dieses Loblied auf den Madlitzer Garten ist in Ludwig Tiecks
»Phantasus« nachzulesen, einer dreibändigen Sammlung von
Erzählungen und Theaterstücken, die nach Art von Boccaccios
»Decamerone« in die Gespräche einer Gesellschaft auf dem
Lande eingebettet sind. Bei Tisch, im Gartensaal des Landhauses

oder auf Spaziergängen im Garten (um das Wort Park, das für Tieck ein unangenehmes Modewort war, hier zu vermeiden) werden in der gemessenen Ruhe einer aristokratischen, geistvollen Gesellschaft, die eine gelungene Konversation als eine Art Kunstwerk betrachtet, die verschiedensten Themen, wie Liebe und Freundschaft, Musik, Literatur und Theater, betrachtet – und eben auch Gartengestaltung, was naheliegt, da der Dichter, ohne die Örtlichkeit nachzeichnen zu wollen oder Porträtähnlichkeit anzustreben, die Gesellschaft von Ziebingen und Madlitz vor Augen hat. Dort aber war der Park sicher ein häufiges Thema. Er war das Lebenswerk des alternden Grafen, über das er nicht nur in dem schon erwähnten Garten-Gedicht, sondern auch in Prosa geschrieben hatte, und das etwa zu der Zeit, in der Tieck an den Gesprächen des 1812 erschienenen ersten Bandes des »Phantasus« schrieb.

Schon 1803, nach dem ersten Besuch in Madlitz, hatte sich Tieck in einem Dankbrief ausführlich über den Park geäußert und dabei wohl auch Gedanken, die er vom Grafen übernommen hatte, benutzt. »Man kann Ihren Garten gar nicht gesehen haben, ohne die Bilder aus ihm immer in der Phantasie zu behalten und sich auch in der Abwesenheit an den Eindrücken zu ergötzen, die er so bleibend hinterläßt. Eine solche Anlage läßt sich auch nicht nach einem eigentlichen Plane bilden, sondern sie muß sich von selbst nach und nach entwickeln und mit der Liebe gepflegt und fortgeführt werden, die Ihnen auf so schöne Art eigen ist. Daher ist er auch wohl kein Garten für einen Reisenden, der in der Eil' Merkwürdigkeiten aufjagt und nur zu leicht, eben weil er in Eil' ist, Seltsamkeiten dafür nimmt: das Gemüt muß schon beruhigt sein, um diese liebliche Ruhe zu fühlen und zu verstehn, die jeden Busch und Baum umschwebt. Das eben scheint mir das Erquickliche dieser köstlichen Labyrinthe, daß sie uns einladen, immer weiter zu gehen, daß wir gelockt werden, ohne zu wissen, daß keine Neugier uns fortzieht, die endlich nur ermüdet: sondern das Ganze ist nur wie eine stille Entfaltung des eigenen Gemütes, wie ein Traum in einer schönen Gegend, in welchem man diese Gegend noch schöner wiedersieht. Gewiß, wer etwas über Natur dichten will, wem es darum zu tun ist, den Sinn der Pflanzenwelt des allverbreiteten Grün zu verstehn, dem fehlt sehr viel, wenn er den Garten in Madlitz nicht gesehn hat; hier wird ihm wenigstens auf die leichteste und lieblichste Weise erklärt, erläutert und nahe gebracht, was er in der Natur selbst auf Umwegen suchen muß.«

Als Tieck den Park zum erstenmal sah, waren schon mehr als zwanzig Jahre nach seinem Entstehen vergangen. Denn gleich nach seinem Seßhaftwerden in Madlitz hatte der Präsident a. D. mit der Anpflanzung begonnen und durch Maßnahmen, die man heute Flurbereinigung nennen würde, das Parkareal laufend erweitert, womit dann wohl einer der ältesten, aber auch unbekanntesten Landschaftsparks der Mark entstanden war. Denn Rheinsberg und Sanssouci waren damals noch reine Rokokogärten, und Charlottenburg, der Potsdamer Neue Garten, die Pfaueninsel, Garzau, Prötzel, Kunersdorf und die Parks anderer märkischer Adelssitze entstanden erst in späteren Jahren, so daß Finckenstein, der offensichtlich keinen Fachmann zur Seite hatte, sich, um Vorbilder zu finden, nach Wörlitz oder ins Hannoversche hätte wenden müssen. Es scheint aber, daß er ganz auf englische Vorbilder setzte, obgleich er nie eine Reise nach England machte, wohl aber die englische Literatur über Landschaftsgärten verfolgte. Die wichtigsten Werke befanden sich in seiner, zwar heute verlorenen, aber durch einen erhaltenen Katalog bekannten, reichhaltigen Büchersammlung, die übrigens auch Werke des für die Mark so wichtigen Agrarreformers Thaer enthielt, der 1804 von Celle nach Möglin, übergesiedelt war. Mit ihm, dessen Methoden der sogenannten Wechselwirtschaft er schon mit Erfolg angewandt hatte, stand er auch im Briefwechsel, und er wurde von ihm »einer der ausgezeichnetsten Landwirthe und Verbesserer der hiesigen Gegend« genannt.

Der Park, der nach englischem Muster literarische Einflüsse zeigte und auch Nutzflächen in seine Anlage integrierte, bestand, wie der Wissende auch heute noch sieht, aus drei Teilen: der unmittelbaren Umgebung des Hauses mit der von Bäumen flankierten, Durchblick gewährenden, sich später zu einer größeren Fläche erweiternden Wiese und die durch diese getrennten zwei großen Partien, die der Graf in seiner eignen, im Nachlaß erhaltenen Beschreibung des Gartens die »ländlich-moderne« und die »ländlich-antike« nennt. Beide Teile sind Ausdruck seiner literarischen Interessen. Der eine, vom Hause aus gesehen linke, von künstlichen Bergen und Schluchten gegliederte, der im Kleinformat auch Obst- und Ackerbau und damit ländliches Glück demonstrierte, war, wie ein Kleist-Hain und das auf einem Hügel stehende Kleist-Tor zeigten, dem von Jugend an geliebten »Frühling« des Ewald von Kleist gewidmet, der sich aus dem »Getümmel der Welt« immer nach ländlicher Ruhe gesehnt hatte, dem »edelen Teutschen«, der »im Felde des Ruhmes zwiefach umlorbeert fiel«.

Hier ist auch das, ebenfalls aus England übernommene »nützliche Schöne« vertreten: der Weinberg mit Winzerhäuschen, die Obstgärten und Miniaturfelder, die ländlichen Gebäude, die, wenn der Graf sie im Gedicht erwähnt, ihn zum Lobpreisen des »stolzen Britannien« verführen, dieser »gesegneten Inseln«, dieser »Erde der Freiheit, Heiligthum des Rechts, Hoffnung der Unterdrückten«, wo zuerst auch die Natur sich »fremden Joches« entledigte (nämlich des regelhaften barocken Parks) und sich nur »des Schönen Gesetz« unterwarf.

»... Da zeigt sich
Groß und hehr, anmuthig und zart, von keinem erborgten Putze
Verstellt, das der edlen Natur ursprüngliche Schöne.
Aber mitnichten verschmähte auch der Feldbau liebende Brite

Angebauten Reiz. Den Pflug führte er in die Gärten,
Zog in ihr weites Revier korntragendes Feld und die grüne
Flur, wo der Mäher die Sense schwenkt und grasen die Her-
den ...
Abgeworfen war nun die letzte Fessel. Von nun an
Wecket die Gartenlust den Sinn auch für einfache Sitten
Und für ländliches Glück ...«

Die andere, rechte Partie des Gartens, bis an den Steinpfuhl mit
seiner Insel reichend, sollte mit einer dorischen Säulenhalle,
einer Rotunde und einer Herme des Pan im Waldesdunkel die
Gefühle heraufbeschwören, die die griechischen Bukoliker, die
Finckenstein übersetzt hatte, erzeugen können. Sein Gartengedicht schließt die Beschreibung dieser Abteilung mit der Kahn-
überfahrt zu der Steinpfuhl-Insel und folgender Frage:

»... Sind dies der Seligen Inseln, rief ich,
Beschiff ich jetzt den Strom des holden Vergessens,
Irr' ich schon in den Auen Elysiums oder verweil ich
Noch im Gebiete der Kunst, dem irdischen Haine der
Musen?«

Für die Öffentlichkeit ist der wertvolle Madlitzer Park immer so
gut wie unbekannt geblieben, und auch die Kunstwissenschaft
hat sich um ihn wenig gekümmert, sieht man von einer Beschreibung der Anlage durch den Hofgärtner der Pfaueninsel,
Gustav Adolph Fintelmann, von 1853 ab. Da Madlitz bis 1945
immer den Nachkommen des Präsidenten gehörte, ist der Park
wohl auch immer gepflegt und bei Ausfällen ergänzt worden, bis
dann nach Enteignung und Vertreibung der Eigentümer die Ver-
wilderung und Zerstörung begann.

Während die gewundenen, die Blicke von einer Szene zur an-
deren leitenden Pfade verfielen, wurde die Anlage durch gerade
Fahrwege zerschnitten. Die Umgebung des Hauses wurde durch
Zäune und Bretterbuden verschandelt, die Wiesenfläche in einen

Genellis dorische Säulenhalle nach ihrer Wiederherstellung 1996.

Genellis dorische Säulenhalle etwa 1980, als sie als Kleintierstall genutzt wurde. Wahrscheinlich hat sie nur diese Nutzung vor dem völligen Verfall bewahrt.

Sportplatz verwandelt und in die Blickachse ein Pumpwerk gesetzt. Die hölzernen Gartenarchitekturen der zweiten Abteilung, das Winzerhäuschen, ein Meierei genanntes ländliches Anwesen und das Kleist-Ehrentor waren wohl schon in der Nachkriegszeit in die Öfen gewandert. Im antiken Teil fehlte die Pan-Herme. Die Rotunde war bunt mit Ölfarben gestrichen worden, neben ihr war eine Beton-Tanzfläche entstanden, und der dorische Tempel diente als Kaninchen- und Ziegenstall. Die Brücken über die Wasserläufe waren zerfallen, die Gewässer fast ausgetrocknet, überall war das Unterholz aufgeschossen, und in den Schluchten des von Dickicht überwucherten Miniaturgebirges lagerte Müll.

Detlev Karg vom DDR-Institut für Denkmalpflege ist es zu danken, daß der Park 1978 auf die Denkmalsliste des Bezirks Frankfurt an der Oder gesetzt wurde und in den Jahren danach auch Versuche zu seiner Pflege gemacht wurden. Doch waren die Mittel zu wirksamer Hilfe oder gar Restaurierung nicht da. Erst die deutsche Wiedervereinigung und der Rückkauf von Schloß und Park durch den 1945 vertriebenen und enteigneten Grafen machten ein teilweises Wiedererstehen der Anlage, wenn auch ohne die verlorenen Architekturen, möglich, so daß man heute die Verse ihres Schöpfers, mit denen er sein großes Garten-Gedicht schließt, wieder nachempfinden kann.

»... Ist das Werk des Tages vollendet,
Süß nun der Ruhe Sitz und die Kühle des Schattens, so sammelt
Sich der Genossen Schaar um ihn her zum ländlichen Mahle,
Traulich Gespräch und Scherz verlangt der Erquickung Stunde,
Froher Gesang ertönt und Spiele beginnen im Grünen.
Aber er selbst, der Pfleger der Flur, verloren im Anschauen
Seines gelungenen Werkes, erhebt sich zum lieblichen Lustgang.

Dort folgt ihm der Vergangenheit holdselig Erinnern.
Wieder vorüber ihm gehen die Tage des Pflanzens, und neuer
Szenen Gebilde steigen ihm auf und schweben als Blüthen der Zukunft
Zauberisch ihm um das Haupt ...
Solch ein Garten du bist, o Schauplatz ländlicher Fülle,
Sitz holder Anmuth ... Unfruchtbare Erd' ehedem und öde,
Nunmehro nährende Schöne,
Meiner Jugend Werk, nun Wonne des Alters.«

Musenhöfe

Friedrich II., den man früh schon den Großen oder den Einzigen nannte, hatte seiner kriegerischen und humanitären Taten wegen für die Ausbildung des deutschen Nationalgefühls eine große Bedeutung, obwohl er selbst völlig frei davon war. Er sprach und schrieb vorwiegend Französisch, zog Franzosen in seine Umgebung, während er Deutsche, wie Lessing zum Beispiel, abwies, hielt die deutsche Sprache, die er nur mangelhaft beherrschte, für halbbarbarisch und kannte von der sich zu seinen Lebzeiten kraftvoll entfaltenden deutschen Literatur wenig, schrieb aber über sie, natürlich in Französisch, und machte in dieser Schrift von 1780 (»De la littérature allemande«) seine Verachtung des Deutschen kund.

Den vielen Gegenschriften, die seiner Veröffentlichung folgten, lag vereinzelt auch der persönliche Ärger Abgewiesener zu Grunde, wie zum Beispiel bei dem Vierzeiler Gottfried August Bürgers:

»Auf den König v. Preußen
Mein Friedrich braucht zu seinem ganzen
Regierungswesen lauter Franzen.
Nur ein Geschäft ist noch daß er durch Deutsche thut,
Zum Überwinden braucht er deutschen Heldenmuth.«

Hauptsächlich aber war man mit Recht empört über die Ignoranz des Königs, und die Fülle der Gegenstimmen zeigte, auf welch breiter Basis die deutsche Literatur schon beruhte, besonders im Bürgertum. Die französische Bildung, die bei Hofe ihre Vorherrschaft noch bewahrte, war im Lande weitgehend verdrängt worden, teilweise auch beim Adel schon. Mit dem Freiherrn von Canitz und mit Ewald von Kleist hatte der märkisch-pommersche Adel sogar zur Entwicklung der deutschen Literatur produktiv beigetragen, und auf den Herrensitzen an Spree, Oder und Havel wuchs im Lauf des Jahrhunderts auch das Interesse an ihr. Verstärkt wurde diese Tendenz 1786, als mit dem Tod Friedrichs des Großen deutsche Sprache und Literatur auch am Königshof Eingang fanden, und in Adelskreisen setzte eine Art Mäzenatentum ein. Um 1800 gab es einige märkische Adelssitze, die man Musenhöfe nennen könnte. Am ehesten trifft diese Bezeichnung wohl auf Fouqués Nennhausen und auf die Finckensteinschen Güter Madlitz und Ziebingen zu.

Beide Orte sind in Fontanes »Wanderungen durch die Mark Brandenburg« nicht vertreten. Im Nachlaß des Dichters aber haben sich Vorarbeiten erhalten, die sein Interesse an beiden Orten bezeugen. In den Notizen aus dem Jahre 1864 zum geplanten Kapitel über Nennhausen findet man folgende stichwortartig niedergelegten Gedanken: »Anknüpfend an den Aufenthalt [Fouqués] in Nennhausen hindeuten auf Tieck-Finckenstein in Reitwein, Nedlitz, Ziebingen. Auch auf die Humboldts in Tegel, Achim von Arnim in Wiepersdorf, die Dönhoffs in Tamsel etc. etc. Lauter Dichterhöfe. Parallelen mit jetzt, wo dergleichen gar nicht existiert. Alles ist ernst, real, politisch, und es ist besser so.«

Sieht man ab von den Flüchtigkeitsfehlern (es muß Madlitz statt Nedlitz heißen, und Reitwein befand sich zwar zu Fontanes, nicht aber zu Tiecks Zeiten im Besitz der Finckensteinschen Familie), so ist diese Notiz bemerkenswert im doppelten Sinne. Zum einen zeigt sie das Interesse Fontanes an dem Phänomen der Dichterhöfe, von denen er einige, wie Tamsel und Kunersdorf, in den »Wanderungen« schon beschrieben und andere vorurteilslos erwähnt hatte; zum anderen aber weist der Vergleich zwischen dem Damals und Jetzt auf seinen zeitweiligen politischen Konservatismus, dem offensichtlich adlige Kunst- und Literaturliebhaberei als nicht »ernst«, nicht »real«, nicht »politisch« – also als den Aufgaben des Adels nicht entsprechend erschien. Es waren zwei unterschiedliche Typen, die Fontane unter dem Begriff Dichterhöfe zusammenfaßte, nämlich der von Wiepersdorf und Nennhausen, wo der Gutsherr selbst dichtete, und der von Kunersdorf und Ziebingen-Madlitz, wo kunstliebende Adlige als Mäzene auftraten, indem sie Dichtern Unterkunft und Unterhalt boten oder sie durch ein gastliches Haus mit anderen Künstlern, Kunstliebhabern und einflußreichen Leuten zusammenführten. Beide pflegten Geselligkeiten, die sich von denen der anderen Landadligen dadurch unterschieden, daß an ihnen nicht nur Standesgenossen teilnahmen und sie nicht in erster Linie der Repräsentation, dem Spiel und der Jagd dienten, sondern dem niveauvollen Gespräch, wie es Tieck im »Phantasus« vorgeführt hat. Die Berliner Salons, die in dieser Zeit aufblühten, hatten in ihnen ihre Entsprechung auf dem Lande. Mancher, der bei Rahel Levin und Henriette Herz verkehrte, war auch in Nennhausen, Kunersdorf oder Madlitz zu Gast.

Varnhagen zum Beispiel, der sich in seinen »Denkwürdigkeiten« an solche Gespräche im Jahre 1807 bei Alexander von der Marwitz in Friedersdorf erinnert, wo neben dem Verleger Reimer und anderen auch Schleiermacher zugegen war. »Laue Abende der köstlichsten Art wurden bei Sternenflimmer im tiefen Schattendunkel der Bäume weit über die Mitternacht hinaus verlängert, und niemand mochte ans Schlafengehen denken, während die reinste Luft die Brust erfrischte und die edelsten Gedanken über Natur, Welt, Geschichte, Wissenschaft und Poesie ausgesprochen wurden; denn Marwitz hatte den Willen und die Kraft, immer das Höchste und Größte zur Sprache zu bringen und auch Schleiermachers oft hartnäckige Schweigsamkeit in schönen Redefluß aufzutauen.«

Ein Vorläufer der dichtenden Gutsherren war ein Jahrhundert zuvor Friedrich Rudolph Ludwig von Canitz gewesen, den man häufig als Hofpoeten des Großen Kurfürsten und seines Nachfolgers bezeichnet findet, der aber ein solcher nicht war. Zwar hatte er Hofämter inne und als Außenpolitiker seine Verdienste, aber mit seiner Dichtung hatte das nichts zu tun. Von dieser wußte zu seinen Lebzeiten niemand. Wahrscheinlich hielt er das Dichten für eine Beschäftigung, die des Adels nicht würdig sei. Erst nach seinem Tode, 1699, erschien die erste Sammlung seiner Gedichte, aber auch sie trug seinen Namen noch nicht. Fünfzig Jahre lang etwa galten seine Gedichte, die immer wieder gedruckt wurden, als Musterbeispiele des aufklärerischen Klassizismus, doch war, als Ewald von Kleist und Lessing auftraten, ihre Zeit schon vorbei. Der junge Goethe hielt sie für völlig veraltet – was für die Zeitgenossen auch dadurch bewiesen wurde, daß König Friedrich sie in seinem lehrhaft-anmaßenden Pamphlet gegen die deutsche Dichtung, wenn auch nicht rühmenswert, so aber doch erträglich fand.

Neben Paul Gerhardt, dem Kirchenliederdichter, war Canitz der erste, der den Deutschen beweisen konnte, daß, wie Fontane sagte, die Mark und die Musen nicht völlige Gegensätze seien. Durch einige seiner Gedichte, die die Vorzüge seines Gutes rühmten, wurde das nordöstlich von Berlin gelegene Blumberg für Literaturkenner zum Begriff. Hundert Jahre vor Schmidt von Werneuchen besang Canitz schon die Freuden des Landlebens – eines ruhigen, idyllischen, durch Gäste erheiterten Daseins, das als Gegensatz zur Gefühlskälte und Hektik des Stadt- und Hoflebens begriffen wird.

»In Blumberg ist mein Sitz, da, nach der alten Weise,
Mit dem, was Gott beschehrt, ich mich recht glücklich preise;
Da ich aus meinem Sinn die Sorgen weggeräumt,
So, daß mir nicht von Geitz, noch eitler Ehre, träumt …

Hier merck ich, daß die Ruh in schlechten Hütten wohnet,
Wenn Unglück und Verdruß nicht der Palläste schonet;
Daß es viel besser ist, bei Kohl und Rüben stehen,
Als in dem Labyrinth des Hofes irre gehen.«

Aber Canitz war, wie gesagt, nur ein Vorläufer. Häufiger wurden die Dichterhöfe gegen Ende des Jahrhunderts, als der Bildungsstand, auch im Adel, sich besserte, mit der deutschen Literatur von Lessing, Wieland, Herder, Schiller und Goethe auch ein nationales Bewußtsein erblühte und der Hof von Weimar ein Beispiel für die Verbundenheit von Fürsten und Literaten gab.

Die Adelssöhne auf Gymnasien und Universitäten zu schikken war nicht nur bei den Finckensteins schon im siebzehnten Jahrhundert üblich gewesen. Die Hofmeister, die die geistige Grundausbildung gaben, waren oft ausgezeichnete Lehrer, die dem Intellekt ihrer Zöglinge eine Richtung fürs Leben gaben; und da der Staat gut ausgebildete Beamte und Offiziere brauchte, wurde seit den Zeiten des Soldatenkönigs in den Ritterakademien und Kadettenanstalten auch Wert auf den nichtmilitärischen Teil der Bildung gelegt.

Neben der Tätigkeit als Offizier oder Beamter kam für den Adligen nur noch die des Landwirts in Frage. Doch auch hier erforderte die Modernisierung, die in der Mark vor allem von Albrecht Daniel Thaer eingeführt wurde, eine bessere wissenschaftliche Bildung, so daß nicht zufällig jene Adligen, die sich kulturell engagierten, auch die besten Erfolge mit den neuen Landbaumethoden hatten und oft schon vor den Preußischen Reformen erkannten, daß die alte fronbäuerliche Gutsverfassung die Produktion hemmte.

Kunersdorf (nicht das östlich der Oder, wo 1759 Friedrich der Große so verlustreich besiegt wurde, sondern das am Rande des fruchtbaren Oderbruchs gelegene, nicht weit von Wriezen), wo eine geborene von Lestwitz, die sich nach einer ihrer benachbarten Besitzungen Frau von Friedland nannte, sich nach Thaerschen Erkenntnissen ein Mustergut geschaffen hatte, an dem die Nachbarn modernes Wirtschaften lernen konnten, war auch einer der kulturell wichtigsten Orte in der östlichen Mark. Da die Tochter der Gutsherrin, die einen von Itzenplitz heiratete, sowohl die Musterwirtschaft als auch das gastfreie Haus fortführte, war Kunersdorf über Jahrzehnte hinweg besonders für Wissenschaftler und Künstler ein Anziehungspunkt. Die kulturellen Glanzzeiten Berlins um und nach 1800 waren auch die dieser Itzenplitzschen Besitzung. Hier zählten Talent, Originalität und Können, nicht Rang und Stand. Die Namen der Geistes- und Naturwissenschaftler, der Maler, Bildhauer und Literaten, die hier verkehrten, kann man bei Fontane nachlesen. Einen aber hat er vergessen, nämlich den Singakademiedirektor und Duz-Freund Goethes, Karl Friedrich Zelter, der im August 1821 brieflich nach Weimar berichtete:

»Hier in Kunersdorf ist es der Mühe wert, die Landwirtschaft zu beobachten. Was darüber im Wilhelm Meister vorkommt, findest Du hier vollkommen real, in Bewegung eines guten Uhrwerks. Die gräflich Itzenplitz'sche Familie bringt den größten Teil des Jahres hier zu. Bekannte Gäste sind stets willkommen und niemals zu viele, weil auf viele gerechnet ist. Man ist nicht fremd, man befindet sich in einer Aisance [Ungezwungenheit] wie in eigenen Wänden, ja wer es will, wird auch als Gast nicht eher bemerkt als bei Tische, wo denn der Nachmittag besprochen wird, indem etwa die in der Nähe liegenden Vorwerke besucht werden, bei welcher Gelegenheit der Gast sich unterrichtend erfreut und die Herrschaft ihr Geschäft verrichtet, weil nichts verpachtet ist und alles aus dem Centro bewirtschaftet wird ... Man freut sich, wenige Meilen von der Residenz einen schönen Schlag zufriedener Menschen zu finden ... Man hört nicht schreien, man sieht nicht rennen, alles ist beschäftigt nach seiner Art, und doch ist Dienstfertigkeit und guter Wille gegen Fremde einheimisch.«

Daß diese Aufgeschlossenheit für interessante Menschen,

welchem Stand sie auch angehörten, andere Adlige verwunderte oder gar empörte, läßt die Schilderung der Gräfin Elise von Bernstorff vermuten, die im Mai 1827 zu Besuch im »gastlichen Cunersdorf« weilte, wie Zelter eine Landpartie zum Vorwerk Pritzhagen in der Märkischen Schweiz machte, sich wie dieser dort wohl fühlte, aber doch immer den Unterschied zum Konventionsverhafteten des städtischen Hofadels sah.

»Das geschäftige Treiben in Cunersdorf gefiel mir indessen nicht übel; es beschränkte sich auch keineswegs auf die Verwaltung der weitläufigen Güter, sondern man stand auch in literarischem Verkehr nach allen Seiten hin, und es herrschte viel ländliche Geselligkeit dort ... Die Unterredungen umfaßten einen Kreis von Gegenständen und Verhältnissen, in denen ich nicht nur zum großen Theil fremd war, sondern in dem mir auch schwerlich jemals recht behaglich geworden wäre; denn es gehörte dazu ein an Neugierde grenzendes Eindringen in alle privaten und öffentlichen Angelegenheiten, und es erforderte ein rastloses Fortschreiten in der Literatur, in der Politik, in den Verfassungs- und Regierungsangelegenheiten. Der Lektüre widmet die gute Gräfin einen Theil ihrer Nächte; denn ihre Tagesarbeit, die sich auf die Verwaltung der Güterökonomie im Großen und im Kleinen bezieht, beginnt schon um 5 Uhr ... Wir unternahmen noch andere Landpartien, bei denen meine gute Gräfin Itzenplitz so sonderbar angezogen war, daß ich mich nicht nur mit Ängstlichkeit nach den Kindern umsah, ob sie auch Contenance behalten würden, sondern auch die bekannte Anekdote von dem Schäfer verstand, der nach Cunersdorf gesandt wurde, um Schafe einzuhandeln, und der, zurückgekehrt, den ›Alten Herrn‹ sehr rühmte und meinte, man könne recht gut mit ihm fertig werden, nur sei es kurios, daß er über den Hosen noch einen Weiberrock trage. Dieser alte, gestiefelte, gerockte, mit einer Krawatte angethane Herr mit den rund abgeschnittenen Haaren und dem Kastorhut auf dem Kopfe – war die Frau Gräfin Itzenplitz wie sie leibte und lebte, und selbst die

Reitgerte in der Hand fehlte nicht, obgleich von Reiten nicht die
Rede war.«

Diese Kunersdorfer Begegnungen gehörten natürlich in die
wärmeren Jahreszeiten. Im Winter traf man sich in der Hauptstadt, wo die wohlhabenderen Adelsfamilien wie die Finckensteins ein Haus oder zumindest eine Wohnung hatten – die von
Itzenplitz zum Beispiel in der Brüderstraße, im Hause des Verlegers Friedrich Nicolai.

Dieses, für die Geistesgeschichte Berlins so bedeutende, Gebäude blieb im Kriege erhalten; Schloß Kunersdorf aber, mit seinen wertvollen Büchern, dem Archiv und den vielen Erinnerungen an die Geschichte Preußens, wurde in den Kämpfen des
Frühjahrs 1945 zerstört und später weggeräumt. Wo es einst
stand, herrscht heute eine gepflegte Leere, die insofern von Ehrfurcht vor dem Gewesenen kündet, als das Areal nicht überbaut
wurde, sondern als Erinnerung und Mahnung erhalten blieb.
Vom Park Lennés sind nur geringe Teile erhalten, und am
Schloßteich trauern Weiden der vergangenen Blütezeit nach.

Erhalten blieb aber die lestwitz-itzenplitzsche Grabmalsan-
lage, an der die bedeutendsten Bildhauer der Zeit mitgewirkt
haben: Langhans und Schadow, Friedrich Tieck, der einen Entwurf Schinkels ausführte, und Rauch. Einen Gedenkstein hat
man in neuerer Zeit für Adelbert von Chamisso errichtet, der
hier als Gast der Itzenplitze seinen wunderbaren »Peter Schlemihl« verfaßte. Der Brief an seinen Verleger Hitzig, der der Erzählung vorangestellt wurde, ist datiert mit: »Kunersdorf, den
27. Sept. 1813«. Darin ist auch vom Freund Fouqué die Rede, was
uns daran erinnern sollte, daß auch eine andere bedeutende Erzählung der Berliner Romantik, die »Undine«, auf einem der
märkischen Musenhöfe entstand.

Dort in Nennhausen, das man auf Landkarten im Havelland,
östlich von Rathenow findet, konnten die aus Berlin kommenden Gäste auf den weiten Flächen des Luchs zwar eine dem
Oderbruch ähnliche Landschaft erleben, aber der Geist, der die

Adolph Menzels Illustration zu Chamissos »Peter Schlemihl«. Schlemihl tauscht hier seinen Schatten gegen das Glückssäckel ein. Diese weltbekannte Erzählung entstand auf Schloß Kunersdorf bei Wriezen; die Idee dazu wurde aber wahrscheinlich in Nennhausen geboren.

Nennhausener Gespräche beherrschte, ähnelte dem von Kunersdorf wenig. Hier waren nicht Wissenschaft, Modernität und
Aufklärung vorherrschend, sondern erträumte Geschichte und
Poesie. Der innerlich zweigeteilte Chamisso, Gast beider Höfe,
den man in Kunersdorf als Botaniker, später wohl auch als welt-
umsegelnden Forscher schätzte, galt in Nennhausen, wo die
Idee zu Peter Schlemihls verlorenem Schatten angeblich geboren
wurde, vor allem als Dichter. Statt die Vorteile der Schafzucht
und die aktuelle Politik zu bereden, las man sich hier romantische Verse vor. Denn Fouqué konnte sich ganz seinen literarischen Neigungen widmen, weil sein Schwiegervater, der alte
Briest (dessen Name mit ihm dann ausstarb, weshalb Fontane
ihn später für seinen berühmten Roman nutzen konnte), leitete
bis an sein Lebensende die Wirtschaft. Erbrechtlich gesehen war
der Gastgeber selbst nur ein Gast im Haus seiner Frau.

Die Besucher des dichtenden Barons de la Motte Fouqué und
seiner dichtenden Gattin Caroline (geb. von Briest, verw. von
Rochow) waren fast ausschließlich Dichter, die sicher nicht
alle des Ehepaars Dichtungen, wohl aber dessen Freundschaft,
Hilfsbereitschaft und Gastlichkeit schätzen konnten, auch wenn
ihr Blick auf die Welt ein ganz anderer als der des frommen, ver-
sponnenen und redlichen Vergangenheitsträumers war. Der in
seiner Mittelalterschwärmerei unbeirrbare edle Ritter ließ sich
seine Freundschaften durch andere religiöse und politische Ansichten nicht trüben. Zerwürfnisse, die nach 1815 oft eintraten,
kamen nicht von ihm. Die Glanzzeit Nennhausens, in der Varnhagen, Wilhelm von Humboldt, Bernhardi, die Tiecks und
E. T. A. Hoffmann bei ihm zu Gaste waren, »viele Stunden mit
Vorlesen verbrachten« oder Spaziergänge durch den Park und
den Wald unternahmen, war ganz an seine Anwesenheit gebunden. Sie begann 1804, als der durch Scheidung arm gewordene
Baron mit dem vornehmen Namen die Briest-Erbin Caroline
geheiratet hatte, und endete mit dem Tod derselben, deren
Söhne aus erster Ehe die Erben waren, nicht er.

Heute ist das Herrenhaus von Nennhausen, das man 1860 gotisierend überbaut hatte und 1985 ausbrennen ließ, eine traurige Hülse, der Park verwildert und der »Pappelbaum«, den Chamisso 1824 im Gedicht verewigt hatte (»Hegst die Zeichen, trauter Baum/ In der hartgewordnen Rinde«) nicht mehr an seinem Platz. Während es hier schwerfällt, sich die Gestalten aus romantischer Zeit in die Überreste hineinzudenken, bietet sich das beim Anblick des restaurierten, gepflegten und von Künstlern belebten Wiepersdorf geradezu an. Abgesehen von Humboldts Schlößchen Tegel sieht heute kein Herrensitz in der Mark so sehr nach Musen- oder Dichterhof aus wie dieser, wo der Park mit Teich, Orangerie und barocken Sandsteinfiguren, das Schloß, die Kirche und die Gräber des Dichterehepaares Bettina und Achim von Arnim so harmonisch beieinander liegen, daß man die beiden im Kreis ihrer Freunde, die so glanzvolle Namen wie Clemens Brentano, Savigny und die Brüder Grimm führten, zu sehen meint. Hier scheint Tradition sich in Schönheit erhalten zu haben – doch täuscht diese Pracht etwas vor, das es nie gab.

Denn erstens stammen Schloß, Kirche und Park in ihren heutigen Formen von einem Enkel des Paares aus der zweiten Hälfte des neunzehnten Jahrhunderts, und zweitens haben die gedachten Geselligkeiten nie stattgefunden; dazu boten die Sorgen und Nöte des Alltags mit sieben Geburten und die seltsame Lebensweise des treuen, aber meist getrennt lebenden Paares nie Zeit und Gelegenheit. Während Bettina, die nach einem mißglückten Versuch, in dem damals noch kleineren und primitiveren Hause als Landfrau zu leben, ihren Wohnsitz bald nach Berlin verlegte und dort die bessere Gesellschaft mit ihrer unkonventionellen Art belebte und auch schockierte, versuchte ihr Mann, der das praktische Tätigsein und, bei aller Liebe zu Frau und Kindern, auch das Alleinsein liebte, mit harter Arbeit das stark verschuldete Gut für sich und seine Kinder zu retten – was auch gelang. Bis 1945 blieb Wiepersdorf Arnimscher Besitz.

Wenn sich auch Freunde manchmal, sehr selten, nach dem

Der Maler dieses Bildes, das Friedrich de la Motte Fouqué in Husarenuniform zeigt, ist unbekannt. Der größte Teil von Fouqués Romanen, Erzählungen und Dramen entstand in Nennhausen im Havelland. Das meiste davon ist heute vergessen. Bekannt und beliebt blieb vor allem seine Erzählung »Undine«.

südlich von Berlin, zwischen Jüterbog und Dahme gelegenen Wiepersdorf verirrten, wie Wilhelm Grimm zum Beispiel, der 1816 in einem Brief an den Bruder das dortige anstrengende Landleben schilderte, so war doch von geistigem Austausch nicht die Rede und von Musen nur insofern, als Achim von Arnim trotz aller praktischer Gutsherrensorgen in seiner Einsamkeit auch als Dichter tätig war.

Diese nicht alltägliche, aber erstaunlich haltbare, vielleicht durch das Getrenntsein begünstigte Ehe dauerte nur neunzehn Jahre, von 1811 bis 1830; dann wurde sie durch den frühen Tod Achims beendet – worauf Bettinas Laufbahn als Autorin begann. Jetzt lernte auch sie mit wachsendem Alter die Vorteile abseitigen Lebens zu schätzen und zog sich vor der Gesellschaft, die sie sonst immer gesucht hatte, zeitweilig nach Wiepersdorf oder in das benachbarte Bärwalde zurück. Ihren ständigen Wohnsitz in Berlin aber behielt sie, starb schließlich auch dort, 1859, und wurde nach Wiepersdorf überführt. Ihr Grab und das ihres Mannes sind wohlerhalten. Seit den Umbauten ihres Enkels, auch eines Achim von Arnim, liegen sie in einer Umgebung von Pracht und Reichtum, die dem, was sie im Leben hatten, in keiner Weise entspricht.

Kann man Wiepersdorf zwar einen Dichter-, wohl kaum aber einen Musenhof nennen, so trifft diese Bezeichnung doch voll und ganz auf Finckensteins Madlitz und Ziebingen zu, und zwar nicht nur, weil Graf Finckenstein selbst mit Publikationen hervortrat und viele Geistesgrößen der Zeit zu sich einlud, sondern auch weil drei von ihnen jahrelang in Madlitz oder Ziebingen lebten und ihre Verbindung zum kulturellen Berlin nicht abreißen ließen: der Architekt Hans-Christian Genelli und die romantischen Dichter Wilhelm von Schütz und Ludwig Tieck.

Diese märkischen Musenhöfe, zu denen mit mehr oder weniger Berechtigung auch Humboldts Tegel, Knesebecks Karwe, Marwitzens Friedersdorf, Houwalds Straupitz und andere gerechnet werden können, waren, wie schon Fontane bemerkte, eine zeitlich begrenzte Erscheinung, die in den Jahrzehnten um 1800 entstand und verging. Es waren Jahrzehnte des Umbruchs, sowohl für den Adel, der mit dem sich anbahnenden Verlust seiner führenden Positionen und dem Fragwürdigwerden vertrauter Pflichten nach neuen Orientierungen suchen mußte, als auch für den bürgerlichen Intellektuellen, der zwar das geistige Leben schon weitgehend bestimmte, aber noch keinen gesicherten Platz in der Gesellschaft hatte, also noch des Schutzes bedürftig war. Es war ein gegenseitiges Nehmen und Geben, das die für das neunzehnte Jahrhundert typische, konfliktreiche Vermischung von bürgerlich-nationaler Entwicklung und allmählich sich abschwächender adliger Machterhaltung vorbereiten half. Angestoßen durch die Französische Revolution und die Preußischen Reformen, stand in allen diesen Zirkeln direkt oder indirekt der sich vollziehende geistige und soziale Umbruch zur Debatte, in den jeder verwickelt war. Der Treue zum Traditionellen stand die Einsicht in die Notwendigkeit des sich entwickelnden Neuen entgegen: Und diese Spannung zerriß nicht nur Gruppen, sondern auch Individuen, wie es sich manchmal sehr deutlich in Achim von Arnims Erzählungen und mittelbarer, aber bedeutsamer in Heinrich von Kleists Person und Werk dokumentiert.

Arethusa

1802 war Ludwig Tieck von Dresden nach Ziebingen übergesiedelt, 1803 war seine Sammlung mittelalterlicher deutscher Lyrik unter dem Titel »Minnelieder aus dem schwäbischen Zeitalter« erschienen, die er seinem Gönner, dem Grafen Finckenstein, mit folgender handschriftlicher Widmung schenkte:

»Dem Pflanzen, Baum und Strauch willig entsprießen,
Aus öder Wildnis ein befreundet Leben,
Anmuthige Einsamkeiten grün sich heben,
Dankbar sein stilles Leben zu versüßen;
Wem von der Lippe hold melodisch fließen
Der Vorzeit Lieder, die sich gern ergeben
Den neuen Tönen, neu sich zu beleben:
Ihn sollen diese deutschen Lieder grüßen.«

Neben dem Schöpfer des Madlitzer Gartens wird hier auch der Übersetzer antiker Dichtung gewürdigt, aber auch der Komponist wird geehrt. »Der Vorzeit Lieder«, das sind die Idyllen und Epigramme des Theokrit, die der Präsident 1789 (fast zwanzig Jahre vor den bekannten Übersetzungen des Johann Heinrich Voß) unter dem Titel »Arethusa oder die bukolischen Dichter des Alterthums, 1. Theil« herausgebracht hatte, denen 1806 eine erweiterte Neuauflage und 1810 ein zweiter Teil folgen sollten. Das »hold melodische« Fließen und die »neuen Töne« aber meinen den Versuch des Präsidenten, antike Musik nachzuempfin-

99

den und nach dieser Pindars Oden von seinen Töchtern singen
zu lassen. Der Feldprediger Köhler, ein zufälliger Zuhörer, den
wir nachher noch ausführlicher zu Wort kommen lassen wollen,
meinte nach diesem Erlebnis zu wissen, wie der Gesang des Orpheus geklungen hatte, durch den bekanntlich nicht nur Menschen und Tiere, sondern auch Pflanzen und Felsen gerührt
worden sind. Das Entzücken über diesen pseudo-antiken Gesang ist mehrfach bezeugt worden, wobei dahingestellt bleiben
sollte, ob diese Wirkung nur von der Komposition hervorge-
bracht wurde oder doch vielleicht mehr von den jungen
Mädchen, die jeden Besucher in Begeisterung versetzten, und
das wohl nicht nur wegen ihres Gesangs.

Die »Arethusa« (in der griechischen Sage eine Nymphe des
Waldes, die, als ein Flußgott sie begehrend bedrängte, von der
Göttin Artemis in einen Quellbach verwandelt wurde) zeigt nur
die eine Seite vom literarischen Interesse des Präsidenten, die andere, aber auch auf die Idylle gerichtete, galt lebenslang Ewald
von Kleist. Dessen große Hexameterdichtung »Der Frühling«,
die nach dem ursprünglichen Plan wie ihr Vorbild »Seasons« des
Schotten James Thompson alle vier Jahrzeiten behandeln und
»Landlust« heißen sollte, gab Finckenstein 1804 in Berlin bei
Unger in einer kritischen Ausgabe heraus. Anlaß dazu gaben
ihm die ein Jahr zuvor im selben Verlag erschienenen »Sämmtli-
chen Werke«, herausgegeben von Wilhelm Körte, der Finckensteins Meinung nach mit dem Text des »Frühling« nicht sorgfäl-
tig genug umgegangen war.

Die Dichtung war 1749 zum erstenmal erschienen und hatte
ihres großen Erfolges wegen bis zu Kleists Tod in der Schlacht
von Kunersdorf, 1759, sieben mehrfach veränderte Auflagen erlebt. Dazu kamen in den sechziger und siebziger Jahren mehrere
Auflagen einer Werkausgabe, in der der Berliner Dichter Karl
Wilhelm Ramler vielfach Veränderungen, die er für Verbesse-
rungen hielt, vorgenommen hatte. Und Körte hatte nun, nach
Finckensteins durchaus richtiger Meinung, die Ramlerschen

Entstellungen des Urtextes nicht genügend getilgt. »Denn man darf wohl behaupten«, schreibt der Präsident in der Vorrede, »daß unter den Ramlerschen Änderungen die meisten ganz unnöthig waren, mehrere sich nicht auf den Ausdruck beschränken, sondern die Ideen selbst angreifen, und mehr oder weniger alle den Geist und den Ton des Dichters nicht getroffen haben.« Das nun hat Finckenstein in seiner Ausgabe verbessert, aber nicht nach den Handschriften, die sich bei Kleists Freund Gleim in Halberstadt befanden, ihm also nicht vorlagen, sondern nach frühen Drucken des Gedichts. August Sauer, der 1881 bis 1883 die erste genaue Werkausgabe herausgab, über Finckenstein aber anscheinend wenig wußte, urteilt, nachdem er die Hochschätzung Kleists im achtzehnten Jahrhundert und ihr Abflauen gegen dessen Ende beschrieben hatte, über Finckensteins Ausgabe folgendermaßen: »Rahels Freund, der Graf Karl Ludwig Friedrich von Finckenstein, verfiel 1804 auf den Gedanken, eine kritische Ausgabe des ›Frühlings‹ zu veranstalten; er hat ihn höchst unglücklich ausgeführt. Ramlers Umarbeitung zwar hat er als solche erkannt und beiseite geworfen, im Übrigen aber sich aus allen ihm zu Gebote stehenden Ausgaben einen höchst willkürlichen Text zusammengelesen ... Die Ausgabe sowohl als auch die Vorrede zu derselben ist gänzlich werthlos; sie mag uns als letztes kraftloses Aufflackern einer im Verlöschen begriffenen hingebenden Liebe zu dem Dichter des vergangenen Jahrhunderts gelten.«

Soweit der Fachmann, der freilich, da er Finckenstein-Vater mit Finckenstein-Sohn verwechselt, auch hinsichtlich seines Urteils eine gewisse Skepsis herausfordert. Ließe es sich doch wohl mit dem gleichen Recht sagen, hier habe ein dilettierender Kenner und Liebhaber mit Sinn für das Echte mit den ihm zur Verfügung stehenden unzulänglichen Mitteln sein Bestes getan.

Richtig ist freilich, daß der literarische Geschmack des damals Sechzigjährigen dem Zeitgeschmack hinterherhinkte und deshalb seine Bearbeitung keine Beachtung fand. Zu viel Bedeutendes war im literarischen Deutschland in dem halben Jahrhundert seit dem Erscheinen des »Frühling« geschehen. Der Sturm und Drang hatte Idyllik und Anakreontik veralten lassen. Lessing hat das Neue mit seiner Kritik begleitet. Schiller und Goethe hatten schon viele ihrer wichtigsten Werke geschrieben. Sie alle, wie auch Wieland und Herder und die Dichter des Göttinger Hainbundes, waren in ihrer Jugend von Kleist beeindruckt gewesen, hatten aber inzwischen zu neuen Positionen gefunden, und wenn sie auch den »zwiefach Umlorbeerten« in gutem Andenken behielten, so waren sie doch lange schon über ihn hinweggegangen. Nur der Graf war seiner Jugendliebe ganz treu geblieben. Konservativ war er wohl auch auf diesem Gebiet.

Doch ist bei einem solchen Urteil Vorsicht geboten, da man von des Präsidenten Lektüre zu wenig weiß. Wollte man nur von den Beständen seiner Bibliothek aus urteilen, käme man zu dem Ergebnis, daß die Schwerpunkte seines Interesses bei der Literatur der Antike und der der ersten Hälfte des achtzehnten Jahrhunderts gelegen hätten, nicht aber bei den Autoren seiner Gegenwart. Neben Ewald von Kleist und Thompson waren dort Leibniz, Christian Wolf, Baumgarten, Rousseau, von Haller, Gessner, Brockes vertreten, also Autoren, die ihn in jungen Jahren gebildet hatten, sehr viel weniger aber solche, die mit ihm gleichaltrig oder jünger waren – doch mit diesen, so sollte man dabei bedenken, ging er ja hauptsächlich um. Goethe lernte er, wie aus dessen Tagebüchern ersichtlich, in Karlsbad kennen. Tieck gehörte siebzehn Jahre sozusagen zu seinem alltäglichen Umgang, und mehrere von Tiecks Freunden kannte er auch. Daß er mit deren Büchern nichts anzufangen wußte, ist unwahrscheinlich. Allerdings fällt auch auf, daß sich in den wenigen sicheren Überlieferungen sein Interesse an Tieck auf dessen Wiederentdeckungen mittelalterlicher deutscher Dichtungen, besonders des Nibelungenliedes, beschränkt.

Man kann aber auch, um es sich einfacher zu machen, dem ersten Tieck-Biographen, Rudolf Köpke, glauben, der das Leben des Dichters nach dessen mündlichen, wahrscheinlich vergoldeten, Alterserinnerungen beschrieb. Danach »war nichts, was Kunst, Poesie und Literatur darboten«, dem Grafen gleichgültig. »Wie Goethes Bedeutung hier eine anerkannte und abgemachte war, so hatten auch schon die jüngeren Dichtungen Eingang gefunden. Man las Tiecks ›Romantische Dichtungen‹, und die Lieder aus seinem ›Sternbald‹ wußte man auswendig ... Der alte Graf, offenen und freien Blicks, verschloß sich den Anregungen des jüngern Zeitalters nicht, weil ihn keine gelehrten Theorien und Vorurtheile beschränkten. Gern ging er auf Tiecks Ansichten ein, nachdem er ihn näher kennengelernt hatte, und folgte dessen begeistertem Lobe Shakespeares und des Mittelalters in die ältere englische und deutsche Poesie.«

Burgsdorff

Die Schule, aus der die jungen Berliner Romantiker kamen, war die unromantischste, die man sich denken kann: das Friedrichs-Gymnasium auf dem Werder, genannt das Friedrichswerder-sche, das seit 1779 von einem der wichtigsten Köpfe der Berliner Aufklärung, dem Schulreformer und Mitherausgeber der »Berli-nischen Monatsschrift«, Friedrich Gedike, geleitet wurde und als wichtige Bildungsstätte in rationalistischem und neuhumanis-tischem Sinne galt. Hier bekam der Schüler Ludwig Tieck, als er einem Lehrer anvertraut hatte, daß er sich manchmal, von den Anforderungen des Alltags getrieben, fort in die Stille eines mit-telalterlichen Klosters wünschte, zu hören, daß er für diesen Ge-danken verdiente, gehängt zu werden. Man kann sich denken, daß solcher Aufklärungseifer gerade bei begabten und empfind-samen Schülern gegenteilige Wirkung erzeugte; er brachte manchmal auch Schüler mit Aufklärungsabscheu, Vergangen-heitssehnsucht und Hang zum heftig bekämpften Katholizis-mus hervor.

Ludwig Tieck, der 1792 mit dem vier Jahre zuvor in Preußen eingeführten Abitur die Schule beendete, war einer von ihnen; der andere war Wilhelm Wackenroder, der mit Tieck zusammen die Berliner Romantik sozusagen begründete, aber schon mit fünfundzwanzig Jahren sterben mußte. Der dritte war Wilhelm Schütz, der tatsächlich katholisch werden und einen starken Konvertiteneifer entwickeln sollte; und dann war da noch, als vierter im Bunde, Wilhelm von Burgsdorff, der, im Gegensatz

Im »Freundschaftstempel« des Gleim-Hauses in Halberstadt hängt dieses Porträt des Schulmannes Friedrich Gedike, des Leiters des Friedrichwerderschen Gymnasiums. Er war aber nicht nur Pädagoge, sondern auch Mitherausgeber der »Berlinischen Monatsschrift« und somit einer der einflußreichsten Männer der Berliner Aufklärung.

zu den drei anderen, nichts Schriftliches hinterließ als ein Reise-
tagebuch und einige Briefe und der in anderer, materiellerer
Weise als Wackenroder für Tiecks Leben von Wichtigkeit war.

Er war 1772 geboren, hatte also etwa Tiecks Alter, war aber
nicht arm wie dieser, sondern begütert im buchstäblichen Sinne,
war also Gutsbesitzer, interessierte sich aber für Literatur und
Kunst mehr als für seine Güter, dichtete jedoch selbst nicht.
Für Tieck war er nicht Herzensfreund, wie Wackenroder,
sondern Bewunderer des Dichters, Leser, Zuhörer, Wegbereiter
in höhere Gesellschaftsschichten und finanzkräftiger Reisege-
fährte. Am wichtigsten aber war, daß er Tieck und seiner Familie in Ziebingen Obdach gewährte und dadurch mit dem Grafen
Finckenstein bekannt machte, dessen Neffe er war.

Seine Mutter, eine geborene Gräfin von Finckenstein, war
eine Cousine des Präsidenten. Von dem umfangreichen Güter-
besitz der Burgsdorffs war ihm unter anderem das rechts der
Oder gelegene Ziebingen, wo er geboren war, zugefallen, das
aber, als Tieck es zu seinem Wohnsitz machte, von Madlitz aus
schon verwaltet wurde und 1807 in den Besitz Finckensteins
überging. Burgsdorff aber, der sowieso meist auf Reisen war,
konnte dort wohnen bleiben und die Tiecks auch.

Burgsdorff hatte sich nach seinem Jura-Studium in Halle und
Göttingen zwar als Kammergerichtsreferendar in Berlin anstel-
len lassen, gab aber diese Arbeit nach kurzer Zeit wieder auf. Er,
den die bürgerlich-aufklärerische Schule geprägt und die Französische Revolution kurzzeitig so begeistert hatte, daß er zu den
Revolutionstruppen an den Rhein geeilt war, die ihn aber nicht
bewillkommnet, sondern als Spion eingesperrt hatten, wollte
sich sein Leben nicht mehr durch Standespflichten bestimmen
lassen, sondern es selbst gestalten, und er hatte die Mittel dazu.
Das Joch geregelter Büroarbeit zu tragen war ihm zuwider. Für
die Laufbahn eines Beamten oder Offiziers fühlte er sich genau
so wenig berufen wie für die Bewirtschaftung seiner neumärkischen Güter. Sein Interesse galt der Kunst, die er nicht ausübte,

dem geistigen Leben, zu dem er nur als Zuhörer und Gesprächspartner beitragen konnte, und schönen Frauen, an die er sich aber nicht binden wollte – oder doch möglichst spät.

Schon in der Schulzeit hatte er mit Tieck und dessen Bruder Friedrich zusammen im Hause des Kapellmeisters Reichardt verkehren können und dort viele Leute aus dem Kunstleben Berlins kennengelernt. Nach seiner Rückkehr aus Göttingen traf er mit Wilhelm von Humboldt zusammen, mit dessen Frau Caroline ihn bald ein Liebesverhältnis verband. In Rahel Levins Salon gehörte er zu den ständigen, gern gesehenen und mit fast allen Gästen vertrauten Besuchern. Im Sommer 1796 fuhr er mit Rahel nach Karlsbad und Teplitz, im Herbst nach Dresden, wo er im Hause Körners verkehrte. In Jena lernte er, auf Humboldts Empfehlung, Schiller, Fichte und die Brüder Schlegel kennen und war mittags und abends in Weimar bei Goethe zu Gast. Es folgten drei Reisejahre, in denen er, teils mit Friedrich Tieck, dem Bildhauer, teils mit Rahel, teils mit den Humboldts zusammen, Wien, London, Schottland, Paris erlebte. Erst 1801 war er wieder zu Hause, lud Ludwig Tieck ein, bei ihm in Ziebingen zu wohnen, doch trieb es ihn auch danach noch häufig umher. Er lernte auch die jüngeren Romantiker, wie Achim von Arnim und Clemens Brentano, kennen, hatte viele Liebesaffären, aus denen, den Gerüchten nach, vier uneheliche Kinder hervorgingen. Er lebte, wenn Tieck jahrelang verreiste, mit der Frau des Freundes zusammen, zeugte vermutlich Tiecks jüngere Tochter Agnes, heiratete 1808, mit sechsunddreißig, die sechzehnjährige Ernestine von Burgsdorff, Tochter eines kursächsischen Kanzlers aus Dresden, die der Schüler der Kreuzschule Theodor Körner die »Concentral-Schönheit aller Reize und Gaben« nannte und von der Caroline von Humboldt sagte, sie »sei schön wie eine Nymphe und lieb und gut«, aber »noch ganz leer«. Sie starb, nachdem sie drei Kinder geboren hatte, schon 1820, er zwei Jahre später, erst fünfzig Jahre alt.

In vielen Korrespondenzen dieser Jahre, die nicht nur große

Jahre der deutschen Literatur, sondern auch der Briefschreibe-lust waren, erscheint sein Name. Er galt als interessierter, anregender Zuhörer und liebenswürdiger Plauderer, als eleganter, weltmännischer und doch bescheidener Gesellschafter, der, wie seine Briefe an Rahel zeigen, intelligent und empfindsam war. Wenn Rahel ihn »mein Freund« nennt, setzt sie hinzu, sie hoffe, sie sei dieser Auszeichnug auch wert. Er kannte keine Standesvorurteile, hatte die Gabe, schnell Freundschaften zu schließen; und er war nicht nur den Brüdern Tieck gegenüber stets hilfsbereit. In den Krisenjahren der älteren Romantik, in denen sich fast alle Freunde miteinander verzankten, blieb er von den Streitereien fast unberührt.

Einblicke in sein Wesen geben auch die Ansichten, die man in Dresden, Jena und Weimar über ihn hatte und brieflich mitteilte. Während sich Goethe nach seinem Besuch in Weimar, 1796, zwar positiv, aber nur kurz über ihn äußert: er habe ihm seines »Betragens« wegen und in »dem wenigen, was er sprach, recht wohl gefallen«, halten die Freunde Schiller und Körner ihn ausführlicherer Beurteilungen für wert. Humboldt hatte ihn als einen jungen Mann mit »viel Kopf und vielleicht noch mehr Sinn« angekündigt, aus dem »bei gehöriger Leitung recht viel werden« könnte, und Körner hatte das aus Dresden bestätigen können: »Er gefällt mir ebenso sehr durch seine Bescheidenheit und Ruhe als durch den Gehalt, der in ihm zu liegen scheint.« Auch Schiller fand ihn erfreulich: »Ich liebe so ruhig empfangende Naturen sehr.« Aber das änderte sich beim näheren Kennenlernen. Beide kritisierten nun das ausschließlich Passive seines Wesens. »An eigne Tätigkeit« sei bei ihm »gar nicht zu denken«, und selbst seinem Kunstgenuß fehle die Energie. Auch war Körner gekränkt darüber, daß Burgsdorff noch andere Freuden als die der Kunst suchte: »Er schwärmt auf Bällen herum und tanzt mehr, als ich für seine Gesundheit wünschte, da seine Brust nicht stark zu sein scheint.«

Gern gesehen war der liebenswürdige und dazu auch noch

wohlhabende junge Mann wohl in allen Kreisen – auch in Madlitz für einige Jahre, wohin ihn wohl vor allem die Töchter zogen. Er war häufig dort, gehörte fast zur Familie, und eine eheliche Verbindung mit einer der Töchter schien sicher, bis ihm, was wir von Varnhagen wissen, der Vater das Haus verbot. Denn nachdem Burgsdorff sich erst für Henriette, die Älteste, entschieden und sich mit ihr so gut wie verlobt hatte, war er zu Caroline übergewechselt, um schließlich der Dritten, Barnime, den Hof zu machen. So viel Unrast und Wankelmut war dem Vater wahrscheinlich zu viel.

Getrauert hat über diesen Bruch wohl auch die Mutter der Mädchen, die Gräfin. Unter Tränen versicherte sie dem Verstoßenen, daß sie ihn auch weiterhin als ihren Sohn ansehen werde. So jedenfalls erinnert sich Burgsdorff an diese Szene, als er 1810 Henriette zum Tod der Mutter kondoliert.

Tieck

In Fontanes Roman »Vor dem Sturm« findet am Weihnachtstag 1812 im Pfarrhaus eines Oderbruch-Dorfes ein Gespräch über zeitgenössische Lyrik statt, das sich ganz im lokalen Rahmen des östlichen Brandenburg hält. Es bilden sich zwei Parteien, die »lebusische« und die »niederbarnimsche«, wobei die erste für Madlitz und Ziebingen und die »aristokratisch-romantische« Richtung, die andere für das »Derb-Realistische« des Pastors Schmidt von Werneuchen steht. Da es Fontane mehr darauf ankommt, das Werk des vergessenen oder doch unterschätzten Pastors im Für und Wider zu charakterisieren, bleibt der Streit ohne Ergebnis, doch glaubt man zu spüren, daß die Sympathien Fontanes mehr bei dem niederbarnimschen Realismus liegen, also nicht bei dem beiläufig zitierten »weißen königlichen Zelter« und den »Kreuzzugsjahrhunderten, die drüben bei den Ziebinger Freunden fast nur noch Geltung haben«, sondern bei dem an Haus und Hof gebundenen Pastor, der, »so unromantisch wie möglich«, »ganz Gegenwart, ganz Genre, ganz Mark« gewesen sei.

Wie es scheint, hatte Tieck für Fontane tatsächlich nur eine geringe Bedeutung, und zwar sowohl der Romantiker, dem er, wie auch aus dem Roman hervorgeht, Novalis bei weitem vorzog, als auch der alte Tieck, dessen ausgedehntes, eher realistisch zu nennendes Prosawerk Fontane wohl kaum zur Kenntnis genommen hat. Wenn Tieck, selten genug, in Essays oder Briefen erwähnt wird, dann entweder unter dem Stichwort Romantik, der junge Dichter, oder aber, nicht als Autor, sondern als Anekdotenfigur, der berühmte Alte, der, dem Ruf Friedrich Wilhelms IV. folgend, für sein letztes Lebensjahrzehnt wieder in seine Geburtsstadt zurückgekehrt war. Zum Beispiel legt Fontane seine mehrmals geäußerte Weisheit, daß die Leistung, einen dreibändigen Roman geschrieben zu haben, auch wenn er nichts tauge, Anerkennung verdiene, dem alten Tieck in den Mund.

Tieck starb erst 1853. Fontane hätte ihn also kennenlernen können, doch hatte er offensichtlich kein Interesse daran. Als er sich, noch als Apotheker, 1842 in Dresden aufhielt, wo Tieck damals noch hochgeehrt residierte, hatte er für ihn in seinen Briefen nur die witzige Bemerkung übrig, daß er sich damit begnügt hätte, statt des berühmten Dichters ein ehemaliges Dienstmädchen von ihm zu sehen. Für den jungen Lyriker Fontane waren Tiecks Zeiten schon lange vorüber. Auch der alte Fontane hatte für Tiecks Romantik nichts übrig. In seiner Autobiographie »Von Zwanzig bis Dreißig« spricht er von »jener schrecklichen Ironie, die zur Tieck-Schlegel-Zeit den ganzen Ton bestimmt hatte« und die er für ungerechtfertigt hochfahrend hielt. Besonders deutlich aber wird seine Ablehnung in den »Wanderungs«-Jahren, wenn er in seinen Notizen für das nie zustande gekommene Kapitel über Madlitz und Ziebingen von »Bummelcorps« und »Rasselbande« redet und damit Tieck und seine Geschwister meint. Daß sich Fontane für einen in Berlin geborenen preußischen Dichter, der sich noch an den zur Parade reitenden großen König erinnern konnte und siebzehn Jahre lang auf einem märkischen Adelssitz lebte, so gar nicht begeistern konnte, ist wohl nur damit zu erklären, daß Tieck weder der Landschaft noch der Geschichte der Mark Beachtung schenkte, sich vielmehr in altdeutsche Sagenwelten und schroffe Felsenregionen träumte, und daß er in Charakter, Stoffwahl und Machart so ganz und gar unpreußisch war.

Über sich selbst hat Ludwig Tieck wenig geschrieben, und Wilhelm Köpke, dem er im Alter, als er wieder in Berlin angelangt war, sicher nicht ohne Seitenblick auf Goethes Eckermann, sein Leben erzählte, hat daraus eine verherrlichende oder doch schonende Biographie gemacht. Vieles aus Tiecks Leben wissen wir nur durch Köpke, vieles aber wissen wir heute auch besser, darunter manches wenig Erfreuliche, das Köpke nicht wußte oder aus Pietät verschwieg. Manches freilich weiß man nur aus unbewiesenen Gerüchten, die man mit Mißtrauen betrachten sollte, weil das Freundschaftsbündnis der Romantiker (wie, nebenbei gesagt, die meisten Gruppenbildungen von Autoren) mit Zank und Streit zu Ende gegangen war. Die üblen Nachreden sind nicht immer verläßlich. In den Briefen der Schlegels zum Beispiel ist später über Tieck wenig Gutes zu lesen, und auch bei den Nachgeborenen war die Klatschsucht noch rege. Fontane zum Beispiel wußte das über Madlitz Notierte von Tiecks Neffen, der auch, ohne zu erklären, was damit wohl gemeint sein konnte, behauptet hatte, daß das Verhältnis des jungen Tieck zum früh verstorbenen Wackenroder eine »etwas dunkle Partie« gewesen sei.

Ludwig Tieck war der älteste von drei Geschwistern. Er war 1773 geboren. 1775 folgte die Schwester Sophie, die später auch dichtete, und ein Jahr danach der Bruder Friedrich, der ein bedeutender Bildhauer wurde und sich zu seinem Unglück von den älteren Geschwistern nie unabhängig zu machen verstand. Die Mutter kam vom Lande, aus Jeserig bei Brandenburg. Der Vater war Handwerker, ein selbstbewußter und auch belesener Seilermeister, der um die Bildung seiner Söhne besorgt war, deren Ausrichtung auf Kunst aber sicher nicht gerne sah. Das Geburtshaus der Geschwister stand in der Roßstraße, direkt am Köllnischen Fischmarkt. Ludwig hatte es also nicht weit zur Schule. Er brauchte nur den Fischmarkt zu überschreiten, durch Brüderstraße und Spreegasse den Schleusengraben zu erreichen, diesen auf der Jungfernbrücke zu überqueren, die Unterwasserstraße nach rechts bis zu deren Ende zu gehen, und schon war er am Werderschen Markt. Hier stand die Werdersche Kirche (aber

Friedrich Tiecks Marmorrelief zeigt seine Schwester Sophie, die spätere Frau Bernhardis, und seinen Bruder Ludwig. Es ist die Zeit vor ihrer beider Verheiratung, als sie in Berlin zusammenlebten und vergeblich von der Schriftstellerei zu existieren versuchten.

noch nicht die von Schinkel) und ihr gegenüber das Wersche Rathaus, das im Obergeschoß das Gymnasium beherbergte. Unterrichtet wurde hier vormittags von acht bis zwölf und nachmittags von zwei bis fünf.

Auch andere Berliner Straßen wurden für den Gymnasiasten wichtig: die vornehme Burgstraße hinter Schloß und Spree, wo der Freund Wackenroder, Sohn eines hohen Beamten, wohnte; die Behrenstraße, wo in einem Hinterhaus das Döbbelinsche Theater als erstes in Berlin deutsche Schauspiele aufführte; und die Friedrichstraße, wo bis zu seiner Entlassung 1790 der Königliche Kapellmeister Johann Friedrich Reichardt, der Stiefvater eines Schulfreundes, die Kunstwelt Berlins um sich sammelte und wo die Tieck-Geschwister durch Liebhaberaufführungen mit Musik und Theater vertraut wurden. Hier kamen die Handwerkerkinder mit Kreisen in Berührung, die ihnen sonst verschlosssen blieben. Hier lernte Ludwig Amalie Alberti, eine Schwägerin Reichardts, kennen, seine spätere Frau.

Als der belesene Gymnasiast 1792 das Abitur ablegte und Berlin, das noch keine Universität hatte, verließ, um in Halle, Erlangen und Göttingen zu studieren, waren die Grundlagen für seinen späteren Lebensweg schon gelegt. Mit Wackenroder, mit dem zusammen er als Dichter bekannt wurde, war er schon befreundet; Amalie, die ihm die hilfreiche Tochter Dorothea gebar, gehörte schon zu seinen Bekannten; Freund Burgsdorff, der ständige Helfer, war schon für ihn vorhanden; und geschrieben hatte er auch schon viel: Gedichte und Stücke, die nie oder erst später veröffentlicht wurden, und Teile von Trivialromanen, zu denen seine jungen Lehrer Rambach und Bernhardi ihn angestiftet hatten. Als sein Studium begann, wußte er schon, daß er mühelos schreiben konnte, und als es endete, stand sein Entschluß, als Schriftsteller zu leben, fest.

In den sieben Jahren, die er nun in Berlin, aber nicht mehr im elterlichen Hause verbrachte, veröffentlichte er viel, darunter auch Bleibendes. In seinen Erzählungen, Romanen, Aufsätzen,

Märchen, Theaterstücken und Gedichten, die in rascher Folge entstanden, zeigte sich nicht nur die Vielseitigkeit seiner Talente, sondern auch die Reichhaltigkeit seiner Lektüre. Er vollzog nämlich in seinen frühen Werken die Literaturentwicklung der letzten Jahrzehnte individuell nach. In den »Straußfeder«-Geschichten versuchte er sich an der moralischen Literatur der Aufklärung; der »William Lovell« erinnert an Sturm-und-Drang-Romane, die Empfindsamkeit eines Lawrence Sterne wird im »Peter Lebrecht« deutlich; dann aber entstanden in Vers und Prosa die Dichtungen, die seinen Namen mit dem Begriff der Romantik für immer verknüpften. Zum Teil war das Literatur, die, da im Streit der hadernden Kunstparteien entstanden, bald nur noch formales oder historisches Interesse erregen konnte, wie der »Zerbino« und der »Gestiefelte Kater«; zum anderen Teil aber entstanden in dieser Zeit auch die Dichtungen, die immer wieder gedruckt und gelesen werden und Tiecks Namen bis in unsere Tage lebendig erhielten: die »Herzensergießungen eines kunstliebenden Klosterbruders« und die »Phantasien über die Kunst«, beide mit Wackenroder zusammen, der unvollendete Roman »Franz Sternbalds Wanderungen«, der besonders von den romantischen Malern geliebt wurde, und die unheimlichen und vieldeutigen Märchenerzählungen, wie der »Runenberg« und der »Blonde Eckbert«, in denen Bewußtes und Geträumtes sich ineinander verschränken, die »Waldeinsamkeit«, eine von Tiecks Wortschöpfungen, sowohl Rettung als auch Verderben bedeutet, wo in der Natur feindliche Kräfte lauern und die Idylle abgründig wird. Der Krisenstimmung einer Generation der Übergangszeit gab Tieck hier Ausdruck. Es war die Generation, der der Staat Friedrichs des Großen nichts mehr bedeutete, dessen Verfall sie aber spürte. Die Hoffnungen der Aufklärung waren ihr durch den blutigen Verlauf der Französischen Revolution zerstört worden, und dem Neuen und Unbekannten mit seinen Freiheiten und Gefährdungen war nur mit Bangen entgegenzusehen. Bedenkt man die Lage Preußens am Ende der neunziger Jahre, in denen zwar innerhalb seiner Grenzen noch Frieden herrschte, ringsumher aber Kriege tobten, so muß man diese aus Angst und Melancholie gewobenen Kunstmärchen als Zeichen der Zeit verstehen.

Die Theoretiker der Romantik, die Brüder Schlegel, die in einigen von Tiecks Werken die dichterische Umsetzung ihrer Ideen sahen, förderten ihn nach Kräften und zogen ihn, der inzwischen geheiratet hatte, in ihren großfamilienähnlichen Kreis nach Jena, wo er mit Fichte, Steffens und Schelling bekannt wurde, Herder, Goethe und Jean Paul in Weimar besuchte, enthusiastische Freundschaftsgefühle zu dem schon todkranken Novalis entwickelte, es aber nur ein dreiviertel Jahr dort aushalten konnte, weil die Unbequemlichkeiten, die Eifersüchteleien und Streitigkeiten, die ein so enges Zusammenleben der Genies mit sich brachte, immer unangenehmere Formen annahmen. Nicht lange nachdem er sich nach Berlin wieder zurückgewandt hatte, löste der ganze Romantikerkreis sich auf.

Der deutsch-norwegische Naturphilosoph und Schriftsteller Henrik Steffens vergleicht in einem späteren Brief an Tieck diesen Versuch einer Dichtergemeinschaft mit dem aus Hochmut erfolgten »ruchlosen« Bau des babylonischen Turmes, der der Sprachverwirrung wegen in Trümmer sinkt. Man merkte plötzlich, daß keiner den anderen verstehen konnte, und ging »in entgegengesetzte Weltgegenden auseinander«, die meisten nach wie vor in dem »Wahnsinn« befangen, den »Babelthurm dennoch auf eigne Weise bauen« zu können. Die Ernüchterung kam dann erst spät.

Tieck verließ Jena mit seiner Frau Amalie und dem Töchterchen Dorothea im Juni 1800, lebte ein Jahr lang in der Linienstraße, in der Nähe des Oranienburger Tores, um dann vor den finanziellen Nöten, die ihn nie verließen, nach Dresden zu flüchten, wo ihn der alte Freund Burgsdorff bei der Rückkehr von seiner dreijährigen Auslandsreise aufsuchte und ihm das Angebot machte, zu ihm aufs Land zu ziehen.

Als Tieck im Oktober 1802 in Ziebingen ankam, war er ein
junger Mann von Ende Zwanzig, den aber schon die Gicht
quälte, die er nie mehr loswerden sollte. Er war ein berühmter
Dichter geworden, der aber von seinen Büchern, die nur in kleiner Auflage erschienen, nicht leben konnte. Die liebsten
Freunde, Novalis und Wackenroder, mit denen zusammen er die
Romantik aus der Taufe gehoben hatte, waren gestorben. Er
fühlte sich im Abseits allein und seiner Begeisterung beraubt.
Die erste, die romantische Phase seiner dichterischen Laufbahn
war abgeschlossen. 1804 erschien noch sein Lustspiel »Kaiser
Oktavian« mit den vielzitierten Versen von der »Mondbeglänz-
ten Zaubernacht,/ die den Sinn gefangen hält«; dann war es, abgesehen von kleineren Sachen, die in den »Phantasus« einge-
streut wurden, mit der Poesie, die man romantisch nennen kann,
vorbei.

Begegnung in der Oper

Mit dem Abstand von etwa fünfunddreißig Jahren beschrieb Rahel Varnhagen, geb. Levin, in einem Brief an den Marquis de Custine, einen französischen Schriftsteller, im April 1830 den Beginn ihrer traurigen Liebesgeschichte so: »Karl Finckenstein sah ich zuerst in der italienischen Oper, wo die Marchetti in einer Righinischen Oper sang. Ich war in der Loge der Gesandtschaftssekretäre, er neben mir in der Gesandtenloge. Weil die Logen ziemlich leer waren, fiel er mir auf, wegen seiner Blondheit; noch mehr wegen der Art wie er zuhörte. Ich sah ihm an, daß er ein Mensch sei, der sich einbilde, all dergleichen viel besser gehört zu haben. Der Musikdirektor Anselm Weber war auch neben mir; dem machte ich die Bemerkung und fragte, ob er den Menschen kenne. Da erfuhr ich seinen Namen, aber nicht, daß alle seine Geschwister und auch er das Singen so ernst und nachhaltig trieben und er wirklich meinte, in der Welt würde nicht besser gesungen als in Madlitz.«

Das aber erfuhr sie sicher in der Pause, in der man die beiden miteinander bekannt gemacht haben wird. Sie werden in einer Gruppe von Rahels Freunden gestanden haben, die Männer in Uniform oder in farbigen Röcken mit weißen, enganliegenden Hosen, Rahel im dunklen Kleid. Dunkel waren im blassen Gesicht auch ihre Augen, die ihr Interesse an dem Grafen nicht verhehlten, was diesen anfangs verwirrte, ihn dann aber dazu verleitete, nicht nur von der Aufführung, die man gehört hatte, zu reden (es war wahrscheinlich »Enea nel Lazio«, Righinis erfolgreichste Oper), sondern auch von jener Musik, die er von Kindheit an kannte, liebte und ausübte, und auch von den Schwestern, mit deren Stimmen niemand wetteifern konnte, auch hier in der Oper Unter den Linden nicht. Er redete also, so wie fast jeder, den Rahel zum Reden brachte, schon nach kurzer Zeit ohne Scheu von sich selbst.

Diese erste Begegnung der Jüdin mit dem Grafen, die wahrscheinlich in den ersten Wochen des Jahres 1796 erfolgte, konnte nur zustande kommen, weil die streng hierarchische Gliederung des Preußischen Staates, die auch die Theatersitzordnung bestimmte, sich langsam aufzulösen begann. Vorgeschrieben war es, daß die besten Plätze, die Mittellogen, dem König, seiner Familie und dem Hofstaat vorbehalten waren, die Seitenlogen den höheren Beamten, Diplomaten und Offizieren gehörten, und die Bürger und Subalternoffiziere im Parkett sitzen oder auch stehen mußten. Doch wurde neuerdings diese Ordnung vielfach durchbrochen. Der Justizminister Woellner, einer der mächtigsten Männer am Hofe Friedrich Wilhelms II., war Sohn eines Pastors; ein Minchen Encke wurde als Mätresse des Königs zur Gräfin; und Rahel Levin, die Jüdin, konnte, da sie Freunde unter den Diplomaten hatte, in den gleichen Logen sitzen wie Graf Finckenstein.

Dieser, den wir im Gegensatz zu seinem Vater, dem Präsidenten, und seinem Großvater, dem Minister, familiär mit Vornamen nennen wollen, war vierundzwanzig Jahre und einen Monat alt, Rahel ein Jahr und sieben Monate älter und ihm geistig und an Lebenserfahrung weitaus überlegen; aber ebenbürtig im Sinne der Standesgesellschaft war sie ihm als Bürgerliche und Jüdin nicht.

Wie alle Kinder des Präsidenten, mit Ausnahme der Schwester Barnime, war auch Karl in Berlin zur Welt gekommen, im Dezember 1771, im Finckensteinschen Palais in der Wilhelmstraße, wo er auch jetzt, im Januar 1796, wieder wohnte, doch ein paar Tage oder Wochen erst. Er war in Madlitz aufgewach-

Das einzige Porträt Karl Graf Finckensteins, ein Pastell, entstand 1796, dem Jahr also, in dem seine Liebe zu Rahel begann. Der Künstler, Johann Heinrich Schröder, hat es, wie aus den Briefen Karls an Rahel hervorgeht, zweimal gemalt. Das eine Bild, vermutlich das erste, befindet sich heute noch mit der »Sammlung Varnhagen« in Krakau, das andere in der Staatsbibliothek zu Berlin.

sen, und er hatte seine engere Heimat (was ihn von allen anderen
in diesem Buch vorkommenden Männern unterscheidet) so gut
wie nie verlassen. Denn er war nicht, wie der Vetter Burgsdorff,
in Berlin zur Schule gegangen, sondern zu Hause in Madlitz unterrichtet worden, und sein Jurastudium, das ihn zum Diplomaten befähigen sollte, hatte er nicht an den preußischen Universitäten in Königsberg, Halle oder Erlangen, oder gar außerhalb
des Landes, sondern im nahen Frankfurt an der Oder, an der sogenannten Viadrina, absolviert. Da er von dort aus in ein bis
zwei Stunden zu Hause sein konnte, war ihm das Entferntsein
von der Familie nicht schwergefallen. Anders war es dann nach
seiner Anstellung in Berlin. Am 5. Januar 1796 hatte er die Pro-
bezeit bei der Kurmärkischen Kammer begonnen; bald darauf
lernte er Rahel kennen; und im Juni begann mit dem Zulassungsexamen und der festen Anstellung seine Laufbahn als
Diplomat.

Aber auch das war noch keine Loslösung von der Familie;
denn im Palais, das sein Säulenportal dem Wilhelmsplatz zu-
wandte und von der Hinterfront aus einen Blick auf die Gärten
vor der Zollmauer gestattete, lebte er unter den Augen des
Großvaters, des seit Friedrichs Zeiten noch immer amtierenden
Ministers, der sicher die Hoffnung hegte, daß Karl die Reihe der
in unmittelbarer Umgebung des Königs wirkenden Finckensteins, die sein Vater, der Präsident, unterbrochen hatte, fortsetzen würde. Ab und zu kamen die Eltern und die größeren Geschwister zu Hoffesten oder Konzertbesuchen, und Karl mußte
mit ihnen ausfahren oder bei anderen Adelsfamilien Visiten machen. Auch die Stadtluft also machte ihn von Standespflichten
und dem Druck der Erwartungen, die man in ihn, den Ältesten,
setzte, nicht frei.

Ständig hatte er gegen sein Heimweh zu kämpfen; denn die
Residenz mit allen ihren Genüssen war ihm noch fremd. Sein
einziger Berliner Freund, Peter Roux, war nach Paris versetzt
worden; die Vergnügungen seiner Kollegen bereiteten ihm

keine; und in die Salons, in denen Leute verkehrten, die er heimlich bewunderte, hätte er eingeführt werden müssen – durch seinen Vetter Burgsdorff zum Beispiel, der Berlin schon von seiner Schulzeit her kannte und nun mit allen Geistesgrößen Bekanntschaft hielt. Aber sich aufzudrängen war nicht Karls Sache, und ob er den Anforderungen, die dort gestellt wurden, gewachsen sein könnte, war auch fraglich. Zwar war er gebildet und gut erzogen, aber geistreich gerade nicht. Er rettete sich aus der Einsamkeit lieber in eine Gemeinschaft, in der man einander sympathisch sein konnte, ohne gleich Gründe dafür benennen zu müssen: in die Gemeinsamkeit eines Chores, wo man mehr singt als spricht.

Die Singakademie, die Karl Friedrich Fasch fünf Jahre zuvor gegründet und zu solch gutem Ruf gebracht hatte, daß Beethoven bei seinem Berlin-Aufenthalt im Sommer 1796 ihre Proben besuchte, hatte in Karl ein eifriges Mitglied. Da er von Musik, auch gerade von Kirchenmusik, die hier vor allem gepflegt wurde, viel verstand und seine Stimme hervorragend war, fühlte er sich hier anerkannt, also wohl. Ohne sich als Einzelner bewähren zu müssen, konnte er Freude an künstlerischer Produktivität empfinden. Er konnte sich zugehörig fühlen, ohne zu sehr gebunden zu sein.

So oft als möglich fuhr oder ritt er nach Hause, und als er dort im September 1796 erkrankte, hatte das einen fast täglichen Briefwechsel zur Folge, von dem aber leider, mit wenigen Ausnahmen, nur seine Briefe erhalten geblieben sind. Bis ins neue Jahr blieb er unter der treuen Pflege von Mutter und Schwestern in Madlitz – das übrigens Rahel niemals gesehen, geschweige betreten hat.

Im Salon

Daß Rahel, wie wir annehmen dürfen, beim Abschied in der Opernpause zu Karl gesagt hat, er möge doch einmal vorsprechen bei ihr, wird die Dabeistehenden wenig gewundert haben. Denn man wußte, daß sie oft und gern Besuche empfing, und hatte es sich schon abgewöhnt, darüber zu reden. Was als Rahels erster Salon in die Kulturgeschichte einging, fing in dieser Zeit an, sich zu bilden. Das Friedensjahrzehnt zwischen dem Abkommen von Basel, 1795, und dem Zusammenbruch Preußens nach Jena und Auerstedt, 1806, das auch das große Jahrzehnt der deutschen Literatur war, machte Rahel zum Mittelpunkt eines Kreises, zu dem neben weniger bedeutenden Frauen und Männern auch, ständig oder auf Zeit, Berühmtheiten wie die Brüder Humboldt, die Brüder Schlegel, die Brüder Tieck, die Brüder Genelli, Friedrich Gentz, Prinz Louis Ferdinand und natürlich auch Burgsdorff gehörten. Man ging nicht nur ihretwegen zu ihr, sondern auch um Leute kennenzulernen, Schriftsteller, Schauspieler, Beamte, Offiziere und Diplomaten. So niveauvoll und zugleich ungezwungen wie bei ihr ließ sich in Berlin nur in wenigen Häusern plaudern. Daß es einfach zuging in ihren kleinen Räumen und an Dienerschaft nur ein Mädchen da war, das den Tee, mit dem man vorliebnehmen mußte, servierte, hielt niemand vom Kommen ab. Man suchte im Gegenteil gerade das Unkonventionelle bei ihr; denn an Steifheit, Arroganz, Prüderie und Belanglosigkeit fand man anderswo schon genug, am Hofe ebenso wie in Adels- und Bürgerhäusern. Man kam, wann man

wollte, auch am Vormittag schon, wurde, falls Rahel gesund
war, auch angenommen und fand meist andere schon vor. Wenn
man auch nicht jeden mochte, den man dort traf, konnte man
doch sicher sein, daß die Gespräche zumindest nicht langweilig
waren. Denn jeder, den Rahel anzog, hatte auch etwas zu sagen.
So sehr ihre Freunde sich auch durch Stand, Vermögen, Bildung
und Glauben voneinander unterschieden, hatten sie doch die
Originalität gemeinsam. Rahels Vorurteilslosigkeit akzeptierte
jeden Charakter, jede Meinung und Lebensführung, wenn sie
nur echt waren.

So offen, wie sie sich gab, hielt sie sich für andere. In Karl
hatte ihre Neugier auf Menschen und ihre Fähigkeit zum Mit-
fühlen sofort das Bedürfnis ausgelöst, ihr von sich zu erzählen,
Gefühle, die er sonst zu verbergen gelernt hatte, glaubte er ihr
zeigen zu können. Bei ihr konnte er leicht über seine Leiden und
Freuden reden, weil er gleich wußte, daß sie ihn verstand.

Weit zu ihr hatte er es von seiner großväterlichen Behausung
aus nicht. Er überquerte den Wilhelmplatz, auf dem unter win-
terlich kahlen Linden vier Generäle Friedrichs des Großen aus
Marmor standen, und ging die Mohrenstraße entlang bis zum
Gendarmenmarkt, dem größten und sicher auch schönsten Platz
der Residenz. Zwischen dem Neuen oder auch Deutschen Dom
und dem Schauspielhaus hindurch erreichte er die Jägerstraße,
an deren Ecke die Seehandlung stand – was kein Fischgeschäft
war, sondern die Königliche Bank. Nun war er schon in Rahels
Bereich. Auf der linken Straßenseite, im Haus Nummer 544, war
sie geboren, rechts, in Nummer 244, wohnte sie jetzt, mit, oder
besser, über ihrer Familie, die aus ihrer verwitweten Mutter und
ihren vier jüngeren Geschwistern bestand.

Daß Karl sie, wie er es sich sicher erträumt hatte, beim ersten,
beim zweiten oder auch beim fünften Besuch allein sprechen
konnte, ist kaum anzunehmen. Ob er am Vormittag, am Nachmittag oder am Abend kam, immer waren schon Leute in der
Dachstube, wie der einfach möblierte Salon bei ihr hieß. Diese

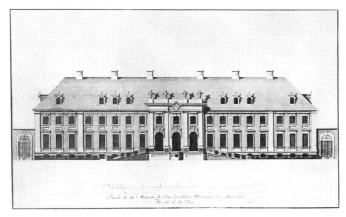

Das Finckensteinsche Palais, 1736 von Philipp Gerlach gebaut, stand am Wilhelmsplatz, auf dem seit den neunziger Jahren vier marmorne Generäle aus Friedrichs Kriegen standen. Dem Finckensteinschen Palais benachbart war das des Prinzen Ferdinand.

Gespräche waren wichtigster Teil ihres Lebens. Grundlage ihrer Bedeutung war ihre Unfähigkeit, allein sein zu können. Leben war ihr nur erträglich mit anderen. Ihr Geist, der von allen verehrt wurde, entfaltete sich nur im Gespräch, auch im schriftlichen, also im Brief, der bei Entfernung des Freundes den Dialog fortsetzen mußte, oft über Jahre, manchmal Jahrzehnte hin. Jeder Denk- und Gefühlsart war sie gewachsen, und da sie nicht nur nahm, sondern auch gab, selber beichtete und Beichten empfing, brachten die Gespräche auch für beide Gewinn.

Karl erwartete, wie sich herausstellte, vor allem die Wonne des Sich-aussprechen-Könnens bei ihr. Nach Kinderart war er vor allem an sich selbst interessiert, an seinem Leid, das sich aus Heimweh, Stadtfremdheit und Einsamkeit zusammensetzte, an seinem Glück, das Musik und Natur ihm bereiteten, und an einer ziellosen Jugendsehnsucht, die von allem etwas enthielt. Darüber in Gegenwart anderer zu reden aber war ihm verwehrt. Er konnte nur Andeutungen machen. Daß Rahel auch die schon verstand, ermunterte ihn wiederzukommen.

In den letzten Winterwochen lernte er fast alle kennen, die zu Rahel gehörten: neben den Männern mit berühmten oder berühmt werdenden Namen auch Freundinnen Rahels aus Kindertagen, Jüdinnen meist, die aus bekannten Berliner Familien stammten, und dazu Rahels Geschwister: Markus, der Herr im Haus war, weil er das väterliche Geschäft weiterführte, Ludwig, der angehende Dichter, Rose, die mit ihren fünfzehn Jahren erst aufzublühen begonnen hatte, und Moritz, noch ein Kind.

Angenehm war es für Karl nicht, seinen Vetter Wilhelm von Burgsdorff bei Rahel zu treffen. Ob hier oder in Madlitz, immer fühlte er sich ihm unterlegen, und daraus entstand eine Abneigung, die Eifersucht zu nennen er sich noch verbot. Denn der elegante und weltläufige Vetter stach ihn nicht nur bei Rahel aus, sondern auch bei seinen Schwestern, die er nicht ohne Erfolg umwarb.

War Burgsdorff dabei, war es Karl nicht möglich, über Dinge

zu reden, die dieser kannte, die Familie zum Beispiel; aber auch vor anderen fiel ihm das schwer. Er konnte nur im Ton der Verehrung von seiner Familie erzählen, und das würde man möglicherweise befremdlich oder lächerlich finden. Also schwieg er lieber darüber, oder er paßte sich, wenn Rahel ihn mit ins Gespräch zog, dem jeweils herrschenden Ton möglichst an. Das aber gelang ihm nur selten. Sarkastisch zu reden wie Genelli, mit dem er später noch sehr vertraut wurde, war ihm nicht gegeben; die Geschliffenheit Brinckmanns, des schwedischen Diplomaten, der Verse in deutscher Sprache verfaßte, stand ihm nicht zu Gebote; und wenn er auch witzig wie der Major von Gualtieri gewesen wäre, hätte ihm doch der Stoff dazu gefehlt. Denn die Tagesneuigkeiten vom Hofe, die der Flügeladjutant Friedrich Wilhelms II. in die Dachstube mitbrachte und pointiert zu erzählen wußte, erreichten Karl auf seinem Büroschemel der Kurmärkischen Kriegs- und Domänenkammer nicht.

Besser war ihm in Anwesenheit von Frauen zumute, weil die außer Liebenswürdigkeit keine Leistung von ihm verlangten; und liebenswürdig zu Frauen zu sein, fiel ihm nicht schwer. Für jede fand er dann gleich die richtigen Töne, selbst für Frau Unzelmann, die bedeutendste Schauspielerin Berlins. Als die sofort mit ihm zu kokettieren begann, zeigte er zwar, daß ihn die Auszeichnung freute, wahrte aber Distanz.

Von einem, der immer abwesend blieb, war so häufig die Rede, daß Karl unruhig wurde, von Goethe nämlich, den Rahel, wie sie wieder und wieder betonte, nicht nur verehrte, sondern liebte. Im Vorjahr war sie ihm in Karlsbad begegnet, und das Kompliment, das er ihr nachträglich gemacht hatte, war ihr auf Brief-Umwegen bekannt geworden. Mehrmals erlebte Karl es mit, daß sie es vorlas, und immer fiel es den Zuhörern schwer, Rahels Glück auch zu teilen. Denn Goethe, der Kenner von Frauenschönheit, nannte nur ihre Seele schön. Was er an ihr rühmte, war die Stärke ihrer Empfindung und die Leichtigkeit ihres Ausdrucks. Und wenn das Wort liebevoll fiel, hörte jeder, von Karl abgesehen, mit: aber nicht liebeerregend.

Für Karl aber war Rahel schön. Und deshalb hörte er nur das Lob, das ihn schmerzte und beeindruckte. Er war der einzige Mann in der Runde, den Goethes Ausspruch nicht betroffen machte. Denn so zärtlich-herablassend wie der Verehrte in Weimar dachten alle von ihr. Wenn sie sie die Kleine nannten, war Sympathie und Bewunderung herauszuhören, aber ein bißchen Mitleid auch. Die Tiefe ihrer Gedanken und Empfindungen, ihre Ausdruckskraft und Kritikfähigkeit schätzten sie alle, aber von keinem wurde sie begehrt. Man brauchte sie, um mit ihr über Liebe zu reden, aber ausüben wollte man sie mit ihr nicht.

Den Grund dafür einzig, wie auch sie selbst es tat, in ihrem Mangel an Grazie und Schönheit zu sehen, scheint nur Halbwahrheit gewesen zu sein. Vielleicht wirkte auch ihr Geist, der von allen als gleichwertig oder gar überlegen anerkannt wurde, hemmend auf Männer, die Unterwerfung von Frauen gewöhnt waren und bei ihr Unbeugsamkeit fanden. Vielleicht wollte Rahel auch diese herrschaftsgewohnten Männer nicht und kam ihnen deshalb nicht entgegen. Tatsache ist jedenfalls, daß alle Männer, die sie in ihrem Leben liebte, jünger und unbedeutender waren als sie.

Der erste von ihnen war Karl, der von dieser Problematik nichts ahnte. Für ihn waren alle Bewunderer Rahels seine Rivalen, und da er sich ihnen unterlegen wußte, waren seine Qualen groß. Sicher schwankte er lange zwischen Verzweiflung und Hoffnung, nahm sich vor, die Jägerstraße zu meiden, und führte den Vorsatz nie aus.

Als er im März, vielleicht auch erst im April, Rahel glücklicherweise allein antraf und sie alle Besucher, die nach ihm kamen, abweisen ließ, traf ihn das Glück, das er so lange erwartet hatte, wie unvorbereitet. Sprachlos machte es ihn nicht. Verstand Rahel doch die Kunst, Menschen zum Sprechen zu bringen.

Namenloser Gram

Das Verständnis dieser Liebesgeschichte wird nicht nur dadurch erschwert, daß uns zweihundert Jahre von den Liebenden trennen, sondern auch durch die Unvollständigkeit des überlieferten Materials. Von Karls Briefen an Rahel sind neunzig erhalten, von Rahels Briefen an Karl aber nur fünf. Auch sind Briefe überhaupt von fragwürdigem Dokumentenwert. Sie können, je nach Anlaß und Zweck ihrer Entstehung, auf Täuschung oder Selbsttäuschung beruhen, und auch wenn sie Wahrheit vermitteln, kann die nur von Augenblicksgeltung sein.

Die Basis für die Rekonstruktion der Geschehnisse ist also schmal. Könnte man nicht darauf bauen, daß sich die Grundmuster menschlichen Fühlens nur wenig wandeln, verböte sich dieser Versuch, der viel Verständnis für Zeiten erfordert, in denen menschliches Verhalten stärker als heute von der Herkunft bestimmt war, individuelle Selbstbestimmung also nur wenig galt. Durch Geburt war schon weitgehend festgelegt, was man wurde. Der Spielraum zur persönlichen Entfaltung war eng.

Rahel war ins Abseits hineingeboren worden, und ihr Bestreben war, es zu verlassen. Auch ihr Kommunikationszwang hatte damit zu tun. Ihre Neugier auf Menschen war auch Neugier auf eine Welt, zu der sie nicht gehörte, ihre Gespräche waren auch Erkundungen, und ihre Liebe war auch ein Versuch der Integration. Denn den Platz in der Gesellschaft, der Karl durch Geburt angewiesen worden war, mußte sie sich erst erringen.

Während Karl von Kindheit an gelernt hatte, sich als Teil

einer Ahnenreihe zu sehen, wußte Rahel von ihrer Herkunft so gut wie nichts, sie spürte nur deren Folgen. Da sie sich mit der Geschichte ihres Volkes, die sie niemand gelehrt hatte, nicht identifizieren konnte, kam ihr das Schicksal, eine Jüdin zu sein, wie individuelles Unglück vor. Sie sah sich als Schlemihl, als Pechvogel, der doppelt vom Pech verfolgt wurde, nämlich durch Herkunft und durch Geschlecht. Das Jüdischsein bewirkte ihre Absonderung, das Frausein verdammte sie zur Untätigkeit.

Seit dem Mittelalter waren die Juden in Deutschland günstigstenfalls geduldet, meist aber unterdrückt und verfolgt worden. Auch im Zeitalter der Aufklärung galten sie noch als verachtete Fremde, die rechtlich den anderen Einwohnern nicht gleichgestellt waren. Für sie galt in Preußen das »Judenrecht«, das ihre Zahl in den Städten begrenzte, ihnen nur die Ausübung bestimmter Berufe gestattete und Geld von ihnen erpreßte. Nur wenige kapitalkräftige Kaufleute, die Friedrich dem Großen als Armeelieferanten, Unternehmer und Bankiers nützlich gewesen waren, hatte er weitgehend von den Beschränkungen befreit. Aber erst fünf Jahre nach seinem Tode wurde als erster Jude in Preußen Daniel Ephraim rechtmäßiger Bürger der Stadt Berlin.

Rahels Vater, Markus Levin, war Bankier und Juwelenhändler gewesen. Er war im Siebenjährigen Krieg, als König Friedrich sich durch eine Münzverschlechterung die leeren Kassen wieder füllen ließ, mit anderen jüdischen Bankiers zusammen an dem Geschäft beteiligt worden, doch war der Reichtum, den er sich dabei erworben hatte, nach seinem Tode, 1789, schnell zerronnen, so daß das Leben im Levinschen Hause ziemlich dürftig war. Die Lebemänner aus den höchsten Schichten, die früher oft ins Haus gekommen waren, um sich Geld zu leihen, und die dabei mit dem nicht schönen, aber sehr gescheiten Mädchen Rahel gern geplaudert hatten, blieben aus. Man hungerte zwar nicht, doch war die Sorge zu verarmen da. Denn Bruder Markus, der Geschäftsinhaber, ernährte neben der eignen Familie auch noch die Mutter und die vier Geschwister mit.

Rahel gehörte also nicht zu jenen Kaufmannstöchtern, die von einem Hochgeborenen träumen konnten, der, der großen Mitgift wegen, den Makel der jüdischen Geburt vergessen und an Heirat denken würde. Sie mußte auf einen warten, der sie wirklich liebte.

Da sie schon fünfundzwanzig war, als dieser eine endlich kam, hätte der vielleicht so schön, so lieb und auch so adlig gar nicht zu sein brauchen, um Gegenliebe in ihr zu entzünden. Liebte sie in ihm doch mehr als nur den blonden Grafen, den Menschen nämlich, der sie aus ihrem Unnützsein befreien und in die Welt, zu der sie gern gehören wollte, einführen konnte.

In Karls Briefen ist von solchen Fragen nie die Rede; am Anfang hat er sie sich wahrscheinlich auch nicht gestellt. Der erste Brief, aus Madlitz vom 12. Mai 1796, aus den ersten Wochen dieser Liebe also, schließt ein Schreiben Caroline von Humboldts ein, die zu Besuch in Madlitz weilte, was für Rahel anscheinend unmöglich war. Dieser lange Brief wirkt, als würde mit ihm ein Muster für alle, die folgen, entworfen. Ob sie wie dieser im Lenz der Liebe geschrieben wurden oder im Herbst, immer blieb der Aufbau sich ähnlich, und inhaltlich kommt wenig hinzu. Über ihn selbst erfährt man aus all den vielen Briefen, von seinen Liebesgefühlen abgesehen, wenig und über die Welt, in der er lebt, nichts. Erwähnt werden manchmal die Schwestern als gute, liebe, unschuldige Geschöpfe; sonst kommt die Familie nicht vor. Alle Bemühungen Rahels, Karl zum Reden über das Ausgesparte zu bringen, haben keinen Erfolg. Während er sich scheinbar in Liebe ganz hingibt, bleibt er in einem Punkt immer verstockt.

Im ersten Brief wirkt dieses Schweigen noch wie Rücksichtnahme. Um Rahel nicht zu verletzen, vermeidet er es, direkt zu werden, kommt aber, da er nicht lügen kann, um das Verletzende nicht herum. Er wirkt hier wie einer, der schlechtes Gewissen, das er verhüllen will, preisgibt, rührend in unbeabsichtigter Offenheit. Da er unfähig ist oder Angst davor hat, die Zer-

Wie Karls Porträt entstand auch dieses Relief Rahels von Friedrich Tieck in dem Jahr, in dem die Liebe Rahels zu Graf Finckenstein begann. Abgesehen von einem Pastellbildnis der Vierzehnjährigen, ist dieses die früheste Darstellung Rahels.

rissenheit seiner Gefühle zu analysieren, stellt er alles, was ihn bewegt, unbedacht nebeneinander und macht dem Empfänger dadurch das Analysieren leicht.

Er war, als Rahel krank war, aus Gründen, die ihm, aber nicht ihr als zwingend erschienen, nach Madlitz gefahren, und der Trennungsschmerz, den er im Brief äußert, ist echt. Über ihn vor allem nimmt er sich vor zu schreiben, und tatsächlich sind Dreiviertel des Briefes damit gefüllt. Da er weiß, wie sehr Rahel unter der Trennung leidet, stellt er, indem er sein eignes Unglücklichsein schildert, seine Liebe der ihren gleich. Aber auch der Rechtfertigung dient sein Leid: Je unglücklicher er sich macht, desto deutlicher muß ihr werden, daß er nur notgedrungen nach Hause fuhr.

Er kommt also vom Trennungsschmerz, den er mit Rahel ja teilt, auf den anderen zu sprechen, den er allein tragen muß, auf den Gram ohne Namen, der ihm das Herz abdrückt und die Seele zusammenpreßt, auf das Eine, das er vor der Reise schon ahnte und das tatsächlich nun kam. Ausgesprochen hat er seine Vorahnung damals nicht, um Rahel nicht zu erschrecken, aber sie hat wohl trotzdem davon gewußt. Auch jetzt spricht er nicht aus, um was es sich handelt, und nie in den kommenden Jahren wird er das tun. Das macht die Briefe bei aller Gleichförmigkeit, die sie dadurch bekommen, so spannend, weil man immer darauf wartet, daß dieser junge Mann, der so gefühlvoll liebt und so kraftlos ist, doch vielleicht einmal zu einer Entscheidung kommt. Den einen Teil seines Lebens und seiner Persönlichkeit gibt er ganz der Geliebten hin, vom anderen Teil aber soll sie nichts wissen. Seine Familie hat für Rahel tabu zu sein.

Karls innere Zerrissenheit ist, wenn auch unausgesprochen, in allen Briefen zu spüren. So wie ein Ehemann, der außerhalb der Ehe liebt, verübt auch Karl, der außerhalb des Standes liebt, Verrat. Wohl darf er lieben, aber diese nicht. Als Erbe der Familientradition empfindet er als Unrecht, was er fühlt, doch kann er andererseits als aufgeklärter Mensch mit Glücksanspruch sein

Fühlen nicht verdammen. Er liebt genau so heftig, wie ihm das Gewissen schlägt, vermag den Zwiespalt deshalb nicht zu lösen und macht ihn dadurch weniger schmerzlich, daß er die beiden Pole so weit wie möglich voneinander trennt. Konfliktbenennung also meidet er und klammert die Familie, die selbstverständlich eine solche Bindung ablehnt, ganz aus seinem Bund mit Rahel aus. Nicht Graf, nicht Diplomat, nur Liebender ist er bei ihr; der Kreis, in dem sie sich bewegen kann und wo er ihr gehört, ist also festgelegt. Nie klagt er die Familie an, er klagt nur immer allgemein und nimmt die Bande, die ihn beengen, als naturgegeben hin. Rahels besorgten Fragen nach der Zukunft weicht er aus. Nach Kinderart zieht er die Decke über beide Ohren und überläßt Entscheidungen der Zeit.

Wie Klagen klingen auch die Liebesworte, mit denen er meist seine Briefe beginnt. Oft sind es nur Klagen über die eigne Trauer, die er gern abwerfen würde, es aber aus Liebe zu ihr nicht kann. Schon aus dem ersten Brief wird klar, daß er in Madlitz ja so glücklich sein könnte, gäbe es nicht den Kummer um sie.

Krank in Madlitz

Da die beiden sich im ersten Jahr ihrer Liebe selten zu sehen bekamen, war die Briefflut groß. Kaum hatte Karl im Frühsommer 1796 sein Zulassungsexamen bestanden und sich damit im Staatsdienst etabliert, reiste Rahel, von Freundinnen begleitet, nach Böhmen ab. Ihre Kränklichkeit ohne Namen, psychosomatisch, wie man vermuten kann, trieb sie Jahr für Jahr in die Bäder, erst in das nahe und billige Freienwalde, das aber aus der Mode gekommen war, dann nach Teplitz und Karlsbad, später auch nach Pyrmont. Daß die Trinkkuren und Bäder ihrer Gesundheit dienten, kann man vermuten, gewiß aber ist, daß die Badegesellschaft ihr gut bekam. Denn Berlin war im Sommer für sie wie verödet, da jeder, der es sich leisten konnte, es verließ. Das Bad zu gebrauchen, wie man das nannte, war für die meisten aber mehr Urlaub als Kur. Wenn man darüber nach Hause berichtete, war wenig von Heilerfolgen die Rede, viel aber von Fürsten und anderen Standespersonen, von Geistesgrößen, von Essen und Festen und schönen Frauen. Die Güte des Bades wurde an seinen Gästen gemessen, an Leuten, die man wiedergesehen oder kennengelernt hatte. Das Bad zu gebrauchen hieß auch, in guter Gesellschaft zu sein.

Rahel, die zwar zur höheren Gesellschaft Berlins nicht gehörte, aber durch einzelne von deren Mitgliedern doch Teil an ihr hatte, reiste sozusagen ihrem Salon hinterher – und erweiterte ihn dort, um die Gräfin von Pachta zum Beispiel, die später in dieser Liebesgeschichte noch eine Rolle spielt.

Karl blieb in Berlin zurück und erwies sich als eifriger Schreiber. Jede Post, die nach Böhmen ging, beförderte Briefe von ihm, und fast jede, die kam, brachte Briefe von Rahel. Geistreich oder auch nur gedankenreich waren Karls Briefe zwar nicht, aber sie gaben, trotz der immer wieder benutzten Klischees, über sein Leben Auskunft. Ihre Bedeutung, ist man versucht zu sagen, besteht darin, daß ihnen solche fehlt. Ein schlichtes Gemüt offenbarte in ihnen seine Schlichtheit; ein aristokratischer Durchschnittsbeamter gab Einblick in den von Langeweile geprägten Alltag der beamteten Aristokratie.

Denkt man an die nur wenig später geschriebenen Jugendbriefe des vier Jahre jüngeren Frankfurters Heinrich von Kleist, wird deutlich, was Karls Briefe so nichtssagend werden läßt: der Mangel an Willen und Wollen. Kein Lebensplan ist da, der Kleists Dasein so spannend machte, kein Vervollkommnungsstreben, kein Sinnsuchen, keine Sucht nach Erkenntnis und folglich auch keine Erkenntniskrise. Statt Verzweiflung gibt es bei ihm nur Traurigkeit, statt Aufbegehren nur ein Sichfügen, und der Konflikt zwischen Pflicht und Neigung wird nicht benannt. Während Kleist sich den Kämpfen des Lebens stellte, wich Karl ihnen aus. Selten, und dann nur verdeckt, kommt in den Briefen der Zwang, unter dem er stand, zum Ausdruck, so wenn er im Madlitzer Garten von Unabhängigkeit zu träumen beginnt oder wenn er bei einem Ausflug jenseits der preußischen Grenze, die nur wenige Kilometer südlich von Frankfurt verläuft, Freiheitsgefühl empfindet. Doch nicht Selbstgestaltung des Lebens oder Erfüllung ehrgeiziger Pläne erträumt er sich, er will nur in Ruhe genießen und ausgeglichenen Gemüts leben können. Doch kann er, der Liebende, das in Berlin nur, wenn Rahel dabei ist, sonst wird ihm die Zeit zu lang. Er muß also neben der Korrespondenz, die viel Zeit erfordert, Theater, Opern und Hoffeste besuchen; er nimmt Klavierunterricht; er schwimmt in der Spree, besucht Rahels Verwandte und geht weiterhin zu den Proben der Singakademie, wo er, wenn die Eifersucht auf Burgsdorff, der

Einer der wenigen Briefe Karls an Rahel aus dem ersten Jahr ihrer Liebe, in dem er sich kurz faßt. Die Unterschrift: »Ewig dein Carl« wird hier variiert: »Ewig im ganzen Umfang des Wortes dein Carl«.

Rahel ins Bad nachgereist ist, ihn zu sehr quält, sich, wie er es ausdrückt, ruhig singen kann.

Seine Liebesbeteuerungen, mit denen er Seite um Seite füllt, bestehen meist in der wiederholten Versicherung, daß er sie brauche; denn nur sie verstehe ihn, nur mit ihr könne er reden, nur in ihrer Gegenwart ruhig und glücklich sein. Er scheint anzunehmen, daß seine Hilfsbedürftigkeit Grund für Rahel ist, ihn wiederzulieben, und daß in dem Bestreben, ihn glücklich zu machen, ihr Glück bestehe. Sein kindlicher Egoismus drängt sie also in eine Rolle, die der einer Mutter sehr ähnelt; doch kann man, ihrer späteren Liebesbeziehungen wegen, annehmen, daß sie diese Aufgabe gern erfüllt, vielleicht sogar provoziert. Jedenfalls besänftigt es ihren Unwillen, wenn Karl ihr schreibt: er werde sich in Zukunft immer als zahm und gehorsam erweisen und artig ausführen, was seine geliebte Führerin wolle.

Vielleicht hörte Rahel solche Folgsamkeitsversicherungen auch deshalb gern, weil sie sie hoffen ließen, den Willensschwachen zu Entscheidungen veranlassen zu können. Die von ihr erwünschte Legitimation des Liebesbundes konnte nur durch ihre Überlegenheit zustande kommen. Sie mußte Karl dazu bewegen können, den Streit mit der Familie und Nachteile anderer Art in Kauf zu nehmen. So würde, beispielsweise, Rahel auch als Gräfin nicht hoffähig sein. Für einen Diplomaten, der eine Karriere an Höfen vor sich hat, war sie also nicht die geeignete Frau.

In Karls Briefen aus dem Sommer 1796 war von der Bereitschaft, diese Frage auch nur zu berühren, nichts zu spüren, viel dagegen vom Bestreben, allen Schwierigkeiten aus dem Weg zu gehen. Obwohl er, wie sein Schreibfleiß zeigte, bemüht war, Rahel nah zu bleiben, vermied er jedoch alles, das sein Verhältnis zur Familie hätte trüben können. Im Juni, vor Rahels Abfahrt, war vereinbart worden, daß Karl ihr im August nach Teplitz folgen sollte. Die Freude darauf war bei ihm erst riesig, dann wurde leiser Zweifel angemeldet und schließlich die Undurchführbarkeit des Planes festgestellt. Während sein Flirt mit

Madame Unzelmann sehr detailliert, mit kindlich-rücksichtsloser Offenheit, ja fast mit Stolz auf den Erfolg von ihm geschildert wurde, schwieg er sich über die Gründe, die seine Reise verhinderten, aus. Statt zu ihr fuhr er im Urlaub nach Madlitz, da er sich, wie er schrieb, nach seinen Schwestern sehnte. »Ich muß einmal wieder eine Weile mit ihnen leben, es ist mir Bedürfnis, ich fühle es, und es wird mir ewig Bedürfnis bleiben. Mein Herz schlägt doch nie ruhiger als im Umgang mit diesen lieben, unschuldigen Wesen, in diesem Lande meiner Kindheit.« Und dann folgte unterstrichen der Satz: »Burgsdorff reist mit Dir, ich weiß es«, der Eifersucht ausdrückt oder vorschützt. Und auf diesen überraschend kühlen, wenn auch mit »Ewig Dein Karl« unterschriebenen Brief kam wochenlang keiner mehr.

Obwohl auch in diesem relativ kurzen und kühlen Schreiben die zwischen den Liebenden übliche Form gewahrt bleibt, klingt es wie ein Abschiedsbrief und wurde von Rahel, als sie wieder in Berlin war, wohl auch so empfunden. Denn Karl, der ihr in jedem Brief versichert hatte, daß er mit Sehnsucht ihre Heimkehr erwarte, war nicht da, und wochenlang ließ er nicht von sich hören.

Ob seine schwere Krankheit, die ihn in Madlitz überfiel, die Folge davon war, daß er dem Drängen der Familie, sich von Rahel zu lösen, nachgab, muß als Frage offenbleiben; sicher aber ist, daß er von ihr so wenig lassen konnte wie sie von ihm. Die kurzen, mit schwacher Hand geschriebenen Krankenlagerbriefe, mit denen Karl sechs Wochen später, im November, den zweiten Akt des Trauerspiels begann, fand bei ihr sofort die alte Resonanz. Schnell war die Innigkeit des Anfangs wieder da, und die vor Karls Eltern geheimgehaltene Korrespondenz wurde bald so rege wie zuvor. Doch war die Krise, die Karl nicht zugab, nicht überwunden, sondern nur verdrängt. Wieder ging er mit seinen selbstgemachten oder von Dichtern ausgeborgten Liebesschwärmereien jeder Problematik aus dem Wege, setzte ihren

139

Sorgen nur sein sonniges Gemüt entgegen, verbot sich und ihr, an Zukünftiges zu denken, und schwor einzig auf die Gegenwart. Unausgesprochen machte er Rahel immer wieder klar, daß das Versprechen, das sie, ebenfalls nicht ausgesprochen, von ihm forderte, bei aller Liebe nicht von ihm zu haben war.

Und sie ging auf dieses Spiel noch einmal ein, verschob geplante Reisen, um bei seiner Rückkehr nach Berlin für ihn dazusein, wartete Woche um Woche vergeblich auf ihn, mußte immer wieder lesen, daß er, plagte ihn nicht die Sehnsucht nach ihr, mit den geliebten Schwestern, ach, so glücklich sein könnte. Sie wußte also, was sie erwartete, und nahm ihn dann doch, als er im neuen Jahr endlich kam, wieder mit offenen Armen auf.

Wie fragwürdig der Wahrheitsgehalt von Briefen sein kann, zeigt ein Schreiben Rahels an Caroline von Humboldt, in dem sie der Freundin weismachen will, es sei nur Mitleid, das sie bei Karl halte.

Glück zu zweit

Liebesgeschichten, die Briefen nacherzählt werden, weisen in Zeiten, in denen das Paar beieinander ist, notwendigerweise Leerstellen auf. Wer sich täglich spricht, braucht sich nicht zu schreiben. Und auch das Bedürfnis, sich anderen mitzuteilen, ist in Leidensphasen größer als in solchen des Glücks.

Weder vorher noch nachher waren Rahel und Karl so lange zusammen wie im ersten Halbjahr 1797, das man für ihre glücklichste Zeit halten muß. Kummer wird ihnen in diesen Monaten vor allem der Mangel an Möglichkeit zum Alleinsein gemacht haben. Das Palais in der Wilhelmstraße war Rahel verschlossen, und im Levinschen Hause war immer Betrieb. Zwar war Burgsdorff, einer der eifrigsten Gäste, mit Caroline von Humboldt zusammen auf Reisen, aber Kunth, der Erzieher der Humboldt-Brüder, Brinckmann, Gualtieri und andere Vertraute waren in Berlin. Freundinnen wie Mariane Meyer, Rebekka Friedländer und Henriette Mendelssohn kamen vorbei, um ein wenig zu schwatzen, und Ludwig Tieck führte seinen jüngeren Bruder Friedrich ein, der in dieser Zeit das bekannte Reliefporträt von Rahel gestaltet hat. Abweisungen, die kränken konnten, fielen Rahel schwer, und sie nutzten wenig, denn von Rahels großer Familie war immer jemand im Haus.

Da ihr Verhältnis geheim bleiben sollte, vermieden die beiden in Anwesenheit anderer das vertrauliche Du. Zwar wußten Rahels Verwandte und Karls Geschwister Bescheid, und da Burgsdorff eingeweiht war, waren es auch die Humboldts und Brinckmann, und mit diesem wußte es die ganze Stadt, aber das Sie wurde trotzdem benutzt, auch wenn Karl sich manchmal verschnappte, das heißt: versprach. Denn das Geheimnis, auch wenn es keins war, zu lüften, hieße die Gesellschaft herauszufordern, und das wirkte kompromittierend – für Rahel allerdings nur. Dem Edelmann wurde das Recht, ein Verhältnis zu haben, wohl zugebilligt; nur auf Ehe berechnet durfte es nicht sein.

Das von Karl in Briefen so oft beschworene Glück zu zweit in Rahels Dachstube wird also selten gewesen sein. Sie werden Besuche gehabt und gemacht und häufig im Theater gesessen haben. Im Januar hatte der Karneval begonnen, die Zeit, in der die Königliche, italienische, Oper Unter den Linden spielte, wo sie sich ein Jahr zuvor zum erstenmal gesehen hatten. Dort und im Theater am Gendarmenmarkt, der deutschen Bühne, die seit dem Vorjahr unter Ifflands Leitung stand und einen reichhaltigen Spielplan mit Tragödien, Lust- und Singspielen, Opern und Operetten hatte, werden sie manche Abende verbracht haben. Sie werden mit dem Wagen ausgefahren und spazierengegangen sein, vorwiegend im Tiergarten hinter dem Brandenburger Tor, das seit vier Jahren das war, das wir heute kennen. Der große Park, von Kunst verschönt, an Sonnentagen von Tausenden belebt, erstreckte sich bis nach Charlottenburg. Durchzogen war er von Alleen, wo man reiten und fahren konnte, und von Schlängelpfaden, auf denen man zu Fuß von einem Lustschloß zum anderen gelangte oder Kaffeegärten, Labyrinthe, Fasanerien und Bassins erreichte. Da Bruder Markus und Friederike Unzelmann hier draußen Sommerhäuschen hatten, fand man sich dort an warmen Tagen in frischer Luft zusammen und fuhr erst im Dunkeln in die Stadt zurück.

Doch schmerzfrei war für Rahel auch diese Glückszeit nicht. Zu häufig wurde ihr bewußt, daß Karl sich zwar willig in ihre Art zu lieben fügte, sie aus seinem weiteren Leben aber ausgeschlossen hielt. Nicht nur die Arbeitsstunden im Büro, Journal

*Da die Korrespondenz der Liebenden in Madlitz nicht bemerkt werden
sollte, diente Genelli manchmal als Briefbote. Hier ein undatiertes Bei-
briefchen an Rahel: »Ich bin confus über die Nachlässigkeit mit welcher
Ihr sehr Geliebter seine Briefe zuschließt; auch habe ich ihm darüber geschrieben und hoffe, er wird es künftig anders machen. Ich erröthe, indem
ich Ihnen versichern will, daß ich diesen nicht gelesen habe. Denn wie
sollten Sie glauben an eine kindische Abneigung, die ich mir selbst nicht
recht zu erklären weiß, und die vielleicht kein anderer empfindet.
Genelli«*

genannt, entfernten ihn von ihr, auch Audienzen und Empfänge, Bälle an den Prinzenhöfen und Konzerte bei der Gräfin Lichtenau, auf denen zu fehlen für Karl angeblich unmöglich war. Rahel, die nicht wissen konnte, wie weit seine Diplomatenpflichten wirklich reichten, wurde mißtrauisch und eifersüchtig, was zur Folge hatte, daß er sich über sein Adelsleben noch stärker in Schweigen hüllte – was ihrem Mißtrauen neue Nahrung gab.

Am meisten aber litt sie, wenn Karls Eltern und die Schwestern kamen, tagelang ihr glückliches Familienleben nach Berlin verlegten und Karl sich bei ihr nicht sehen ließ. Er führte die Schwestern zu allen Orten, die er mit Rahel zusammen kennengelernt hatte, und er konnte mit ihnen auch, was Rahel besonders schmerzte, den oberen Bereich der Gesellschaft besuchen, der Rahel unzugänglich war.

Oft hatte Karl in Briefen davon geträumt, seine Geliebte mit den geliebten Schwestern in Harmonie zusammenzuführen, aber dazu kam es nie. Rahel sah sie zwar einmal von weitem, lernte sie aber nicht kennen. Vielleicht geschah das auf jenem Ausflug, von dem Brinckmanns Brief im April an Burgsdorff berichtete, daß auch ein Fräulein von Berg dabeigewesen sei.

Ob der von Brinckmann verbreitete Klatsch von Karls Heiratsabsichten auf Tatsachen beruhte, ist nicht bekannt. Obwohl er sich nicht bestätigte, ist er sicher nicht ganz aus der Luft gegriffen. Jedenfalls wäre das Fräulein von Berg, das in den engsten Kreis des Hofes gehörte, weil ihre Mutter eine Freundin der Kronprinzessin Luise war, eine für Karl passende Frau gewesen. Noch zweieinhalb Jahre später erscheint ihr Name in einem bösen Brief Rahels. Als jung und hübsch und reich wird sie von ihr dort beschrieben, also ausgestattet mit allem, was Rahel selbst, ihrer eignen Ansicht nach, fehlt.

Wie Rahels Aussichten auf Heirat in ihrem vertrautesten Kreise eingeschätzt wurden, zeigen Burgsdorffs Kommentare zu dem von Brinckmann übermittelten Klatsch. Da wird offensichtlich, daß eine Heirat des Grafen mit der Jüdin von den Freunden überhaupt nie erwogen wurde und daß die Frage nach Rahels Glück oder Unglück für sie überhaupt keine Rolle spielte. Gefragt wird nur, ob Karl Junggeselle bleiben oder eine Adelsheirat eingehen wird.

Die Gewaltkur

Um die verehrte Rahel nicht die Geliebte des Grafen nennen zu müssen, wurde in der älteren Rahel-Literatur meist von einer Verlobung gesprochen und damit die Sachlage verfälscht. Karl wurde damit unterstellt, er habe ein Eheversprechen gegeben und gebrochen, und Rahels Leid wurde verkleinert, indem man ihm seine Hauptursache, das Gefühl der Erniedrigung, nahm. Ohne diese tiefe Verletzung wäre es kaum verständlich, daß Rahel noch viele Jahre danach Karl ihren »Mörder« nannte und daß sie auch nach seinem Tode noch, und sei es im Traum, mit Verzweiflung und Angst an ihn dachte. Nicht weil der Verlobte aus Mangel an Liebe oder durch Druck der Familie sein Versprechen nicht einlöste, vergaß sie die Schmach nie, sondern weil der Geliebte bei aller Liebe sie, die unebenbürtige, niemals der Heirat für würdig hielt.

Vielleicht angespornt durch die heimliche Ehe, die der Fürst Reuß mit ihrer Freundin Mariana Meyer geschlossen hatte, unternahm Rahel, von der forschen Gräfin Pachta beraten, im November 1797 den verzweifelten Versuch, Karl zu einem Eheversprechen zu zwingen. Varnhagen, der Erfinder der beschönigenden Lesart von der Verlobung, sah die Sache später so: Die souveräne Rahel, die, wenn sie gewollt hätte, Karl nach ihrem Willen hätte leiten können, gab ihm, als sie sein inneres Schwanken spürte, sein Wort zurück, sprach ihn von aller Bindung frei, damit er neu und wahr für oder gegen eine Ehe entscheiden könne – und begrüßte am Ende auch den negativen Ausgang noch: weil sie eine Heirat, die sie nur ihrer Überlegenheit verdankt hätte, nicht wollte.

Die Wirklichkeit war, wie die Briefe zeigen, ein wenig anders, nicht ganz so edel und schmerzensfrei. Die Gräfin Pachta, die meinte, daß eine Liebeserklärung so viel wie ein Eheversprechen bedeute, leitete Rahel bei der Gewaltkur an. Sie konnte sie dazu bringen, dem Geliebten jede Begegnung und jeden Brief zu verweigern, bis er geläutert war. Er sollte sich, statt in der Wilhelmstraße zu sitzen und weinend lange Briefe zu schreiben, für eine feste Bindung entscheiden und der Gräfin davon Mitteilung machen. Doch obwohl der Plan sehr richtig auf Karls Liebe und seinen Seelenschmerz baute, ging er nicht auf. Die Gräfin hatte nämlich vergessen, daß auch Rahel unter der Trennung und ihrem Erpressungsversuch zu leiden hatte, so daß diese Novemberwoche qualvoll für beide war. Karl schrieb herzzerreißende Briefe, in denen er sich insofern als konsequenter Charakter zeigte, als er wie eh und je das eigentliche Problem gar nicht berührte, nichts entschuldigte, nichts erklärte, sondern nach der alten Methode das Schicksal für allen Kummer verantwortlich machte, um sich dann in Phantasien zu flüchten, in die zum Beispiel, todkrank zu werden, damit die Geliebte, ohne sich etwas zu vergeben, herbeieilen könnte, um ihn zu pflegen. Von der Zukunft aber schrieb er kein Wort.

Rahel, die nach ein paar Tagen schon einsehen mußte, daß auf diese grausame Weise das verstockte Kind nicht zu ändern war, konnte so hart, wie ihre Freundin es von ihr verlangte, nicht sein. Bald schon schrieb sie wieder liebevolle Briefe, und als das von Karl vielberufene Schicksal (vielleicht gelenkt von seinem Vater?) tatsächlich eingriff, konnte sie seinem Flehen nach einer Begegnung nicht mehr wiederstehen.

Es zeigte sich, daß Karl, wie er immer wieder geschrieben hatte, tatsächlich nur im Heute lebte und sich wenig um Zukünftiges scherte. Die Abberufung, die ihn für Monate von Rahel trennen mußte, erschreckte ihn nicht, sondern ließ ihn

147

Die Rahel dieser Bleistiftzeichnung von Wilhelm Hensel war schon seit acht Jahren Frau Varnhagen. Das Blatt entstand 1822. Da lag ihr letztes Gespräch mit Graf Finckenstein bereits elf Jahre zurück.

frohlocken, weil Rahel ihm, wie er wußte, einen Abschiedsbesuch vor der großen Reise nicht abschlagen konnte. Und damit hatte er recht. Nach vierzehn Tagen, die den beiden nichts als Qualen gebracht hatten, wurde der Erpressungsplan aufgegeben. Man sah, sprach, liebte sich wieder, und Karls liebevollen Reisebriefen, die, aus Leipzig, Gotha, Frankfurt am Main und schließlich aus Rastatt kommend, bald regelmäßig in der Jägerstraße eintrafen, ist von dem Zwischenfall nichts mehr anzumerken. Von Liebe ist wieder viel die Rede, von den Städten und Landschaften, die er durchreist, wenig, und gar nichts von seiner diplomatischen Mission.

Von politischen Vorkommnissen, die Karl, da er teilweise von ihnen betroffen war, beschäftigt haben müssen, kommt mit einer Ausnahme im Sommer 1796, als er den General Bonaparte in Italien geschlagen wähnte, in dem ganzen Briefwechsel nichts vor. Politik gehörte für ihn zu den Standes-, Berufs- und Familiensachen, die Rahel nichts anzugehen hatten. Also erfuhr sie auch von dem Auftrag, mit dem er im Dezember 1797 nach Rastatt reiste, kein Wort.

Nach Niederlagen in Italien hatte Österreich mit der Republik Frankreich Frieden schließen müssen und dabei in einem Geheimabkommen versprochen, sich für die Abtretung der linksrheinischen deutschen Reichsgebiete an Frankreich einzusetzen. Am 1. November 1797, dem Tag, an dem sich Rahel Karl entzogen hatte, war die Einladung des Kaisers Franz II. an die Deputierten aller deutschen Fürsten ergangen, sich in Rastatt, in Baden, zu einem Kongreß zu versammeln, um mit den Franzosen über einen Friedensschluß zu beraten, bei dem, wie beteuert wurde, die Integrität des Reiches gewahrt werden sollte. Während die Gesandten der vielen deutschen Staaten noch unterwegs waren, legten Bonaparte und die Österreicher schon fest, was der Kongreß, der dann eineinviertel Jahr dauerte, zu beschließen hatte: die Besetzung der Rheinfestungen, die Abtretung des linken Rheinufers und die Entschädigung der dadurch betroffenen Länder durch Säkularisation der geistlichen Fürstentümer. Zum Beginn des Kongresses, am 9. Dezember, war Bonaparte schon wieder in Paris und feierte seine Siege, während die Deputierten in Rastatt erst nach und nach mit dem bekannt gemacht wurden, was zu beschließen war.

Wahrscheinlich eines Trauerfalls wegen traf der junge Graf Finckenstein erst zehn Tage nach Kongreßbeginn in Rastatt ein. Am 16. November nämlich war Friedrich Wilhelm II. in Potsdam gestorben, und sein Sohn, der als reformfreudig galt, hatte den Thron bestiegen. Da mußte kondoliert, begraben und gehuldigt werden, und die Abgesandten mußten herausbekommen, ob die Instruktion des alten Herrschers unter dem neuen noch galt.

Ob Karl die Illusionen teilte, die man im In- und Ausland an den neuen Herrscher knüpfte, weiß man nicht. Seine Briefe von der Reise und aus Rastatt handeln von Natureindrücken, von Lektüre und Theater, aber nie von Politik. Der König und die Königin Luise kommen in ihnen genauso wenig vor wie andere Mächtige der Zeit, und wenn der Name Metternich erscheint, dann nur, weil eine junge hübsche Frau ihn trägt, die mit Finckensein flirtet. Als der Kongreß empört darüber war, daß die Franzosen, ohne die Beschlüsse abzuwarten, Mainz besetzten, schrieb Karl über Spiel und Tanz und festliche Abendessen, und als im März und im April die erzwungene Entscheidung über die Gebietsabtretung fiel – blieben seine Briefe aus.

Dafür aber kam er selbst. So groß war seine Sehnsucht noch, daß er die strapaziöse Reise auf sich nahm, um Rahel zu sehen. Doch legen seine Briefe, die nach diesen kurzen Urlaubstagen wieder aus Rastatt kamen, die Vermutung nahe, daß es in Berlin zu Konflikten gekommen war. Neben den alten Liebesklagen und den Phantasien von einem freieren Dasein stehen jetzt Versuche, Rahels Zweifel an der Echtheit seiner Liebe zu zerstreuen. Er versucht das erst mit vielen Worten, dann resigniert er, und wenn er schließlich Rahel dafür dankt, daß sie ihm Lebenskenntnisse und Selbstgefühl vermittelt habe, hört sich das

150

wie ein Nachruf auf gestorbene Liebe an. Ein Schlußwort aber folgte nicht. Er ließ die Briefe kühler und seltener werden und gab das Schreiben schließlich auf.

Ein solches Ende aber duldete Rahel nicht. Sie reagierte mit wilder Verzweiflung und weckte damit seine Gefühle wieder auf. Gleich, gleich muß er ihr wieder schreiben, um ihr zu versichern, daß das fast erloschene Feuer wieder wie früher in ihm brenne. Das neue Jahr, 1799, schien auch die Liebe wieder zu erneuern – noch nicht zum letztenmal.

Von der prekären politischen und militärischen Lage und dem blutigen Ende des Kongresses, das die Farce zum Trauerspiel wandelte und noch lange die Detektive unter den Historikern beschäftigte, erfährt man aus Karls Briefen, die nicht die leiseste Ahnung davon vermitteln, daß ringsumher Kriege tobten, kein Wort.

England und Frankreich hatten mit wechselnden Erfolgen während der Verhandlungen in Rastatt weiter Krieg geführt. Ägypten war von Bonaparte eingenommen worden; seine Flotte wurde von Admiral Nelson bei Abukir versenkt; die Türken traten gegen Frankreich in den Krieg; und als dann Rußland sich auf Englands Seite schlug, schloß sich auch Österreich wieder dem Bündnis gegen Frankreich an. Zu Anfang des Jahres 1799, während in Rastatt über den Frieden noch verhandelt wurde, begann in Süddeutschland und in Italien schon wieder der Krieg. Als österreichische Truppen sich dabei dem neutralisierten Rastatt näherten, verließen die drei Gesandten Frankreichs nachts die Stadt. Von unbekannten Reitern wurden sie überfallen und beraubt. Zwei wurden totgeschlagen, der dritte konnte fliehen. Die österreichische Armee, die damals schon und später immer wieder der Tat beschuldigt wurde, stritt jede Verantwortung dafür entschieden ab.

Nervenfieber

Die wenigen erhaltenen Rahel-Briefe dieser Korrespondenz unterscheiden sich von denen ihres Geliebten sehr. Rahel war Autodidaktin. Da sie in ihrer Kindheit nur Jiddischdeutsch in hebräischen Buchstaben geschrieben und keine gefestigten Sprachformen mitbekommen hatte, mußte sie sich das Deutsche in ihrer Jugend erst selbst erobern. Ihren Briefen merkt man das an. Ihr krauser Stil, eine phantastische Orthographie, eine vertrackte Interpunktion, der ungewöhnliche Gebrauch gewöhnlicher Wörter und die Kühnheit der Metaphern machen die Lektüre oft schwierig, doch wird die Mühe durch Farbigkeit und Originalität belohnt. Während Karls Briefe sich durch Schreibgewandtheit und Klischeehaftigkeit auszeichnen, verraten ihre schwer lesbaren und manchmal auch schwer verständlichen Schreiben Echtheit und Intensität des Gefühls. Daß die stärker Leidende dieses Liebesbundes sie war, machen schon wenige Zeilen klar.

Ihre Briefe, mit denen sie in der Rastatter Zeit versuchte, Karls Liebe wieder zu gewinnen, waren von Verzweiflung diktiert, aber sie hatten Erfolg, wenn auch kurzzeitig nur. Kaum war er wieder in Berlin, begannen erneut die Qualen, die jetzt nur noch ihre waren, weil sie ihn brauchte, er sie aber nicht. Die letzten Monate mit Karl, im Sommer 1799, bestanden für sie vor allem aus Warten. Aus dem heimwehkranken Mann vom Lande war ein Mann von Welt geworden, der sie zwar dann und wann noch als Geliebte, aber nicht mehr als Vertraute brauchte.

Freunde aus den eignen Kreisen hatte er nun genug und Pflichten auch. Diners, Soireen und Bälle zog er nun dem Besuch bei Rahel vor. Madlitz und die Verwandten in der Neumark wurden oft besucht, und wenn die Geschwister kamen, war für die Jägerstraße kaum Zeit.

Rahel, in ihrem Stolz verletzt, empörte sich, doch die Kraft, sich von ihm loszumachen, hatte sie noch nicht. In einem Brief, in dem Verzweiflung schon zur Kälte ohne Tränen wird, fleht sie ihn an, doch diese Qual zu enden und den Bund zu lösen, sie könne das nicht noch einmal tun. Ihm aber traue sie die Kraft jetzt zu, da er das Fräulein von Berg im Hintergrund habe. Aber Karl geht mit der Bemerkung, daß ihr Brief ihm fast das Herz zerrissen habe, über ihren Wunsch hinweg, beteuert, daß er das genannte Fräulein doch gar nicht liebe, und unterschreibt wie üblich mit: Ewig der Deinige.

Als er im Oktober 1799 nach Wien versetzt wurde, wo er, erst als Gesandtschaftssekretär, dann als Gesandter, mehr als ein Jahrzehnt verblieb, war noch keine Entscheidung getroffen. Seinen Briefen, die seltener werden und wie immer liebenswürdig an der Oberfläche bleiben, ist anzumerken, daß von ihm ein Schlußwort nicht erwartet werden kann. Er weigert sich, die von ihm geschlagenen Wunden auch nur zur Kenntnis zu nehmen. Das aber wirkte jetzt auf Rahel wie Infamie. Vom Zauber seiner Gegenwart befreit, war sie nun fähig, das Verhältnis, das einst sie geknüpft hatte, auch zu lösen. Einen Brief aus Wien vom Oktober 1799, der nicht viel anders war als die vorhergehenden, nahm sie zum Anlaß, sich in einen Zorn hineinzusteigern, der es ihr erlaubte, Karl einen bitterbösen Abschiedsbrief zu schreiben – den sie dann liegenließ. Im Dezember schrieb sie an den Freund Genelli, er möge Karl doch sagen, daß er ihr nicht mehr schreiben solle, adressierte den Brief aber an Karl in Wien – und schickte auch ihn niemals ab.

Erst der dritte Abschiedsbrief, der im Februar geschrieben wurde, erreichte den Adressaten auch. Unvorbereitet traf er Karl nicht. Gehorsam, wie er auch am Schluß noch war, erfüllte er ihr den Wunsch, von nun an »unbekannt mit ihr zu werden«, und verstummte. Rahel, die das Ende ihrer Liebe als Schmach und Niederlage sah, reiste, um sich das Vergessen zu erleichtern, nach Paris.

Das nächste Jahrzehnt, das erste des neuen Jahrhunderts, wurde für fast alle Menschen aus Rahels Umgebung entscheidend, nur sie selbst wußte noch immer nicht, wohin sie das Schicksal zog. Genelli, der Stadt und ihrer Geselligkeit müde, ließ sich für immer in Madlitz nieder. Humboldt trat in den Staatsdienst, wurde erst Gesandter in Rom und dann in Berlin eine Art Bildungsminister. Ludwig Tieck fand in Ziebingen Asyl, während sein Bruder Friedrich, der Bildhauer, in Europa umherirrte. Gentz und Friedrich Schlegel gingen nach Wien. August Wilhelm Schlegel reiste im Gefolge der Madame de Staël umher. Brinckmann wurde nach London versetzt und kehrte dann nach Schweden zurück. Rahels Freundinnen heirateten oder verließen aus anderen Gründen Berlin. Gualtieri fand in Spanien durch Krankheit, Prinz Louis Ferdinand bei Saalfeld durch Säbelhiebe den Tod. Und das Fräulein Luise von Berg wurde durch Heirat zwar zur Gräfin, aber zu einer von Voß, nicht von Finckenstein.

Auf dem Umweg über Amsterdam, wo ihre Schwester Rose verheiratet war, kehrte Rahel im Sommer 1801 nach Berlin zurück. Mit der Niederlage Preußens, 1806, leerte sich ihr Salon. Nach dem Tod ihrer Mutter wechselte sie zweimal ihre Berliner Wohnung. 1809, als mit dem König und der Königin auch andere Leute nach Berlin heimkehrten, fanden sich neue Freunde für Rahel: der vierzehn Jahre jüngere Varnhagen, ihr späterer Mann, und Alexander von der Marwitz, der jüngere Bruder des Adelsoppositionellen aus Friedersdorf, dem Rahel sechzehn Lebensjahre voraus hatte. Ihr vollständig erhaltener Briefwechsel mit ihm gehört zu den schönsten und interessantesten dieser Zeit.

Karl Finckenstein verbrachte dieses Jahrzehnt in Wien. Er

galt dort unter den Diplomaten als kulturell besonders interessiert, als Musikliebhaber und Büchersammler. Er besuchte die berühmten Vorlesungen August Wilhelm Schlegels »Über dramatische Kunst und Literatur«, mit denen dieser, nach Berlin, auch die österreichische Hauptstadt für die Romantik erobern wollte. In Karlsbad, wo er mit seinem Vater und den Schwestern zusammentraf, lernte er Goethe kennen. Er heiratete eine Witwe de Camurri, die den klangvollen Geburtsnamen Maria Rosa Bianca de Mello e Carvalho hatte und verwandt mit einem berühmten Sänger war.

Als F. A. L. von der Marwitz, der drei Jahre später mit Karls Vater, dem Präsidenten, zusammen als Gegner Hardenbergs auf die Festung Spandau geschickt wurde, im Sommer 1808 nach Wien reiste, um seinem jüngeren Bruder Eberhard zu einer Offizierslaufbahn in der österreichischen Armee zu verhelfen, sprach er nach seiner Ankunft zuerst beim preußischen Gesandten vor: »Graf Finckenstein, ein Enkel des Ministers und Sohn des bei dem Prozeß des Müllers Arnold so bekannt gewordenen Regierungspräsidenten in Madlitz, war mein Jugendbekannter und wenige Jahre älter als ich. Er war Legationssekretär in Wien gewesen; wie unser Herr sich niemals entschließen kann, durch wen er einen vakant werdenden Posten besetzen soll, woher sie denn sehr oft in den wichtigsten Momenten unbesetzt sind, so war es auch mit dem Posten in Wien gewesen. Wir hatten in den Jahren 1806 und 1807 nur diesen jungen Legationssekretär dort gehabt; da man aber von beiden Seiten sehr zufrieden mit ihm gewesen war, so war er kürzlich zum Gesandten ernannt worden. – Er war ein sehr guter und gefälliger Mensch. Es war aber, als wenn ein Fluch auf dieser Reise ruhete, denn wie erstaunte ich, als ich ihn präokkupiert und so eilig fand, daß er mich kaum anhören mochte. Er sagte, ich möchte es ihm nicht übelnehmen, aber er habe in dieser Woche gar keine Zeit; aber künftigen Montag (es war Dienstag!) wollten wir alles bedenken. Ich fragte: ›Was ist denn los?‹, und er erwiderte: ›Brizzi ist hier.‹

Friedrich August Ludwig von der Marwitz, Erbherr auf Friedersdorf, hier gezeichnet von Franz Krüger 1827, war nicht nur Wortführer der märkischen Adelsopposition, sondern auch einer der eifrigsten Verfechter der Volksbewaffnung im Kampf gegen Napoleon. Seine Lebuser Landwehrbrigade war als erste in der Mark einsatzbereit.

Ich: ›Was ist denn das für ein Kerl, Brizzi?‹, und nun kam es heraus, daß es ein berühmter italienischer Sänger sei, der sollte heute bei ihm essen. ›Und da er Sonntag abreist, so haben wir verabredet‹, sagte er, ›noch die ganze Woche auf dem Lande beisammen zu sein.‹ Nun war zwar die ganze Finckensteinsche Familie extra musikalisch, aber dies war mir denn doch zu arg. Ich sagte, so lange würde ich mich schwerlich aufhalten, erkundigte mich bloß, wo der General Bubna zu finden sei, und ging.«

Auch Varnhagen, der Karl ebenfalls in Wien erlebte, äußert sich in seinen »Denkwürdigkeiten« nicht gerade günstig über dessen Fähigkeiten, doch schlägt bei dieser später geschriebenen Schilderung sicher auch etwas von Rahels Meinungen durch: »Der preußische Gesandte, Graf Karl von Finckenstein, ... war mir in mehrfacher Hinsicht merkwürdig. Wohlwollend, fein, mit Ansprüchen auf höhere Bildung, eifrig und sogar nachdrücklich in seiner Äußerungsart, gab er dem prüfenden Blicke doch im Ganzen nur ein Bild gutmütiger Schwäche. Im Sittlichen, im Ästhetischen mochte er mit seinen angenehmen Eigenschaften noch leidlich auskommen, im Diplomatischen dagegen, wo sie noch am ehesten sich verbergen zu können schien, war seine Schwäche ganz offenbar. In Zeiten der mächtigsten Krisen war er unbedeutender geblieben als es einem Gesandten Preußens ... erlaubt sein konnte. – Er hatte das Gefühl seines Mißgeschicks, und allerdings trat ihm dieses bei jedem Schritte deutlich genug entgegen; er stand wie außerhalb des diplomatischen Verkehrs ... Früher war ihm einiger düsterer Franzosenhaß noch günstig angerechnet worden, jetzt [1809 oder 1810] durfte dieser nicht zu sehr hervortreten, denn gerade die diplomatischen Formen hatten die Aufgabe, in diesem Betreff den Schein freundschaftlicher Verhältnisse zu liefern. Von meinen Verbindungen in Berlin unterrichtet und dadurch sich mir näher fühlend, faßte er Vertrauen zu mir, klagte über seine Lage, wünschte sich zurückziehen zu können, hielt dies aber doch in keinem Betracht für möglich. – Der Einblick in diesen liebenswürdigen,

doch schwachen und für ein kräftiges Staatswirken ganz unge-
eigneten Charakter machte mir vieles begreiflich, was ich früher
von ihm gehört hatte, und ich empfand eine aufrichtige Teilnahme für den Mann, der bei mäßigen Lebensaufgaben ganz erfolgreich und glücklich hätte sein können, durch den Zufall aber
an zu große war gewiesen worden. Zum Überfluß hatte er noch
eine Geliebte, die ihn plagte und deren Gewalt er sich nicht zu
entziehen wußte. Unter allen diesen Umständen mußte meine
Teilnahme denn freilich eine unfruchtbare bleiben.«

Richtig an Varnhagens Beurteilung war, daß Karl sich in Wien
keine politischen Lorbeeren erwerben konnte. Der Freiherr vom
Stein, der in ihm einen Bewunderer hatte, wollte ihm die Ge-
heimverhandlungen zwischen Preußen und Österreich nicht
übertragen, weil er, aus Gründen, die nicht bekannt sind, seiner
Verschwiegenheit nicht vertraute. Karl setzte sich aber immer,
wenn auch vergeblich, für ein anti-napoleonisches Bündnis ein.
Als 1809, nach der Schlacht bei Aspern, Depeschen von ihm, in
denen er seinen König zum Kriegseintritt aufforderte, Napoleon
in die Hände fielen, verlangte dieser seine Abberufung, die 1810
dann auch erfolgte. Im Mai 1811 kehrte er mit Frau und Sohn
nach Preußen zurück. In Madlitz wartete er auf seine Berufung
als Gesandter an den sächsischen Hof in Dresden. Bei einem
Berlin-Aufenthalt besuchte er Rahel, die jetzt in der Behrenstraße zu Hause war.

Rahel hatte am 19. Mai ihren vierzigsten Geburtstag gefeiert.
Einen Tag danach kam Karl und traf sie allein. Vielleicht wollte
er gefühlvolle Erinnerungen pflegen, vielleicht sich davon über-
zeugen, daß seine Jugendgefühle keiner Unwürdigen gegolten
hatten, vielleicht auch zeigen, daß er kein Kind mehr war. Er
kam ganz unbefangen, ohne ein schlechtes Gewissen zu haben,
sicher davon ermuntert, daß Rahel ihm kurz zuvor, einer Ne-
bensächlichkeit wegen, geschrieben hatte. Er war überzeugt
davon, daß sie sich freuen würde, ihn wiederzusehen. Doch auf
dem Sofa, auf dem er auch früher immer gesessen hatte, schlug

Als Karl Varnhagen von Ense, den diese Bleistiftzeichnung von Wilhelm Hensel darstellt, 1809 in Wien dem preußischen Gesandten Graf Finckenstein begegnete, war er schon seit zwei Jahren in die vierzehn Jahre ältere Rahel verliebt. Daß das sein Urteil beeinflußt hat, ist anzunehmen.

ihm ihre Abwehr entgegen, so daß er verwirrt wurde und nichts zu sagen wußte.

Er erfuhr nie, welchen Eindruck sein letzter Besuch auf sie gemacht hatte. Wir aber kennen Rahels Tagebücher, in denen sie diese Szene und die sie dabei bewegenden Gefühle beschrieb:

»Gestern Vormittag ... war Finckenstein bei mir. Er frug nach niemand. Auch nicht wie es mir geht. Er schien mir wie sonst, nur daß alle Anlagen und Meinungen in ihm ganz kompakt geworden sind; er ist auch darüber so gelassen und sanft und befriedigt als wäre er wirklich in den Tempel der Weisheit und des Glücks eingegangen. So fand ich auch sein Gesicht wie sonst, nur selten in Bewegung; und unter den Augen etwas Falten, die das Leben hinter sich läßt, aber wie durch vielen Zwang und Ermüdung, das Ganze gut in dieser Art. Er sagte mir mit einemmale: Ich wünschte sehr, daß Sie meine Frau sähen, wie sie Ihnen gefällt. Ich blieb sitzen, er blieb sitzen, die Sonne schien sanft. Ich darf mir also nichts Entsetzliches denken, was nicht eintrifft. Sonst, in meinem Unglück dacht ich mir solche Szenen aus und Taten von mir, die sie endigten! Gestern saß er auf dem Sofa still neben mir, ich neben ihm, als hätte er recht. Meine ganze Seele war so empört, so in Aufruhr, mein Herz so affiziert als vor zwölf Jahren; als wäre in der ganzen Zwischenzeit nichts anderes vorgefallen. Dein Mörder! Dachte ich und blieb sitzen. Tränen kamen mir in den Hals und zu den Augen, daß ich ihn ganz ruhig, ganz beruhigt über mich, sitzen sah. Wie eine ihm zugestandene Kreatur fühlte ich mich; er hat mich verzehren dürfen. Er mich! Gott soll es ihm verzeihen, er soll es sich verzeihen – dies Gelübde halt ich gewiß; rächen will ich mich auch nie! – Ich kann es ihm nicht verzeihen! – Wenn ich nicht ein ganz neues Herz kriege, mit diesem nie. Keine Krankheit, keine Offenbarung, keine Umschmelzung in mir vermag dies zu bewirken, das sehe ich. ... Ich kenne ihn ganz, den Finckenstein. ... Hier will ich aber zu Kenntnis derer, die es vielleicht zu Gesicht bekommen, etwas aufschreiben, was wahr ist, wenn es auch nicht begreiflich scheint, mir war es selber unerwartet. Finck war meinem Sinne ganz entschwunden; ich klagte ihn bloß an, wenn ich den Gang meines Lebens durchdachte; achtete ihn wenig, als einen beschränkten, unfesten Mann, der wie solche auch störrisch sein kann; würdigte ganz das, was er Gutes und Liebliches hat; dachte aber schon seit langer Zeit – in der letzten mehr – in großen Pausen gar nicht an ihn. Und nun, da ich ihn sah und besah: fühlt ich, wußt ich, daß ich ihm treu geblieben war, so wie er ist, trotz meiner Kenntnis von ihm. Ich würde ihm treu geblieben sein, hätte er es gewollt, hätte er es erlaubt. Hätte er gestern durch einen Zauberring alles, was in den zwölf Jahren vorgefallen ist, ungeschehen machen können, so hätte er sich mein ganzes Leben wieder anlocken können, wenn er gewollt hätte! Diese Laster nun von mir (– wie soll ich es nennen, wie ansehen? – ich tadle mich nicht: ich kenne mein Herz ganz: es ist gierig, es muß lieben, und es ist treu, denn es ist stark und ganz) – wird Tugend genannt bei Damen, bei solchen Frauen, denen es gut geht. ... Er war doch ganz boutonniert [zugeknöpft] gegen mich; nämlich ganz freundlich, aber nicht wie ein Freund. Er wagte keine Frage, nach nichts und nach niemandem. Also unschuldig ist er nicht. Unser Gespräch bestand in Fragen von mir: ich frug ihn nach der ganzen Welt und nach allem. Nach seinem Wohlsein hatte ich nicht nötig zu fragen; denn er sagte mir: In Wien war ich außerordentlich glücklich! Im Ganzen genommen betrug er sich, nur modifiziert, akkurat ...

Einige Stunden später: Ich habe keine Grazie; und nicht einmal die, einzusehen, woran das liegt: außerdem daß ich nicht hübsch bin, habe ich auch keine innere Grazie ... Doch ist es ausgemacht, daß ich eklig bin. Ich sagte auch vor langen Jahren zu Jettchen Mendelssohn, die überaus frappiert davon war: Ich bin unansehnlicher als häßlich. So bin ich in allem. So wie manchmal Menschen keinen hübschen Zug im Gesichte, keine zu lobenden Proportionen am Körper haben und doch einen gefälligen Eindruck machen, recht tadelnswürdige Gemütseigenschaften haben und doch angenehm sind, so ist es bei mir umgekehrt: ich könnte für die Untersuchung ganz hübsche Teile haben, die ich nicht habe, und wäre doch nicht lieblich. Ich bin nicht so unglücklich als man denken sollte, wenn ich mir dies recht überlege; im Gegenteil, dieses Denken macht mich sehr ruhig. Und ich vergöttere doch gewiß Schönheit, bete sie an. Kenne ihre ganze Macht, ihr ganzes Glück, was sie gibt und mit sich führt. Ich habe mirs ein wenig überlegt: Die Mißgeschicke, die unmittelbar vom Himmel kommen, ertrage ich immer mit ganzer Seele, ruhig. Wo aber Unbill von Menschen ausgeführt mich befährdet, da ist meine Seele nicht zusammen, und dies kann ich gar nicht ertragen ...«

Wenige Wochen später erkrankte Karl in Madlitz, wo er noch immer untätig auf seine Berufung nach Dresden wartete, an Typhus, den man damals Nervenfieber nannte. Medizinische Bücher der Zeit beschrieben seine Symptome so: Kopfschmerz und Mattigkeit kündigen die Krankheit an, Schüttelfrost und folgende Hitze leiten sie ein. Das Fieber steigt sofort über vierzig Grad, die Schleimhäute entzünden sich, Zähne, Zunge und Gaumen zeigen weißen Belag, und ein harter Husten beginnt den Kranken zu quälen. Am dritten Tag wird der Körper von roten Flecken bedeckt, die durch Fingerdruck verschwinden, sofort aber wieder da sind, wird der Finger entfernt. Apathie wechselt mit Delirien und Bewußtlosigkeit; Darmgase treiben dem Kranken die Bauchdecke auf, unkontrollierbarer Durchfall erschwert seine Pflege. Am siebenten Tag fällt das Fieber ein wenig ab, um in der zweiten Woche, an deren Ende die Krisis liegt, noch höher zu steigen. Nun wird die Bewußtseinseintrübung so stark, daß der Genesene sich dieser Tage später nicht mehr entsinnt. Der stinkende Atem des Kranken wird flach und schnell, das Herz schlägt nur schwach, und die Hautflecken wechseln die Farbe von hochrot zu blau. Die meisten Todesfälle kommen Anfang der dritten Woche vor; wer aber überlebt (etwa fünfundsiebzig Prozent), beginnt, wenn auch sehr langsam nur, jetzt zu genesen.

Wie diese Krankheit, die nach Tuberkulose und Lungenent-
zündungen zu den häufigsten Todesursachen gehörte, entstand,
wußte man zu dieser Zeit nicht; man vermutete, durch Luft-,
Wasser- oder Bodenvergiftung. Medikamente, die ihre Heilung
beförderten, waren unbekannt; man konnte nur die Symptome
bekämpfen. Auch der beste Arzt, der zur Verfügung stand, Karl
August Berends, Kreisphysikus für Lebus und Professor an der
Frankfurter Universität, ein Pommer aus Anklam, der später
nach Breslau und Berlin berufen wurde, konnte Karl wahrscheinlich auch nicht mehr als Chinarinde zur Fiebersenkung
und Alaun zur Durchfallbekämpfung verordnen. Aber retten
konnte auch er ihn nicht. Ende August 1811 starb er. Den
Typhuserreger fand Robert Koch erst siebzig Jahre später.

Rahel, die sich in diesen Sommerwochen in Teplitz aufhielt,
erfuhr von Karls Tod erst im Herbst. Am 1. November schrieb
sie in einem Brief an Campan, den sie auch Alexander von der
Marwitz mitteilte: »Der Graf Finckenstein ist tot, der erste, der
gewollt hat, daß ich ihn liebe, der mich verführt hat durch seine
Liebe; er hat mich getäuscht. Ich habe ihn vor meiner Abreise in
diesem Sommer noch bei mir gesehen, kalt wie ein Frosch, verwirrt wie ein ertappter Betrüger. Er war verheiratet mit der
Schwägerin des Sängers Brizzi, er hat ein Kind, er wünschte, daß
ich seine Frau sähe, und lobte sie auf alberne und törichte Weise.
Nun gut! Nun ist er ausgestrichen von diesem Erdball, ver-
scharrt, mitsamt seinem falschen Ehrgeiz, seiner Treulosigkeit,
seinen Lügen, Gemeinheiten und Anmaßungen. Ich habe ihm
verziehen im vergangenen Jahr, während meiner schweren
Krankheit, ihm und all denen, die mir das Herz zermalmt haben.
In der katholischen Kirche in Dresden, als alle auf die Knie fielen
und mein Herz Gott zuflog, habe ich für ihn gebetet; denn ich
glaube, daß die Gewissensbisse die brennendsten Übel sind, und
ich hatte keine. Aber ich verachte ihn, diesen Finckenstein, tot
oder lebendig, denn ich kann ihn nicht anders sehen als er sich
gezeigt hat. Gott hat mein Herz rebellisch und sanft gemacht,
ich habe es niemals ändern können.«

163

Ein Jahr später träumte Rahel von ihm: Er war der König, sie sollte geopfert werden, er zögerte mit der Entscheidung, aber da das Volk ihren Tod forderte, sagte er am Ende ja. »Ja, sagte er. Man ergriff mich, stürzte mich über den Wall, von Stein fiel ich zu Stein, und als ich nach der letzten Tiefe kommen sollte, erwachte ich – und wußte in tiefster Seele wohl wie Finckenstein gegen mich war.«

Begraben wurde Karl auf dem Madlitzer Familienfriedhof, wo inzwischen schon drei seiner Geschwister und seine Mutter lagen. Sein Grabstein war bis zur Zerstörung des Friedhofs zu DDR-Zeiten noch vorhanden. Er trug folgende Inschrift:

Carl
Friedrich Albrecht
Graf Finck
von Finckenstein
Königlicher Gesandter in
Wien
Geboren den 17ten Decembr. 1772
Gest. den 29. August 1811

Henriette

In Tiecks Erzählung »Musikalische Leiden und Freuden«, die
1822 in Dresden geschrieben wurde, berichtet jemand, daß er vor
mehreren Jahren das Glück gehabt habe, »in eine edle Familie
eingeführt zu werden, deren Mitglieder, vorzüglich die weibli-
chen, auf eine entzückende Art die Musik ausübten. Die älteste
Tochter sang einen Sopran, so voll und lieblich, so himmlisch
klar ... Hier vernahm ich nun neben manchem Weltlichen vorzüglich die großen und ewigen Gedichte des erhabenen Palestrina, die herrlichen Kompositionen eines Leo und Durante, die
Zaubermelodien des Pergolese. ... So rein, so ungeziert, im großen einfachen Stil, ohne alle Manier vorgetragen, wird man
schwerlich je wieder die Meisterwerke hören. Diese glückliche
Zeit versetzte meinen Geist in eine so erhöhte Stimmung, daß sie
eine Epoche in meinem Leben macht. Nur in wenigen schwachen Gedichten habe ich versucht, meine Dankbarkeit auszu-
sprechen.«

Der Zauber, den dieser Gesang auszuüben vermochte, ist von
verschiedenen Seiten mehrfach bezeugt worden, so von Clemens Brentano, der seinem Schwager Savigny im März 1805
brieflich von einem dreiwöchigen Besuch bei Burgsdorff und
Tieck in Ziebingen berichtete und dabei die »göttlichen Kirchenmusikfräulein« besonders hervorhob. »Seit dem Gesang
dieser Mädchen, die alle wahrhaft ausgezeichnete adlige schöne
ernste heilige Gemüter haben, kann ich die andre Musik nur für
ein trauriges Gewelsch halten.«

Schon einige Jahre vorher, 1798, hatte der junge Schleiermacher mit dem Schwärmen der Romantiker für die Madlitzer Töchter und ihre »göttliche Musik« begonnen. Nachdem er den »schönen englischen Garten« und den »freundlichen Umgang der Familie« gerühmt hat, schrieb er an seine Schwester Charlotte: »Zwei von den Gräfinnen singen den Diskant und die dritte den Alt, der eine Bruder den Tenor und der andere den Baß, und so können sie also, da sie auch sämtlich gut Klavier spielen, die schönsten Sachen ganz vollständig aufführen. Sie haben mir nicht nur viele alte, sehr sublime italienische Kirchenmusik zum Besten gegeben, sondern mir stückweise die ganze Glucksche ›Alceste‹ vorgesungen und an meinem Sinn für das, was ihnen das liebste ist, große Freude gehabt. Ich habe ihnen versprochen, im Sommer wiederzukommen, und nun die Akazien blühen, deren sie in ihrem Garten so viele haben, tut es mir sehr leid, daß ich mein Wort nicht halten kann. Die große Entfernung aller adligen Grillen, das griechische Studium des Vaters, die natürliche Freundlichkeit der Mädchen, das interessante Gemüt der zweiten und die himmlische Kunst haben mir diese Famlie sehr wert gemacht.«

Auch der schon zitierte Feldgeistliche Karl August Köhler, der mit seiner Truppe im August 1813 in Madlitz Quartier beziehen mußte, war von den Töchtern des Grafen, die er als »feingebildet, sehr unterrichtet«, aber auch als fröhlich und gutmütig bezeichnet, beeindruckt; er nennt ihren Gesang »schön und herrlich« und betont an ihnen die Abwesenheit aller Künstelei und Ziererei.

Eine späte Huldigung der singenden Schwestern ist noch 1833 in Tiecks Erzählung »Eine Sommerreise« zu lesen, wo der Erzähler nach einer langen Fahrt durch »das traurige Land« Brandenburg an der Oderfähre zwischen Frankfurt und Crossen einem jungen Mann begegnet, der begeistert, seltsamerweise mit voller Namensnennung, von seinem Aufenthalt in Ziebingen und Madlitz berichtet, den Präsidenten als einen »wackern und

höchst rechtlichen sowie unerschrockenen Mann« bezeichnet,
um dann fortzufahren: »Wer in dieser Familie eine Weile gelebt
hat, der kann sich rühmen, die echte Humanität und Urbanität,
das Leben in seiner schönsten Erscheinung kennengelernt zu
haben. Die Mutter, eine würdige Matrone, ist die Freundlichkeit
selbst. In ihrer Nähe muß jedem wohl werden, der ein echter
Mensch ist. Begeisternd, aber freilich weniger sicher, ist die Gesellschaft der drei schönen und edlen Töchter. Die zweite ernst,
die dritte mutwillig und froh und die älteste graziös und lieblich,
erscheinen sie, im Gesang vereinigt, wie das Chor der Himmli-
schen. Vorzüglich die Stimme der älteren Schwester ist der reinste, vollste und auch höchste Sopran, den ich jemals vernommen
habe. Wäre sie nicht als Gräfin geboren, so würde sie den
Namen auch der berühmtesten Sängerinnen verdunkeln. Hört
man diese Henriette die großen leidenschaftlichen Arien unseres
musikalischen Sophokles, des einzigen Gluck, vortragen, so hat
man das Höchste erlebt und genossen. Oft verherrlicht noch ein
großer Musikkenner, der Minister Voß, die Gesellschaft, und
durch seine Vermittlung und aus der Sammlung dieses vortrefflichen Mannes haben die Töchter große Sachen von Jomelli, ältere von Durante, Leo, Lotti und Allegri, einige höchst seltene
vom alten Palestrina und dessen Zeitgenossen erhalten, und
diese erhabenen Kirchengesänge werden in dieser Familie so
vorgetragen, wie man es vielleicht kaum in Rom so rein und
großartig vernimmt.«

Im »Phantasus«, der in Ziebingen geschrieben wurde, erscheinen die Schwestern unter den Namen Clara, Emilie, Augu-
ste und Rosalie; und als einer der männlichen Mitglieder der Gesellschaft die Befürchtung äußert, daß »das Ende vom Liede ist,
daß wir uns hier alle verlieben«, antwortet ihm ein anderer:
»Und warum nicht? Ich sehe wenigstens kein Unglück darin. Im
Gegentheil finde ich es natürlich und schicklich, daß in jeder ge-
mischten Gesellschaft, in welcher sich junge Männer und anmuthige Frauen und reizende Mädchen befinden, kleine Ro-

Eine Besonderheit in dem von Hans Christian Genelli um 1800 gebauten Schloß Ziebingen war der runde Saal mit doppelter ionischer Säulenstellung, in dem die Finckenstein-Töchter gern sangen und Ludwig Tieck seine berühmten, von manchen allerdings ihrer Länge wegen auch gefürchteten, Vorlesungen hielt.

mane gespielt werden; dies eben erweckt den Witz und schafft
den feinern Geist der Unterhaltung ... dadurch können verlebte
Tage von solchem poetischen Glanz bestrahlt werden, daß wir
das ganze Leben hindurch mit Freuden an sie denken.«

Und wenn am Abend des ersten Erzähltages, also am Ende
des ersten Bandes, die Männer noch im Garten verweilen, während die Frauen in ihre Schlafgemächer hinauf gehen, und nun
von dort aus noch »Singstücke von Palestrina lieblich« durch die
Bäume und Büsche tönen, muß Ernst alias Tieck auch noch einige der »wenigen schwachen Gedichte« vortragen, in denen der
Erzähler aus den »Musikalischen Leiden und Freuden« seine
Dankbarkeit auszudrücken versuchte. Es sind Sonette zum
Lobe der Musik, die aber auch Gottes- und Henrietten-Lob
sind.

»Die Musik spricht:
Im Anfang war das Wort. Die ewgen Tiefen
Entzündeten sich brünstig im Verlangen,
Die Liebe nahm das Wort in Lust gefangen,
Aufschlugen hell die Augen, welche schliefen,
Sehnsüchtge Angst, das Freudezittern, riefen
Die seelgen Thränen auf die heilgen Wangen,
Daß alle Kräfte wollustreich erklangen,
Begierig, in sich selbst sich zu vertiefen.

Da brachen sich die Leiden an den Freuden,
Die Wonne suchte sich im stillen Innern,
Das Wort empfand die Engel, welche schufen;
Sie gingen aus, entzückend war ihr Scheiden.
Auf, Gottes Bildniß, deß dich zu erinnern
Vernimm, wie meine heilgen Töne rufen.«

Diese »wenigen schwachen Gedichte« über Musik, die in den
ersten Ziebinger Jahren entstanden und wohl zu Tiecks besten

zählen, geben in versteckter Form Auskunft über die große
Liebe seines Lebens, die nicht Amalie Alberti hieß, die er hei-
ratete, sondern Gräfin Henriette, die älteste der Finckenstein-
Töchter, die er vor allem meint, wenn er die Schwestern preist.
Bei der Herausgabe seiner gesammelten Lyrik in drei Bänden,
1821-1823, stellte er die Musik-Gedichte an den Anfang des zwei-
ten Bandes und schickte ihnen ein »Weihung« überschriebenes
Sonett voraus, dessen erste Strophe lautet:

>»Dies soll den Schwestern meine Grüsse schicken,
>Die in Gesang des Herzens Blum entbunden,
>Die mir in Nacht schon war hinweggeschwunden,
>Nun fühl ich wiederum ihr goldnes Blicken.«

Es sind Gedichte über Kirchengesänge, in denen die Töne zu
Gebeten werden, die Gott, seine Schöpfung oder auch Maria
preisen und die doch auch immer Lobgedichte auf die Sängerin
sind. Sie heißt hier, wie später im »Phantasus«, Clara, aus ihrem
»Zaubermund« fließen die goldenen Töne, die Tieferes sagen
können als Worte, denn »Liebe denkt in süßen Tönen«. Auch
der Garten mit seinen grünen Gängen muß klagen, wenn die
»Gesangs-Göttinnen, die den Hain bewohnen«, in der Ferne
weilen. Und wenn die Musik Engelsgestalt annimmt, um die
Sterblichen die ewige Gottesliebe zu lehren, schlägt doch der
Jubel des irdisch Liebenden durch:

>»Ich bin ein Engel, Menschenkind, das wisse,
>Mein Flügelpaar klingt in dem Morgenlichte,
>Den grünen Wald erfreut mein Angesichte,
>Das Nachtigallen-Chor giebt seine Grüsse.
>
>Wem ich der Sterblichen die Lippe küsse,
>Dem tönt die Welt ein göttliches Gedichte,
>Wald, Wasser, Feld und Luft spricht ihm Geschichte,
>Im Herzen rinnen Paradieses-Flüsse.

Die ewge Liebe, welche nie vergangen,
Erscheint ihm im Triumph auf allen Wogen,
Er nimmt den Tönen ihre dunkle Hülle,

Da regt sich, schlägt in Jubel auf die Stille,
Zur spiel'nden Glorie wird der Himmelsbogen,
Der Trunkne hört, was alle Engel sangen.«

Abgesehen von den erwähnten Äußerungen des verliebten
Dichters über Henriettes Grazie und ihre Sangeskünste wissen
wir wenig über diese Beziehung, da die Tochter Agnes, die als
einzige der Familie den Dichter überlebte, alles auf die Gräfin
Bezogene vernichtet hat. Bedenkt man, wie man um 1850 über
ein so unkonventionelles Leben, wie Henriette und Tieck es
führten, dachte, ist das verständlich, aber bedauerlich ist es
doch. Durch Zufall blieb nur ein Brief Tiecks aus Ziebingen an
Henriette in Madlitz vom 6. November 1806 erhalten, der zwar,
so lang er auch ist, nur von der Stärke und Dauerhaftigkeit seiner Liebe handelt, aber doch durch Details Hinweise auf einige
Realitäten dieser Beziehung gibt. Da wird erstens deutlich, daß
die Liebe schon bald nach dem Einzug Tiecks in Ziebingen, also
drei Jahre zuvor, begonnen hatte, daß, zweitens, das Verhältnis
vor den Eltern Henriettes noch geheimgehalten wurde und daß,
drittens, für Tieck sehr bezeichnend, nicht eine Silbe davon ver-
lautet, daß drei Wochen zuvor mit der Schlacht bei Jena und Auerstedt der Untergang Preußens begonnen hatte, eine Woche
zuvor Napoleon in Berlin eingezogen war und die Mark seit einigen Tagen unter 130 000 Mann französischer Besatzung litt.
Diese Abstinenz von allem Politischen läßt sich bei Tieck gene-
rell feststellen, nicht nur im Briefverkehr. Auch der »Phantasus«,
dessen Entstehung sich von Preußens finsterster Zeit bis in die
Reformphase erstreckte, ist von Zeitgeschichte ganz frei.

Daß den Berliner Handwerkersohn aus der Roßstraße nicht
nur die Schönheit, die Jugend und die außergewöhnliche Sing-

stimme zu Henriette hinzogen, sondern auch alles das, was das Adlige an ihr ausmachte, ist anzunehmen. Wenn er im »Phantasus« mit viel Ernst und Würde die Kunst des Gesprächs im müßigen Landhausleben der Aristokraten ausbreitet, zeigt er nicht nur, was er im Umgang mit den Grafen gelernt hatte, sondern auch, wie sehr er von dieser Art Leben eingenommen war. Wichtig für den Autor, kaum aber für den leicht gelangweilten Leser war wohl am »Phantasus«, daß der Schreiber all dieser hier in drei Bänden zusammengefaßten Jugendwerke wie selbstverständlich zu diesen Kreisen gehörte – was in der Realität, trotz allen Entgegenkommens des Präsidenten, zwar nicht stimmte, als Traum aber, so kann man vermuten, Bestandteil seiner Liebe zur Gräfin war.

Im Gegensatz zu fast allen anderen Frauen der romantischen Bewegung, deren Persönlichkeit die Nachwelt immer wieder beschäftigen konnte, weil sie in Romanen oder Gedichten dargestellt worden waren, weil sie eigne Werke verfaßt oder Briefe hinterlassen hatten, sind von der Gräfin Henriette und von Tiecks Frau Amalie durch die Nachlaßvernichtung der Tochter Agnes keine deutlichen Vorstellungen auf uns gekommen. So bleiben sie für uns blasse Gestalten; das aber waren sie nicht.

Auch Amalie Alberti, die Tieck durch den Kapellmeister Reichardt kennengelernt hatte, kam aus Kreisen, die dem jungen Schriftsteller imponierten und zu denen er gehören wollte. Ihr Vater, ein Pastor in Hamburg, war Freund Klopstocks und Mitstreiter Lessings in der Auseinandersetzung mit dem Hauptpastor Goeze gewesen. Eine ihrer Schwestern hatte Reichardt, eine andere den Maler und Kunstwissenschaftler Christian Waagen geheiratet, und eine dritte, Maria Alberti, zeichnete sich selbst als Malerin aus. Amalie war also nicht fremd in Künstler- und Intellektuellenkreisen, aber sie war wohl stiller und weniger auf ihre Geltung bedacht als Caroline und Dorothea, die Frauen der Schlegels, oder auch Tiecks Schwester Sophie. Wenn die Jenaer Klatschmäuler über sie zu berichten wußten, daß sie dazu neigte, bei den Vorlesungen ihres Mannes in Schlaf zu sinken, so sollte man dabei auch bedenken, daß die Frau die vorgelesenen Werke des Mannes möglicherweise schon kannte und daß der leidenschaftliche Vorleser bei seinen stundenlang dauernden Darbietungen auf die schwindenden Kräfte der Zuhörer keinerlei Rücksicht nahm. Daß Amalie ohne ihren Mann zum Katholizismus konvertierte und die katholische Erziehung ihrer Töchter durchsetzte, kann man als Zeichen ihrer Selbständigkeit betrachten und ihre kurze Liebesbeziehung zu Burgsdorff möglicherweise auch. Vielleicht war die Ehe zu Beginn der Ziebinger Zeit schon zerrüttet. Vielleicht kam die Krise erst durch das Auftreten Henriettes, und Amalies Verhältnis zu Burgsdorff war eine Folge davon. Wir wissen nicht, wie sich Amalie zu der anderen Frau stellte, wie Henriette sich als die Dritte im Bunde fühlte, wie sich die Töchter zu der Rivalin der Mutter verhielten – und schon gar nicht sind wir davon unterrichtet, was in der Finckensteinschen Familie passierte, als klar wurde, daß Henriette zu ihrem nicht nur bürgerlichen, sondern auch verheirateten Dichter hielt. 1806 glaubten die beiden wohl noch, ihr Verhältnis geheimhalten zu können, 1813 hatte sich die Lage geändert; denn als Tieck, wie viele Berliner der höheren Kreise, sich vor den Kriegsereignissen nach Prag in Sicherheit brachte, war Henriette schon öffentlich seine Begleiterin. Er sorgte dafür, daß sie dort Rahels Bekanntschaft machte, die aber, in der Erinnerung an Karls Schwärmereien von seinen Schwestern, ihr gegenüber voller Vorurteil war. Von Rahel hören wir auch zum letztenmal etwas über Henriettes berühmten Sopran, nämlich den Satz: »Sie hat sich liebenswürdig erboten, mir mit ihrer kassierten alten Stimme etwas zu singen.« Henriette war zu dieser Zeit neununddreißig Jahre alt.

Drei Jahre später lernte der junge Leopold von Gerlach sie kennen und sah in ihr das »Ideal eines unverheirateten Frauenzimmers, anständig und sittig, geziemend und klar in allem, was sie sagt und tut.«

Franz Riepenhausen: Bildnis Ludwig Tieck. Diese Bleistiftzeichnung entstand 1805 in Rom, wohin Tieck von Ziebingen aus mit seinem Bruder Friedrich und den Brüdern Riepenhausen zusammen gereist war, um dort wieder einige Monate lang mit seiner Schwester Sophie zusammen zu sein. In dieser Zeit wurde vermutlich seine Tochter Agnes von Burgsdorff gezeugt.

Da sich auch die beiden nächsten Töchter, Caroline und Barnime, in Bürgerliche verliebten, Karl und seine Mutter starben und Besatzungs- und Kriegszeiten Unbilden und Verluste über Madlitz und Ziebingen brachten, kann wohl von einer Idylle, wie sie Tieck im »Phantasus« malte, in der Realität keine Rede gewesen sein. Schlecht war anscheinend Tiecks Verhältnis zu den jüngeren Söhnen, die nach Karls Tod Erbanwärter geworden waren, während der Präsident, dem der Dichter die Nibelungen und die Minnesänger, Shakespeare und Cervantes nahegebracht hatte, offensichtlich nach wie vor große Stücke von seinem Dauergast hielt. Über seine Älteste und ihren ungewöhnlichen Liebhaber scheint er seine schützende Hand gehalten zu haben. Daß sofort nach dem Tode des Präsidenten, 1818, Tieck, seine zwei Töchter und seine zwei Frauen Zieblingen verließen, um nach Dresden überzusiedeln, spricht sehr dafür.

Daß auch die Schwierigkeiten mit der Finckensteinschen Familie Grund für Tiecks häufige Reisen waren, die ihn teilweise jahrelang aus Ziebingen und von seiner Familie entfernten, ist anzunehmen. Doch gab es dafür auch andere Gründe. Neben dem, die Welt kennenzulernen und die Verbindung mit den Freunden nicht abreißen zu lassen, auch eine dritte Frau, die für ihn lebenslang eine Rolle spielte, nämlich seine Schwester Sophie. In Ziebingen ist diese unglückliche Frau nie gewesen, da sie Amalie, die ihr den Bruder weggenommen hatte, mit Haß verfolgte. Aber in ihrem Bemühen, ihn wieder an sich zu fesseln, ließ sie nie nach.

Sie war mit Ludwig zusammen in die Unsicherheit einer Künstlerexistenz aufgebrochen, ohne dieser bildungsmäßig gewachsen zu sein. Zwar hatte sie an Wissen und Umgangsformen von den Brüdern und deren Freunden ein wenig mitbekommen, doch genügte das nicht, um sie gleichrangig zu machen; und da ihre äußeren Reize nicht groß genug waren, um den inneren Mangel kompensieren zu können, mußte sie sich stets unterlegen und zurückgesetzt fühlen, was ihrem Charakter nicht gut bekam. Das Bewußtsein, ihren Ehrgeiz nicht aus eigenen Kräften befriedigen zu können, trieb sie dazu, sich die Gefühle, die andere für sie hatten, nutzbar zu machen. Wenn ihr Liebe und Freundschaft versagt blieben, spekulierte sie auf das Mitleid und setzte so auch ihre Krankheiten als Erfolgsmittel ein. Die schöne Souveränität anderer Frauen der Romantik, die stets aus gebildeten Kreisen stammten, fehlte ihr verständlicherweise. In allen ihren Briefen an die Brüder und an andere Männer wird geklagt, gebettelt oder gefordert. Immer fühlte sie sich bedroht, unglücklich, elend. Immer lebte sie mit Geldmangel und Schulden, immer in der Angst, von den Männern allein gelassen und in die Verhältnisse, aus denen sie kam, zurückgestoßen zu werden, und immer war sie vom Willen zum Aufstieg beseelt. Zu der Zeit, als ihr Bruder vor der Armut in Ziebingen Zuflucht suchte, begannen ihre Reisen durch halb Europa, die zugleich Fluchten und Glücksjagden waren. Doch obwohl die Seilerstochter als Gutsherrin endete, war es eine erfolglose Jagd.

Der erste Mann, an den sie sich klammerte, war ihr Bruder Ludwig. Sie nahm teil an seinen literarischen Anfängen, versuchte sich selbst im Schreiben, wohnte nach seinen Universitätsjahren in Berlin mit ihm zusammen, verfolgte mit Eifersucht jeden seiner selbständigen Schritte und heiratete 1799, von ihm beraten, seinen ehemaligen Gymnasiallehrer Bernhardi – den sie zwei bis drei Jahre später erst mit August Wilhelm Schlegel, dann mit dem estländischen Baron von Knorring betrog. Ihr aufsehenerregender Scheidungsprozeß, an dem viele Mitglieder der Berliner Romantik als Zeugen beteiligt waren, machte sie berühmter als ihre wenigen schwachen Werke. Mit ihren zwei Söhnen, die man bei der Scheidung Bernhardi zugesprochen hatte, floh sie 1804 aus Preußen nach Sachsen, nach Bayern, nach Österreich und Italien und verstand es dabei nicht nur, mit fremdem Geld auf großem Fuße zu leben, sondern auch den geliebten Bruder Ludwig wieder an sich zu ziehen.

Vielleicht froh darüber, den Madlitz-Ziebinger Verwicklun-

176

gen entkommen zu können, vielleicht auch stärker, als es ihm lieb war, noch immer an die Schwester gebunden, fuhr er ihr nach, traf sie in Wien und Dresden, lebte in München und Rom lange mit ihr zusammen, wobei sich die Liebe immer wieder in Haß verkehrte. Es verwundert nicht, daß in seinen frühen Werken das Inzest-Motiv eine Rolle spielte, erst relativ harmlos im »Peter Lebrecht«, dann tragisch-unheimlich im »Blonden Eckbert«. Erst als Sophie Bernhardi endlich zu einer Baronin von Knorring wurde und, während Napoleons Truppen an die russische Grenze marschierten, unter Schwierigkeiten nach Estland reiste, wo sie sich ein Jahrzehnt hindurch in Sehnsucht nach ihrer gewohnten Umgebung verzehrte, konnte Tieck sich endgültig von dem Einfluß der Schwester befreien.

Auf Pump zu reisen und dabei in großem Stile zu leben war ihm allerdings auch ohne sie möglich. Als Schnorrer war er verschrien bei allen Verlegern, Bekannten und Freunden, so daß August Wilhelm Schlegel auf ihn die Verse gedichtet hatte:

»Wie ein blinder Passagier
Fahr ich auf des Lebens Posten.
Einer Freundschaft ohne Kosten
Rühmt sich keiner je mit mir.«

Caroline Schlegel-Schelling nannte ihn deshalb »einen anmuthigen und würdigen Lump«; und Savigny, auf dessen Bürgschaft hin er 1000 Gulden geliehen hatte, erwog nach langem geduldigen Warten gegen ihn eine Strafanzeige, weshalb er 1809 Achim von Arnim bat, seine Vermögensverhältnisse zu erkunden. Dabei stellte es sich heraus, daß Tiecks Vermögen gleich Null war, daß er aber beim Verleger Reimer 500, beim Verleger Zimmer 300 und beim Verleger Dieterich 400 »Reichsthaler« Schulden hatte und daß »sein einziger Beschützer Burgsdorff jetzt wahrhaftig keine solche Summe entbehren kann, wenn er gleich fortwährend sehr gutmüthig seine Frau und Kinder ernährt«.

Da Tieck auch im Alter, als Friedrich Wilhelm IV. ihn nach Berlin berufen und mit einer reichlichen Pension versehen hatte, mit seinem Geld nicht zurechtkam, ist es verständlich, daß in der Berliner Gesellschaft der Klatsch über ihn, seine Frauen und seine Schulden blühte. Varnhagen konnte darüber berichten, und noch Fontane bekam, als er das nie ausgeführte Madlitz-Kapitel konzipierte, Frivoles über Tiecks Ziebinger Zeit zu erfahren. Einer von Sophies Söhnen, also Tiecks Neffe, wußte aus der Zeit, in der des Dichters Verhältnis zur Grafentochter noch geheimgehalten wurde, vom Verlust eines Diamantkreuzes Henriettes zu berichten, das später in Tiecks Bett gefunden worden war.

Ohne Tiecks ausdauernde Liebe zur Gräfin, die als seine ständige Begleiterin von allen geachtet wurde, in Frage stellen zu wollen, muß auch erwähnt werden, daß Henriette nach dem Tod ihres Vaters aus der Erbschaftsauseinandersetzung der Kinder ein Vermögen von 25 000 Reichsthalern erhalten hatte, das dann zur Aufrechterhaltung von Tiecks aufwendigem Leben der Dresdner Jahre verwendet wurde. Auf diese besondere Weise setzte sich also das Mäzenatentum der Finckensteins noch über die Ziebinger Zeit hinaus jahrelang fort.

Henriette starb fünfundsiebzigjährig im Jahre 1847, sechs Jahre vor ihrem Lebensgefährten, und wurde auf dem Madlitzer Friedhof begraben. Ihre vier Jahre jüngere Schwester Caroline lag seit fünfzehn Jahren schon dort.

Caroline

Im Jahre 1818 erschien in Berlin ein Buch mit dem Titel: »Das Theater zu Athen hinsichtlich auf Architectur, Scenerie und Darstellungs-Kunst überhaupt erläutert durch Hans Christian Genelli«. Es war mit vier Kupferstichen geschmückt und trug folgende Widmung: »Dem Hochgeborenen Herrn Friedrich Ludwig Carl Reichs-Graf Finck von Finckenstein, Erb- und Gerichtsherrn auf Madlitz, Wilmersdorf, Ziebingen, weiland Königl. Preuß. Regierungs-Präsident, der Natur und Kunst mit gleicher Liebe pfleget, meinem hochverehrten Gönner.«

Verfasser dieses Buches, das die Wechselbeziehungen zwischen dem Drama und der Architektur der Antike in scharfsinniger Weise untersuchte und das von allen Kennern des Altertums sehr gelobt wurde, war einer der geistvollsten und originellsten Männer der Berliner Romantik, der aber in künstlerischer Hinsicht nichts Romantisches hatte, sondern zu den Vertretern des Klassizismus gezählt werden muß. Er hieß Hans (eigentlich: Johannes) Christian Genelli und kam aus einer italienischen Künstlerfamilie, die noch nicht lange in Preußen ansässig war. Sein Vater war ein Kunstperlen- und Seidensticker, der erst in Kopenhagen und in Maria Theresias Wien gearbeitet hatte und 1774 von König Friedrich nach Berlin geholt worden war. Als er 1786 zum Ehrenmitglied der Königlich-Preußischen Akademie der Künste ernannt wurde, waren seine drei Söhne schon angehende Künstler: Janus wurde ein Landschaftsmaler, Friedrich ein Kupferstecher und Hans Christian ein Architekt.

179

Als die Familie, zu der neben den Söhnen noch zwei Töchter gehörten, nach Berlin übersiedelte und in der Neuen Münzstraße der Königsvorstadt, der späteren Alexanderplatzgegend, eine Wohnung bezog, war Hans Christian elf Jahre alt. Wie er später beklagte, erhielten die Söhne, die dem Vater viel bei seinen Arbeiten helfen mußten, nur eine mangelhafte Schulbildung, wurden dafür aber vom Vater in künstlerischer Hinsicht angeleitet, so daß sie später als Schüler in die Akademie eintreten konnten, von der für Janus und Hans Christian nach vierjähriger Ausbildung ein Stipendium erwirkt wurde, mit dem sie 1786 für drei Jahre nach Rom gehen konnten, wo Hans Christians Begeisterung für Kunst und Kultur der Antike begann.

Es waren die Jahre, in denen neben Goethe und den mit den Brüdern befreundeten Malern Carstens und Bury auch der gleichaltrige Schadow in Rom lebte, der später in seinem Tagebuch-Werk »Kunstwerke und Kunstansichten« nicht nur mißverständlich, sondern auch widersprüchlich über die Brüder schrieb. Da heißt es einmal, nachdem die Seidenstickkunst des Vaters gerühmt wurde, kurz und bündig über die Söhne: »Durch Trägheit und böse Zunge verdarben beide ihre vortrefflichen Anlagen und sind vergessen.« An anderer Stelle aber wird der Architekt Genelli aufs höchste gelobt für die Entwürfe von Porzellangefäßen, die »zum Schönsten gehören, was in diesem Fache erdacht worden«. Dann wieder heißt es über die Brüder: »Ihr ungebundener Geist duldete keinen Meister; beide besaßen Genie, und so blieben ihre Erzeugnisse unreif und wurden beinah vergessen ... Beide waren wegen ihres Witzes und ihres scharfen Tadels aller hiesigen Kunstarbeiten den Künstlern ein Schrecken, anderen Leuten aber eine Unterhaltung.« Und schließlich meinte Schadow 1824, anläßlich des Todes des Architekten, er sei zu genial gewesen, um zum Beamten zu taugen, habe sich aber bei Entwürfen für Porzellane und bei privaten Landbauten durchaus bewährt. Über Genellis theoretische und historische Arbeiten, die ihm selbst wichtiger als die praktische Bautätigkeit waren, verlor der Praktiker Schadow kein Wort.

Rauchs Marmorbüste von Hans Christian Genelli, die in Schloß Ziebingen stand, hat etwas von der antiken Strenge, die nicht nur Genellis geplante und ausgeführte Bauten, sondern auch seine Entwürfe für Geschirre der Königlichen Porzellanmanufaktur auszeichnen. Da er sich in der zweiten Lebenshälfte vorwiegend mit wissenschaftlichen Studien über den Theaterbau der Antike beschäftigte, zog er sich mehr und mehr aus dem Kreis der Berliner Architekten zurück.

Genialität und Unabhängigkeitsstreben, Kritiklust und Witz wurden Genelli von allen Seiten bescheinigt, und insofern war er tatsächlich nicht zum Beamten geeignet; nach einer Staatsstellung, wie Schinkel sie später so erfolgreich bekleidete, hat er auch nie gestrebt. Die Stellung bei der Königlichen Porzellanmanufaktur, die ihm nach seiner Rückkehr aus Rom, 1789, angetragen wurde, hat er zwar nie ganz aufgegeben, sich aber, sobald es ging, aus der Manufakturarbeit zurückgezogen und nur gegen ein geringes Gehalt Entwürfe geliefert. Aber auch die praktische Bautätigkeit war anscheinend seine Sache nicht.

Zwar enthält sein in Leipzig liegender Nachlaß viele hervorragende architektonische Entwürfe für Land- und Gartenhäuser, Denkmäler und Türme, doch ist es, soviel man weiß, zu einer größeren Bauausführung nur einmal gekommen, und zwar vor 1800 in Ziebingen, wo er für Wilhelm von Burgsdorff das Gutshaus umbaute – das im Zweiten Weltkrieg beschädigt, im Nachkrieg restauriert wurde, dann aber abbrannte und heute nicht mehr steht. Es war, wie alle seine Entwürfe und sein noch heute im Madlitzer Park zu bewundernder kleiner Tempel, im strengen klassizistischen Stil gehalten, ein zweigeschossiger Bau mit Seitenflügeln, im Innern mit einem runden Kuppelsaal, dessen Durchgänge doppelte ionische Säulen zierten. Hier fanden dann später Ludwig Tiecks berühmte, von manchem auch gefürchtete Vorlesungen und wohl auch die Chorkonzerte der Madlitzer »Kirchenmusikfräulein« statt.

In seiner Berliner Zeit, das heißt in den neunziger Jahren, wohnte Genelli Hinter der Katholischen Kirche, also nahe der Oper und der sogenannten Kommode, wo die für ihn wichtige Königliche Bibliothek untergebracht war. In Rahels Salon, zu dessen ständigen Gästen er damals gehörte, galt er nicht nur als geistreich und witzig, sondern auch als besonders gelehrt. Es war eine Gelehrsamkeit, die ganz auf autodidaktischen Studien beruhte und Professoren gegenüber lebenslang eine übergroße Bescheidenheit zur Folge hatte, die sympathisch, aber der Sache nach nicht gerechtfertigt war. Er habe sich, so schrieb er einmal, die »wenigen Kenntnisse«, die er besitze, »wie ein Zigeuner oder Hausierer gleichsam auf der Landstraße verstohlenerweise aufraffen müssen«. Das sagte er noch im Alter, als er in Fachkreisen längst als guter Kenner der Altertumskunde galt.

Wie und wann Hans Christian Genelli mit dem Grafen Finckenstein, dem Präsidenten, bekannt wurde, ist aus der Literatur nicht ersichtlich. Vielleicht gaben die Übersetzungen der griechischen Dichter den Anlaß dazu, daß die beiden von der Antike begeisterten Männer zusammenfanden. Vielleicht kam die Bekanntschaft durch Wilhelm von Burgsdorff oder durch Karl, den Sohn des Präsidenten, zustande. Jedenfalls kommt Genelli schon ab 1796 in Karls Liebesbriefen an Rahel vor. Er erscheint dort als Freund und Vertrauter, der die Briefe der Liebenden befördert, bei Zwistigkeiten vermittelt, tröstet und Ratschläge erteilt. Wie selbstverständlich ist er im Sommer in Madlitz, im Kreis von Karls Familie. Karl gibt Gartengespräche mit ihm über allgemeine Probleme des Lebens wieder. Als Rahel 1797 versuchte, eine Entscheidung zu erzwingen, war er als Tröster zur Stelle. »Genelli ist bei mir gewesen«, schreibt Karl an Rahel. »Was ist dies für ein edler, großer Mensch, wie voll tiefer Empfindung, wie versteht er zu trösten, o, ich liebe ihn sehr, wie hat er mit mir geweint, wie ist mein Schmerz so ganz der seine. Ich weiß, er hat auch Trost für Dich.« Einmal versucht Karl, was er schlecht kann, den Menschen Genelli zu charakterisieren. Er schreibt an Rahel: »Ich gewinne ihn alle Tage lieber, er ist so ein heftiger Mensch voll Enthusiasmus für alles Schöne, voll Verstand und Kenntnissen; er hat viel gelebt, viel in Glück und Unglück, und er kennt die Menschen, aber er ist auch entsetzlich bitter, und er liebt die Hoffnung ebenso wenig wie Du. Und doch liebt er die Menschen, die recht in hohem Grade fähig des Glückes sind.«

Jahrzehnte später hat auch Varnhagen, der Genelli persönlich nicht gekannt hatte, nach Rahels Erzählungen und nach seinen

Briefen eine Beurteilung versucht. Er bescheinigte ihm einen »muntern Lebenssinn, außerordentliche Geistestätigkeit, wirksames Ergreifen von Menschen und Zuständen, eigentümliche, fast gewaltsame Liebenswürdigkeit ... Genial bis zum Dämonischen, übte er große Gewalt auf seine Umgebung, und auch begabte und sonst kräftige Geister mußten seine meist herbe Überlegenheit fühlen. Wo ihn kein Widerspruch reizte, war er von der weichsten Gutmütigkeit ... Unbarmherzig deckte er Eitelkeit und Leerheit und Schwächen aller Art auf. Sein Witz verwundete tief und behielt gewöhnlich das Feld.«

Seine scharfe Kritik, mit der er nicht hinter dem Berg halten konnte, war es also, was Schadow als seine »böse Zunge« bezeichnete, die ihm bei den Behörden und in der Akademie, dessen ordentliches Mitglied er 1795 wurde, geschadet hatte und ihn beruflich auf keinen grünen Zweig kommen ließ. Dieser Eigenschaft hatte er es wohl auch zu verdanken, daß Ludwig Tieck, mit dem er zwar nicht im gleichen Hause, aber doch in der gleichen Familie lebte, ihn gar nicht mochte, ja, man kann wohl sagen, ihn haßte. Die unterschiedlichen Kunstauffassungen des Romantikers und des Klassizisten werden dabei wohl eine geringere Rolle gespielt haben als die Tatsache, daß sich Genelli bei dem Ehescheidungsprozeß von Tiecks Schwester auf die Seite Bernhardis gestellt hatte. Vielleicht aber ist die Entzweiung von zwei Genies, die so eng beieinander leben, auch naturgegeben. Jedenfalls redete jeder von ihnen schlecht vom anderen, wobei zweifellos Tieck der Gehässigere war.

Für Genelli war Tieck ein »poetisches Ungeheuer, das seine Zauberhöhle in Ziebingen aufgeschlagen hatte«, in dem Haus also, das Genelli erbaut hatte, in dem er aber nicht wohnen wollte, weil Tieck zu einer Art von Genie gehörte, mit der unter einem Dach zu schlafen Genelli vermied. Tieck seinerseits versuchte 1808 August Wilhelm Schlegel einzureden, der Architekt sei lügenhaft und niederträchtig, eine »elende Geburt«, mit der er nur gezwungenermaßen zusammenlebe, so »wie man Kröten in seinem Garten dulden muß«. Noch im hohen Alter, als Genelli schon dreizehn Jahre tot war, bemühte sich Tieck, sein Andenken in häßlichster Weise herabzusetzen, indem er Varnhagen, dem Chronisten der Berliner Romantik, einen langen Brief voller Verleumdungen über Genelli schrieb: Er sei der größte Heuchler und Schmeichler gewesen, habe Karl von Rahel abspenstig machen wollen und, sogar »in Gegenwart von Bedienten«, Abscheulichkeiten über Rahel erzählt. Varnhagen scheint aber die üble Nachrede nicht ernst genommen zu haben; nichts davon floß in seine Beurteilung Genellis ein.

Die lebendigste Schilderung dieses sympathischen und sicher auch etwas skurrilen Architekten und Designers aber hinterließ Alexander, der jüngere von der Marwitz, in seinen Briefen an Rahel, mit der er bis zu seinem Tod in den Befreiungskriegen, 1814, in Freundschaft verbunden war. Im Sommer 1811, als der Staatskanzler den Grafen von Finckenstein und F. A. L. von der Marwitz ihrer oppositionellen Schriften wegen in Spandau inhaftiert hatte, war Alexander von der Marwitz, um seinen Bruder als Gutsherren zu vertreten, nach Friedersdorf gefahren, wo er den Tod der beiden Kinder des Inhaftierten miterleben mußte. Am 31. Juli, nachmittags sechs Uhr, schrieb er an Rahel: »Ich schreibe, liebe R., ganz begeistert von Genelli, der eben hier war und die größten Szenen vor mir aufgeführt hat, redend, richtend, prophetisch, priesterlich. Mit mir hat er die wahrsten und scharfsinnigsten Dinge gesprochen, über die Lage der Welt und unseres Staates, über die Bildung der Deutschen, Goethe, Schiller p.p. Dann ging er mit mir und der jüngsten Gräfin Finck (einem hübschen, schuldlosen Mädchen) zu einem toten Kinde meiner Schwägerin. (Hier ist nämlich großes Herzleid. Mein Bruder ist entfernt, das jüngste Kind ist vorgestern an Krämpfen gestorben, und das älteste, der Knabe, von dem ich Ihnen schrieb, liegt tödlich krank an der Ruhr darnieder.) Das Kind im Sarge lag vor uns in einem helldunkeln grünen Zimmer; ich stand hinter dem Sarge; links von mir saß auf einem Ruhbett meine Schwägerin in Tränen, neben ihr auf der einen Seite Genelli, auf der anderen stand die kleine Finck. Er sah eine Weile das Kind an, dann küßte er meiner Schwägerin mehrere Male die Hand, die er mit beiden Händen gefaßt hielt, und sagte mit tiefer Rührung und aus der innersten Überzeugung: Dafür gibt es keinen anderen Trost als Gott. Fühlen Sie, daß der ist, so lassen sie Ihre Tränen reichlich fließen, sie werden Ihnen nicht zu Schaden kommen. Wir gingen, ich mit ihm, in ein anderes Zimmer. Ich möchte eine Mutter sein, hub er wieder an, tiefgerührt und mit Tränen im Auge, nur um diesen Schmerz zu fühlen; eine solche Fülle des Herzens ist darin, sich selbst, seine eigne Seele sterben zu sehn. Wir kamen nun auf andere Gespräche. Ich kenne keinen Mann, in dem der Kern des Menschen so ausgebildet, alles einzelne so auf die höchsten Ideen bezogen wäre, wie bei G. Das Herz brannte mir, mit ihm über Sie zu reden, aber teils war keine Gelegenheit, teils hat er das Unbequeme, daß er mehr Reden hält, als Gespräche führt, und daher den anderen oft überhört. Mit einem solchen ist schwer zu streiten, wenn man nicht ebenso gute Reden halten kann wie er. Dann versteht er mich auch oft nicht und glaubt mich wahrscheinlich dümmer als ich bin.«

Um diese Zeit, also 1811, lebte Genelli schon seit etwa zehn Jahren in Madlitz. Er war in den neunziger Jahren nur im Sommer dort gewesen, wo er unter anderem, mit Hilfe des Präsidenten, Griechisch gelernt hatte. Im Dezember 1800 war er noch mehrfach bei den Festessen gewesen, die in Berlin zu Ehren Jean Pauls gegeben wurden, und auch im nächsten Jahr waren seine Briefe an August Wilhelm Schlegel noch aus Berlin datiert. Danach aber siedelte er ganz nach Madlitz über, wo er in ständigem Kontakt mit dem interessierten und kundigen Präsidenten seinen Altertumsstudien nachgehen konnte, ohne Sorgen ums tägliche Brot haben zu müssen, was ihm besonders in den Kriegs- und Besatzungszeiten zugute kam. An August Wilhelm Schlegel, für dessen Theaterstück »Jon« er 1801 Bühnenbilder entworfen hatte und der mit ihm gern bei der Erforschung des antiken Theaters zusammengearbeitet hätte, schrieb er im Oktober 1809: »Dieser Krieg hat, wie Sie sich leicht denken können, mir alle meine Erhaltungsquellen abgeschnitten. Seit dem Eintritt Napoleons in Berlin sind meine kleinen Gehälter [von der Porzellanmanufaktur] zurückgehalten worden ... Seitdem ist an keine ... Zahlung von Seiten der Regierung zu denken; und Napoleons siegende Hand ist so versiechend gewesen, daß auch kein Privatmann Geld übrig behalten hat. So daß Sie sich wohl vorstellen können, wie es für unsereinen nichts zu verdienen gibt. Was es noch zu verdienen geben kann, fällt in die Hände derer, die es aushalten konnten auf dem Platz zu bleiben. Drei Jahre lang lebe ich demnach von der Gnade und Barmherzigkeit des Reichsgrafen von Finckenstein, oder falls Sie gemilderte Ausdrücke vorziehen, von der alten Güte und Gewogenheit dieses Mannes.«

Anders als Tieck scheint sich Genelli nicht nur mit dem Präsidenten und Karl, sondern auch mit den jüngeren Geschwistern verstanden zu haben. Er blieb auch nach dem Tode des Präsidenten in Madlitz, und er konnte auch seine jüngere Schwester nachkommen lassen, die unverheiratet, also auch unversorgt war. Die enge Bindung an die Grafenfamilie zeigt auch die Tatsache, daß die letzte Ruhestätte der Genelli-Geschwister nicht der Friedhof der Gemeinde, sondern der Finckensteinsche auf dem Friedrichsberg war.

Besonders Genellis wegen konnte Madlitz auch nach dem Tode des Präsidenten noch eine Rolle für das Kunstleben der nächsten Generation spielen. Besonders für seinen Neffen, den Zeichner und Maler Buonaventura Genelli, der berühmter als sein Onkel wurde, blieb Madlitz ein Anziehungspunkt. Grund dafür war aber nicht nur der Onkel, von dem sich der junge Mann nach dem frühen Tod seines Vaters, des Landschaftsmalers Janus Genelli, künstlerisch Rat holte, sondern auch dessen Freundin, die angebetete Gräfin Caroline, die zweite Tochter

Buonaventura Genelli gedenkt in seiner gezeichneten Autobiographie »Aus dem Leben eines Künstlers«, die nach 1850 entstand, aber erst 1868, in seinem letzten Lebensjahr, veröffentlicht wurde, auch seines Onkels Hans Christian Genelli, der ihm nach dem frühen Tod des Vaters väterlicher Freund und künstlerischer Ratgeber wurde. Während der Onkel ihm Wissenschaftliches vorliest, gewährt das Fenster einen Blick auf den Madlitzer Park.

des Präsidenten, die für Buonaventura die geistvollste und schönste der kunst- und musikliebenden Schwestern war. In seiner gezeichneten Autobiographie, dem Zyklus »Aus dem Leben eines Künstlers«, in dem die klassizistischen Einflüsse des Onkels deutlich werden, sind zwei der schönsten Blätter Madlitz gewidmet. Das Blatt IX, »Des Oheims Lehre« betitelt, auf dem der wißbegierige Jüngling stehend seinem Lehrer lauscht, der einem antiken Philosophen ähnelt, während das Fenster einen Ausblick auf den Madlitzer Garten gewährt, trägt zur Erklärung folgenden Text: »Der Beruf ist gefunden, dem Dienst der Schönheit weiht sich der jugendliche Schöpferdrang. Aber des Vaters Unterweisung ist dem Jüngling nicht mehr gegönnt; als würdiger Lehrer tritt ihm der Oheim zur Seite, Hans Christian Genelli, der geniale Architekt, des edlen Carstens beratender Freund. Mit der doppelten Beredsamkeit der Liebe und des erleuchteten Verständnisses führt er den Lernbegierigen in die Geheimnisse der Kunst und des veredelnden Wissens ein.«

Auf dem anderen Madlitzer Blatt, Nummer XIII, mit dem Titel »Weihestunde«, lagert der junge Künstler zu den Füßen der »erhabenen Freundin«, der griechischen Vorbildern nachgestalteten Gräfin Caroline, lauscht »der süßen Musik ihrer Stimme« und merkt nicht, wie die Stunden verfliegen und die Nacht, allegorisch dargestellt, naht. Die Gräfin, die übrigens Griechisch wie ihre Muttersprache lesen konnte, ist hier allein mit ihrem Zögling; in Wirklichkeit aber gehörte sie, auch für den Neffen, mit dem Onkel zusammen. Immer waren es beide, die ihn betreuten und ihm, wenn er in Rom oder München war, Briefe schrieben. Beide waren es, an denen er hing.

Buonaventura soll ein Porträt von Caroline gezeichnet haben, das den Maler-Müller in Rom, der in den neunziger Jahren schon die Brüder Janus und Hans Christian beherbergt hatte und nun auch den Neffen betreute, so sehr beeindruckte, daß er meinte: Was seinem alten Freund Genelli dieses entlegene Madlitz so golden mache, sei ihm durch dieses ausdrucksvolle weibliche Antlitz nun endlich klar.

189

Über dieses dauerhafte und innige, aber weder standesgemäße noch bürgerlich legitimierte Verhältnis, das Liebesbriefe nicht hinterlassen hat, wissen wir wenig. Es scheint schon früh begonnen zu haben. Jedenfalls kann man vermuten, daß die Abweisung eines Grafen Dohna, der Caroline, wie wir von Schleiermacher wissen, 1798 einen Heiratsantrag gemacht hatte, schon mit ihrer Liebe zu Genelli zusammenhing. Daß die Liebenden es nicht leicht hatten zu Anfang, ist anzunehmen, dann aber wurde vom Präsidenten und der Familie ihr Verhältnis offensichtlich weitgehend akzeptiert. Die Behauptung Varnhagens, Caroline und Genelli hätten sich heimlich trauen lassen, ist mit Sicherheit unrichtig – was sich von einer anderen, kaum glaublichen, nicht so leicht sagen läßt. Der Kunsthistoriker Max Jordan nämlich, der von 1872 bis 1874 das Leipziger Museum leitete, sich als erster für Genellis Nachlaß interessierte und noch mit Leuten, die Genelli gekannt hatten, reden und korrespondieren konnte, war der Meinung (und nach ihm haben auch andere diese Lesart übernommen), es habe sich bei dem Verbindenden zwischen den beiden um eine rein geistig-seelische Liebe gehandelt, der der Reiz einer gewollten Enthaltsamkeit eine besondere Intensität gegeben habe; die beiden seien eben ein Paar der romantischen Zeit gewesen, deren Gefühlsart zu verstehen schon der nächsten Generation nicht mehr möglich gewesen wäre – eine Erfahrung, die, wie wir wissen, jede alt gewordene Generation wieder macht. Vielleicht hat Jordan hier einer Legende zu viel Realitätsgehalt beigemessen, vielleicht aber war er, da näher daran, kompetenter als wir heutzutage. Da gibt es nichts zu beweisen oder zu widerlegen, da muß man sich damit trösten, daß jede Art und Weise, sich zu lieben, letztlich nur die Beteiligten angeht, und als Vorschlag zur Güte könnte man zu bedenken geben, daß jede Jahrzehnte dauernde Liebe ihren Charakter verändert, ohne dabei flacher werden zu müssen. So wahrscheinlich auch bei dieser Liebe, die mit Sicherheit mehr als zwei Jahrzehnte währte, bis zu Genellis Tod.

Anlaß für häufige Besuche in Madlitz bot dem jungen Künstler Buonaventura Genelli nicht nur der Onkel Hans Christian, sondern auch dessen schöne und kluge Freundin, die Gräfin Caroline, zu deren Füßen er hier anbetend sitzt.

1818, nach dem Tod seines Gönners, des Präsidenten, hatte Genelli für die Haude-Spenerschen »Berlinischen Nachrichten von Staats- und gelehrten Sachen« den Nachruf auf ihn geschrieben, voller Verehrung, aber ohne sein persönliches Verhältnis zu ihm zu berühren. Eine zehntägige Krankheit hatte beim Präsidenten zum Tode geführt.

Genelli mußte fünf Jahre später qualvoller sterben. Caroline, die bei ihm war bis zur letzten Minute, berichtete dem Neffen in Rom darüber: vom Zungenkrebs, der den Oheim befallen hatte, von den vergeblichen Operationen, seinen schrecklichen Leiden, dem Tod und dem Begräbnis, an dem neben der gräflichen Familie auch die Madlitzer Bevölkerung Anteil nahm.

Als der Verfasser dieses Buches die verwüstete Begräbnisstätte der Finckensteins zum erstenmal aufsuchte, war unter den Trümmern zwar noch der Grabstein von Genellis Schwester Christiane, nicht aber der seine zu finden. Er hatte folgende Aufschrift getragen:

Hans Christian
Genelli
Königlicher Professor
Starb den 30. Decbr. 1823
In einem Alter von 60 Jahren

Barnime

Wenn der junge Joseph von Eichendorff aus seiner schlesischen Heimat über Crossen und Frankfurt/Oder nach Berlin reiste, kam er auch durch Ziebingen, das deshalb in seinen Tagebüchern zweimal erwähnt wird, am 5. März 1810 mit folgenden Stichwörtern: »Schöner warmer Tag. Lerchen singen. Zu beiden Seiten unübersehbar durch Raupen verdorrte Nadelwälder. Schreckliche Sandflächen und fürchterlicher Weg ... Um 3 Uhr in dem großen Dorfe Ziebingen (wo einst, bei Herrn von Burgsdorff, Tieck, Arnim und Schütz gewesen und wo die 11 Comtessen von Finckenstein, die gestern zum Ball in Crossen) gut zu Mittag getafelt ... Gräßliche Sandsteppen. Mordio-Wege ... Fastumschmeißereien.«

Die elf Finckensteinschen Komtessen lassen sich, falls Eichendorff richtig gezählt haben sollte, vielleicht dadurch erklären, daß zu den sechs Töchtern des Präsidenten noch ihre Cousinen aus dem neumärkischen Drehnow gestoßen waren, das Ziebingen benachbart war. Interessanter aber als dieser Ball in Crossen, über den wir nichts wissen, ist die Tatsache, daß Eichendorff in einem Atemzug mit Tiecks und Arnims berühmten Namen auch Schütz erwähnt, den heute kaum jemand noch kennt. Dabei spielte er in der Berliner Romantik eine nicht unbedeutende Rolle, und mancher hielt ihn für einen talentierten Poeten, am längsten wohl der gutmütige und gutgläubige Fouqué.

Schütz war als Sohn eines höheren Berliner Beamten 1776 geboren worden. Er war also etwas jünger als Tieck, Burgsdorff und Wackenroder, mit denen er zusammen auf Gedikes Friedrichwerderschem Gymnasium im Sinne der Berliner Aufklärung erzogen, von der Nüchternheit der rationalistischen Religionsauffassung abgestoßen und dadurch für den Katholizismus anfällig gemacht worden war. Ein Jurastudium in Würzburg und Erlangen brachte ihn zum erstenmal mit der, wie er später meinte, »wirklichen Religion«, der katholischen nämlich, zusammen, was aber vorerst keine anderen Folgen hatte, als daß er als Beamter in einem Ministerium, das die Klöster in den von Preußen okkupierten Teilen Polens zu säkularisieren hatte, bei dieser Aufgabe so verständnisvoll wie nur möglich verfuhr.

1798 hatte er in Berlin seine Beamtenlaufbahn begonnen und war bald danach in den Romantikerkreis aufgenommen worden, zu dem neben Tieck und August Wilhelm Schlegel auch Fichte, Bernhardi, Sophie Tieck-Bernhardi, Schleiermacher, Genelli und der Maler Bury gehörten und wo man große Hoffnungen in seine poetische Zukunft setzte, wie Tiecks Sonett »An S-z« (später: »An einen jüngeren Dichter«) deutlich machte, in dem es heißt: »Was ich gewollt, wird künftig dir gelingen« – doch sollte diese Prophezeiung, obwohl Schütz sein langes Leben hindurch schrieb und veröffentlichte, nicht in Erfüllung gehen.

Ein wenig Beachtung erfuhr er in den Jahren nach 1800 mit einigen Romanzen, gab mit Versen wie: »Sey kühn mit den Blicken, / Schon reizen die Brüste / Und wecken Gelüste« auch zur Empörung Anlaß und wurde kurzzeitig bekannt durch ein vielverlästertes, nie aufgeführtes, gefühlsseliges Schauspiel in Versen, dessen Titel »Lacrimas« (was Goethe, nach Caroline von Humboldt, mit »Heularsch« zu übersetzen vorgeschlagen hatte) fortan von Freunden und Feinden, um ihn von Namensvettern zu unterscheiden, an seinen Namen angehängt wurde. Als Schütz-Lacrimas also ging er in das Kleingedruckte der deutschen Literaturgeschichte ein.

Immerhin war er bekannt genug, um von dem Kritiker Garlieb Merkel in seiner antiromantischen Satire »Ansichten der Literatur und Kunst unseres Zeitalters« (Leipzig 1803) abgekanzelt und parodistisch zitiert zu werden, zum Beispiel mit folgenden Versen:

»Heiß von Bäumen tropft hier nieder
Deines Athems duftger Trank,
Und es schwillt auf diesem Flusse
Deines Busens Wellengang.«

Beigegeben war der Satire ein Kupfer mit dem Titel »Versuch, auf den Parnaß zu gelangen«, auf dem August Wilhelm Schlegel mit Kreuz, Schwert und Pistole bewaffnet voranstürmt, gefolgt von dem verwachsenen Schleiermacher, dem auf dem Gestiefelten Kater reitenden Tieck und Schütz als Bogenschütze mit stumpfem Pfeil.

Neben Gedichten entstanden nach dem »Lacrimas« noch zwei heute vergessene Schauspiele (»Niobe« und »Der Graf von Gleichen«); doch mehr als durch poetische Beiträge machte sich Schütz durch praktisch-organisatorische Hilfe für die Romantiker-Gruppe nützlich, indem er zum Beispiel die Vorlesungen August Wilhelm Schlegels in dem noch universitätslosen Berlin organisierte; sogar mit dem Verkauf der Eintrittskarten befaßte er sich. Bei der Scheidungs-Affäre der Sophie Tieck-Bernhardi beförderte er zwischen Bruder und Schwester heimliche Briefe, und als Schlegel Berlin verließ, um der Madame de Staël an den Genfer See zu folgen, bewahrte er dessen kostbare Bibliothek.

Als Ludwig Tieck im Oktober 1802 mit Frau und Kind nach Ziebingen übersiedelte, begann auch für Schütz eine neue Lebensperiode, die ganz unter dem Einfluß der Finckensteins stand. Er lernte den Präsidenten kennen, dessen starke Persönlichkeit wohl seine spätere politische Haltung prägte, und er verliebte sich in Barnime, die dritte der Madlitzer Komtessen, die er auch heiraten konnte; nach langer Wartezeit freilich erst.

Auf dieser zeitgenössischen Karikatur, auf der die Berliner Literaten den Parnaß erobern wollen, erscheint Wilhelm von Schütz als Bogenschütze mit stumpfem Pfeil. Der voranstürmende Große ist der Theoretiker des Freundeskreises, August Wilhelm Schlegel, der Kleine mit dem Regenschirm Schleiermacher und der Reiter des gestiefelten Katers Ludwig Tieck.

Denn im Gegensatz zu Rahel Levin, Tieck und Genelli, die den Standesunterschied nicht zu überbrücken vermochten, konnte Schütz, der einen reichen und einflußreichen Geheimen Oberfinanzrat als Vater hatte, die Bedingungen seines künftigen Schwiegervaters erfüllen: Er wurde geadelt, kaufte ein Rittergut und wurde Landrat, und zwar im Kreis Beeskow-Storkow, der dem Lebusischen Kreise benachbart war.

Tieck hat später, 1832, in seiner Novelle »Die Ahnenprobe« die Heiratsschwierigkeiten seines Freundes gestaltet und auch, ganz wie im wirklichen Leben, zu gutem Ende geführt, mit dem Unterschied freilich, daß kein einflußreicher Vater die Sache regelt, sondern der gute König selbst: »Dem Könige habe ich die ganze Sache erzählt und vorgetragen«, heißt es da in der einschläfernden Sprache des späten Tieck. »Er hat seine volle Einstimmung gegeben, ja er hat mir mit übergroßer Gnade ein Adelsdiplom für meinen Eidam aufgezwungen! Ja, ich sage mit Recht aufgezwungen, denn ich suchte diese Gnade nicht und verbat sie im Gegenteil, aber er hat meine Einwendungen nicht beachtet. Danken wir ihm diese Huld und feiern seinen Namen.«

Daß dieser Graf der Novelle mit seinen drei Töchtern dem Präsidenten ähnelt, ist anzunehmen. Er wird als »langer alter Mann, aufrecht wandelnd« geschildert, der die preußischen Reformen (die Novelle spielt 1810) mit folgenden Argumenten ablehnt: »Je mehr in unsern Tagen alle jene ehrwürdigen Anstalten der Vorzeit unterzugehen drohen, um so mehr ist es die Aufgabe und die höchste Ehre derjenigen, die von dem Werthe dieser Einrichtungen durchdrungen sind, sie aufrecht zu erhalten. Diese, die am Alten festhalten, sind Streiter für das Göttliche, sie kämpfen für die ewigen Rechte. Wer nachgiebt, diese überkommenen Vorrechte wissentlich oder leichtsinnig schmälert, seinen Nachkommen die angestammte Herrlichkeit verkümmert, ist ein Frevler und Sünder.«

Ein Sünder in diesem Sinne ist Wilhelm Schütz, der 1809 als

Kriegs- und Domänenrat, Ritterschaftsdirektor und Landrat Wilhelm von Schütz die Gräfin Barnime von Finckenstein heiratete, nie gewesen; denn er hat, bis in den Vormärz hinein, die Vorrechte des Adels immer verteidigt, wie sonst von den Autoren nur Fouqué. Mit der Heirat siedelte er auf sein Gut Kummerow, nahe bei Beeskow, über, ohne damit seine Beziehungen zu Berlin und Madlitz aufgeben zu müssen. Er dichtete sogar weiter, nun aber, sicher nicht ohne den Einfluß des Präsidenten, mit politischen, das heißt mit antireformerischen Tendenzen. Sein stark didaktisch gehaltenes Poem in fünf Kapiteln von insgesamt fast tausend Versen hieß »Triumph deutscher Vorzeit«, wurde 1810 geschrieben, vom Präsidenten, von Tieck, Friedrich Schlegel, Adam Müller und anderen Gleichgesinnten mit Beifall aufgenommen, aber erst 1820, als diese restaurativen Ideen wieder dem Zeitgeist entsprachen, gedruckt.

Später hat Schütz noch viel geschrieben, aber nicht mehr gedichtet. Er verfaßte literaturkritische, kulturhistorische und politische Aufsätze, die alle die »deutsche Vorzeit« als Muster aufstellten, also die Rückkehr zum Alt-Feudalen mitsamt der beherrschenden Rolle der Kirche empfahlen. Er trat, darin Friedrich Schlegel folgend, zum Katholizismus über und wurde einer seiner eifrigsten Verfechter, so wie er auch als Neugeadelter einer der fanatischsten Verteidiger der Adelsrechte geworden war.

Landrat war er nur zwei Jahre; denn als sein Schwiegervater und der Friedersdorfer Marwitz 1811 mit der »Letzten Vorstellung des Lebusischen Kreises« gegen die Reformen protestierten und der Kreis Beeskow-Storkow sich unter Schützens Einfluß dem Protest anschloß, wurde er zwar nicht inhaftiert, aber er mußte sein Amt aufgeben. Und da Barnime, nachdem sie ihm eine Tochter geboren hatte, 1812 schon starb, verließ er Kummerow wieder, ließ seine Tochter in Madlitz aufwachsen und lebte selbst dort und in Ziebingen bis zum Tode des Präsidenten. Dann folgte er dem Freund Tieck, der nach Dresden ging.

Dankbarkeit für den Präsidenten hat sich Schütz immer bewahrt. Noch 1844 hat er über dessen poetische Verdienste, vor allem als Verfasser der »Arethusa«, in höchsten Lobestönen geschrieben und ihn als einen hervorragenden Vertreter der norddeutsch-protestantischen Dichtung mit Ewald von Kleist und Johann Heinrich Voß auf eine Stufe gestellt. Seiner Charakterisierung des Präsidenten allerdings muß man nicht unbedingt Glauben schenken, wenn es da heißt, Graf Finckenstein »war eine Persönlichkeit, der ich keine zweite an die Stelle zu setzen wüßte. Ich möchte ihn die vollendete Tugend nennen; denn an diesem Mann auch nur den kleinsten Makel zu entdecken gehörte zu den Unmöglichkeiten, und dabei kannte er seine Trefflichkeit nicht, sondern durchlebte seine Tage fast nach allen Seiten hin praktisch und wissenschaftlich gebildet und thätig, wie ein seliges, stets lachendes seiner Vorzüge sich völlig unbewußtes Kind, überall, nur nicht in der vornehmgezierten Welt sein Paradies findend, und ohne Stoicismus, jeder Beziehung nach die reinste Enthaltsamkeit selbst.«

Einquartierung

Heereszüge, ob feindliche, verbündete oder eigne, waren für die Landbevölkerung immer ein Übel; denn die Soldaten mußten verpflegt werden, und die Pferde fraßen die durch den Krieg sowieso schon reduzierten Futtervorräte weg. Das war im Siebenjährigen Krieg so gewesen und auch zur napoleonischen Zeit. Jede Dorfchronik weiß von armmachenden Einquartierungen oder auch Plünderungen zu berichten, auch in den Jahren 1806 bis 1813, die man die Franzosenzeit nannte, obwohl durch die Rheinbundtruppen der deutsche Anteil an Napoleons Besatzungsheeren beträchtlich war.

Auch Madlitz hatte häufig unter militärischen Durchzügen zu leiden, besonders empfindlich im August 1807, als württembergische Truppen sich einquartierten, den Bauern die Vorräte stahlen und den Weinkeller des Schlosses ausraubten, wobei es auch zur Mißhandlung von Leuten kam. Da die Offiziere, die vom Präsidenten mit der damals selbstverständlichen Höflichkeit empfangen worden waren, den Ausschreitungen nicht Einhalt geboten, sondern sich daran sogar noch beteiligten, fühlte sich der Präsident nach ihrem Abzug dazu verpflichtet, in einer Eingabe an den württembergischen König auf ihre Bestrafung zu drängen, worauf tatsächlich eine Untersuchungskommission eingesetzt wurde, die die Anklage bestätigen mußte. Der verantwortliche Oberst und ein Major wurden bestraft.

Nach Napoleons Niederlage in Rußland, General Yorcks tapferer Eigenmächtigkeit bei Tauroggen und der Übersiedlung

Friedrich Wilhelms III. nach Breslau wird man, wie überall in Preußen, auch in Madlitz dem Beginn des Kampfes gegen Napoleon entgegengefiebert und den lange erwarteten Aufruf des Königs begrüßt haben, wenn auch keiner der anwesenden Intellektuellen, die alle so um die Vierzig waren, als Freiwillige nach Breslau aufbrachen, wie im Havelland zum Beispiel Fouqué. Der gichtkranke Tieck hielt es für ratsamer, mit Henriette zusammen dem Krieg nach Prag auszuweichen, wo er dann manchem Berliner Bekannten begegnen konnte, zum Beispiel der Rahel Levin und dem jüngeren Marwitz, der dann ein Jahr später in Frankreich fiel. Genelli und Schütz waren für Kriegsdienste wohl auch nicht geeignet, und der Präsident war schon fast siebzig Jahre alt.

Sein ältester Sohn, Karl, war anderthalb Jahre zuvor an Typhus gestorben und hatte auf dem Friedrichsberg schon seinen marmornen Grabstein erhalten. Einer der jüngeren Söhne war kriegsuntauglich, weil ein Beinbruch, den er sich beim Reiten zugezogen hatte, so schlecht verheilt war, daß er stark hinkte und am Stock gehen mußte. Die beiden anderen Söhne aber, Wilhelm und Alexander, machten sich gleich im Februar 1813 freiwillig auf den Weg zur Armee.

Erhalten hat sich aus diesen aufregenden Tagen, in denen die napoleonischen Truppen, verfolgt von den Russen, durch die Mark Brandenburg flohen, ein vierseitiger Brief des Präsidenten an die in Prag weilende Henriette, der hier wörtlich wiedergegeben werden soll:

»An meine Tochter Henriette. Madlitz, den 24. Feb.

Ich mache mir das Vergnügen, meine Nachrichten diesmal an dich zu richten. Am Sonntag fuhr ich mit Julie [Henriettes jüngere Schwester] nach Petershagen und Falkenhagen, wo ich vom Angriff der Russen auf Berlin die erste Nachricht erhielt. Das Nähere und Zuverlässige vom 19. bis 22. enthält der beygehende Aufsatz [der nicht erhalten ist].

Sonntag, den 21., war hier alles ruhig, aber abends als wir

201

schlafen gehen wollten, hörten wir in der Richtung nach dem Fenn unaufhörlich Trommeln. Dieses hat die halbe Nacht fortgewährt; es waren Franzosen, welche von der Chaussee nach Fürstenwalde marschierten.

Montag, den 22., waren 700 Mann italiänischer Cavallerie von der Garde durch Petershagen gegen Berlin marschieret. Diese, die noch keinen Russen gesehen haben mochten, fanden Wüsten-Görlsdorf (von hier wenig Meilen weit) von 50 Kosacken besetzt. Sie griffen an, um sie herauszutreiben, dieses gelang ihnen aber nicht, und als sie zurück gingen, wurden sie von einer überlegenen Zahl von allen Seiten angegriffen und mit Verlust von 100 Toten gefangen oder zerstreut. Wir hörten von 2 Uhr nachmittags bis gegen Sonnenuntergang hier vom Haus und noch besser vom Eichberge aus das Feuern aus den schweren Carabinern in einem fort und nahmen es für eine entfernte Kanonade. Beim Untergang der Sonne ging die Jagd auf der Chaussee von Arensdorf her bis Petershagen los. Viele Wilmersdorfer sahen es von ihrem Felde mit an, und man hörte das Geschrei bis hier auf dem Sandberge. Nur etwa 20 Mann entkamen durch Petershagen. Dies ist das Gefecht von dem die Anlage spricht. Ein Entlaufener labte sich am Abend in unserer Kirche.

Dienstag, den 23., hörten wir daß Kosacken in Hasenfelde wären. Mir fiel ein, mit Schierstädt [Schwiegersohn] dorthin zu fahren, da aber Amelie und Julie [jüngere Schwestern von Henriette] nicht allein hier bleiben konnten und die Kinder [die Enkelkinder] noch weniger, so ward alles mit aufgepackt, und Hermann [ein Enkel] repetierte fleißig sein ›Hidrosti [?] Hurra Cosaki.‹ Wir langten glücklich an und sahen die schönen Gesichter und Gestalten der Kosacken im Gegensatz zu einigen breiten, kurzen, dickköpfigen und schmaläugigen Kalmücken, betrachteten ihre Bewaffnung, besonders ihre einfachen, leichten Lanzen, und hatten unsere Neugier befriedigt. Auch der Offizier war sehr freundlich, und Hermann mußte »Alexander Hurra!« rufen, welches ihm erst schwach abging. Schade war es, daß kei-

In Berichten über die russischen Truppen, die 1813 als Verbündete nach Deutschland kamen, ist ihres malerischen Aufzuges wegen von Kosaken, Baschkiren und Kalmücken häufig die Rede. Auch die Zeichner nahmen sich ihrer gern an. Obige Zeichnung aber, von Richard Knötel mit dem Titel: »Die ersten Kosaken«, entstand erst hundert Jahre danach.

ner ein Wort Deutsch konnte. »Schnaps komm!« und »Franzu-
ski Capitain kaputt!« war alles, was sie herausbringen konnten.
Das Lager war auf dem Tempelberger Felde und der General
Benckendorff im Ort selbst. Nachmittags 2 Uhr brachen sie auf,
drei Regimenter Kosacken und eins Dragoner stark, lagerten bei
Steinhöfel und schickten ein Regiment Kosacken gegen Fürstenwalde vor, von denen wir dann einige Schüsse hörten.

Der General von Benckendorff hat dem Herr von Alvensle-
ben gesagt, daß ein Theil seiner Leute bey Ziebingen über die
Oder gesetzt werden, und heute heißt es, daß Kosacken bey
Markendorf wären.

Die Post hat mitgebracht, daß die Franzosen gestern, nachdem sie die Brücke angezündet, Frankfurth geräumt hätten und
nach Müllrose gegangen wären; heute war die Brücke aber inso-
weit wieder hergestellt, das man zu Fuß herüber kommen
konnte. Ein Bauer von Czernikow bei Seelow hat dem Umboch
[?] erzählt, daß gestern abend die Russen, nachdem sie eine Pon-
tonbrücke bey Zellin geschlagen, die Nacht durch übergegangen
wären. Dieses würde also die Avantgarde der Armee seyn, und
wir würden bald mehr von Berlin hören.

In Fürstenwalde, welches ringsum hohe Mauern hat, stehen
700 Franzosen, die sich nicht ergeben wollen. Die Russen rückten aber heute Nachmittag näher heran, und da sie sechs (6) Ka-
nonen bey sich haben, werden sie wohl die Tore einschießen.

Madlitz, den 25. Febr.: Ein Kreisbote, der heute aus Frankfurth abgegangen, bringt mit, daß morgens um 7 Uhr ein Theil
der vorgestern abgezogenen Franzosen die Stadt wieder besetzt
hätten und alles, was an der Brücke repariert wurde zerstörten.

Febr. 26.: Gestern sind die Russen über die Spree gegangen
und haben Fürstenwalde rings umzingelt, um die Stadt aber zu
schonen, die Brücken zu erhalten ver...« (Hier bricht der Bericht
leider ab.)

Die Seele der patriotischen Kräfte im Kreise Lebus war
F. A. L. von der Marwitz auf Friedersdorf, der 1811 mit dem Prä-

204

sidenten zusammen die Festungshaft in Spandau erlitten hatte und der nun, im Dezember 1812, den alten Widersacher Hardenberg zum Losschlagen gegen die französische Besatzung drängte, ob nun der König, an den er auch schon eine Denkschrift geschickt hatte, das billigen würde oder auch nicht. Er versuchte auch Verbindungen zu den anrückenden russischen Truppen zu knüpfen, doch wurde er von diesen, wie auch vom Staatskanzler, enttäuscht. Der im Februar erfolgte Aufruf des Königs zur Bildung von Freiwilligenverbänden bedeutete deshalb für ihn eine Erlösung. Er machte sich sofort auf nach Breslau, und Graf Wilhelm von Finckenstein schloß sich ihm an.

Wilhelm, nach Karls Tod ältester Sohn des Präsidenten, 1777 geboren, war in Madlitz von einem Hofmeister erzogen worden. Als Siebzehnjähriger hatte er in Landsberg an der Warthe seine Militärlaufbahn bei den Katte-Dragonern begonnen, sie 1805 aber, weil er heiraten wollte, auf eignen Wunsch abgebrochen. Seine Frau, eine Freiin von Matt, die er in Karlsbad kennengelernt hatte, folgte ihm nach der in Wien gefeierten Hochzeit in die Neumark, wo er ein Gut gekauft hatte, das er aber nicht lange halten konnte, da der Krieg und die Kontributionen ihn in Schulden stürzten, so daß er 1810 verkaufen und nach Madlitz zurückkehren mußte. Von seinen insgesamt neun Kindern waren 1813, als er Marwitz nach Schlesien folgte, um freiwillig in die Armee einzutreten, schon fünf auf der Welt.

Da Marwitz beim König und in dessen Umgebung noch immer als Rebell angesehen wurde, vergingen einige Wochen, bis man ihn in seinem alten Rang, als Major, wieder eingestellt hatte, auf eignen Wunsch bei der Landwehr, die er aber im Kreis Lebus erst ausheben, ausbilden und bewaffnen mußte, wobei ihm der Rittmeister Graf Wilhelm von Finckenstein und dessen jüngerer Bruder Alexander, als Leutnant, zur Seite standen. Ende April war die Lebuser Landwehrbrigade als die erste in der Mark zum Einsatz fertig, rückte im Mai in die Gegend zwischen Elbe und Havel, bestand bei Wittenberg ihre ersten Scharmützel, blieb dort während des sechswöchigen Waffenstillstands und zeichnete sich in der zweiten Augusthälfte in dem siegreichen Gefecht bei Hagelberg, nahe Belzig, wo die napoleonischen Truppen, gegen die hier gekämpft wurde, vorwiegend aus Westfalen und Sachsen bestanden, in hervorragender Weise aus.

Während des sommerlichen Waffenstillstandes, den beide Seiten zur Vervollkommnung ihrer Rüstungen nutzten, und während Napoleon in seinem Hauptquartier in Dresden letzte Verhandlungen mit Metternich führte, gab es in Madlitz Einquartierungen von durchziehenden preußischen Truppen, die in die künftigen Kampfgebiete südwestlich Berlins verlegt wurden. Mit ihnen marschierte auch der schon einmal zitierte Militärgeistliche Karl August Köhler, auch ehemals Absolvent des Friedrichwerderschen Gymnasiums, der ein ausführliches Tagebuch führte, durch das die Schilderung eines Tages in Madlitz der Nachwelt erhalten blieb.

Köhler war mit seiner Truppe aus Schlesien gekommen, hatte in Ziebingen bei dem mit Tieck befreundeten Pastor Kadach übernachtet, war in Frankfurt über die Oder gegangen und am letzten Tag des Waffenstillstands, dem 14. August 1813, vormittags in Madlitz eingetroffen. »Wir fanden schon zwei Dragoneroffiziere im Quartiere, und nun kamen wir dazu: 12 Offiziere, eine Dame mit zwei Kindern und einem Dienstmädchen, 20 Bediente und 42 Pferde! Ich fühlte mich höchst unglücklich; denn es war mir noch im frischen Andenken, wie unangenehm eine starke unvermutete Einquartierung ist, und nun war ich mit unter denen, die wie ein Schwarm Heuschrecken in ein friedliches Haus einfielen. Außerdem war es noch ein Graf, dem ich gern, ich weiß nicht, ob aus Stolz oder Demut oder Vorurteil aus dem Wege gehe. Ich resolvirte [beschloß], gar nicht zu sprechen, und war in meinem Vorhaben noch mehr bestärkt, weil ein paar Offiziere viel redeten und dadurch von der feinen Familie, welche aus dem Grafen, 5 Töchtern und zwei Schwiegersöhnen bestand, sehr abstachen.

Mein Vorsatz ward, wie so viele in der Welt, nicht lange gehalten; denn der Graf schien es drauf anzulegen, mir durchaus Rede abzugewinnen, ob ich gleich immer nur sehr kurze Antworten gab. Außerdem entdeckte der eine Schwiegersohn, der Regierungsrat von Schütz, in mir einen Schulfreund. Nun änderte sich mit einem Male die Sache; ich vergaß meinen Vorsatz, und die Erinnerung an die frohe, glückliche Jugend, an den trefflichen Gedike und die anderen unvergeßlichen Lehrer verscheuchten allen Unmut. Ich vergaß es, daß ich einquartiert war, sah, daß ich durch ein gefärbtes Glas gesehen hatte, und fand die Familie sehr liebenswürdig.

Nach Tische ging ich mit Schütz und dem Grafen in dem Garten spazieren. Das Schloß liegt in einem englischen Garten so, wie es immer sein sollte; denn er ist so groß und natürlich, daß man gar kein Menschenschnitzwerk merkt. Alles ist Natur, Bäume von verschiedenen Arten, Gänge, oft mit Rasen bewachsen, eine Aussicht auf einem Berge, Wasser, eine Insel, eine gewöhnliche Hütte, einmal ein Sitz unter einem Baume, ein Fleckchen mit Gemüse, Obstbäume, eine Wiese, Getreide, da hast du alles. Man sieht nicht, daß Menschen etwas daran gemacht hatten, es scheint alles Zufall zu sein, aber jede Baumgruppe muß gerade da stehen, jeder Sitz dort angebracht sein, alles ist berechnet, daß es zum schönen Garten paßt. Vor und hinter dem Hause ist ein langer Rasenplatz; hier und da stehen ein paar Sträucher. Aus dem oberen Stocke des Schlosses ist es unbeschreiblich schön, in die Nacht von mannigfaltigstem Laube und den langen grünen Weg dazwischen zu sehen.

Die Töchter sind feingebildete, sehr unterrichtete Wesen, die aber die fröhliche, gutmütige Heiterkeit gerettet haben, die so häufig durch die Politur der Welt zur Künstelei wird und zurückstößt. Beim Tee rückten wir in unsrer Bekanntschaft immer weiter vor, und nach demselben ward auf einem schönen englischen Piano gespielt. Die Gräfinnen sangen schön und herrlich, anspruchslos, ohne alle Ziererei und ohne sich bitten zu lassen.

Ich komme mit Schütz auf den Unterschied zwischen der griechischen und unserer Musik zu sprechen, und da erst erfahre ich, daß der Graf der bekannte Übersetzer vom Pindar ist, daß er mehrere Versuche gemacht hat, die griechische Musik wieder herzustellen und daß er auf diese Art mehrere Oden Pindars komponiert hat, welche eine seiner Töchter singen könne.

Auf meine Bitte, mir eine Probe dieser Musik zu geben, ging die Gräfin mit dem Grafen, Schütz und mir in einen Saal, dessen Glastüren offen waren, weil sie die heiligen Lieder nicht vor ungeweihten Ohren singen wollte. Da hörte ich Pindars Oden, nicht in moderner Übersetzung, sondern griechisch, wie sie der göttliche Sänger vor vielen tausend Jahren dichtete, im Halbdunkel einer hellen Mondscheinnacht singen. Wer das noch nicht gehört hat, weiß noch nicht, welche Kraft eine einfache Musik hat; wer sie hörte, weiß nun, wie Orpheus Menschen und Tiere und Steine bewegte, wie er milder machte die wilden Sitten und die Menschen in Gesellschaften vereinte. Es war bald, als wenn die Helden Asiens daherstürmten, bald als wenn Minona die Klagen um den Geliebten aushauchte; ja, Pindar selbst war aus dem Grabe erstanden, um uns in der eisernen, wilden Zeit zu trösten und zu besänftigen.

Ich habe einen sehr glücklichen Tag unter diesen Menschen gehabt, die sich durch das Innere noch weit mehr auszeichnen als durch den Zufall des Standes. Dazu kam noch ein alter, unscheinbarer Mann, den man als einen Architekten aufführte, und der voller Verstand und Gelehrsamkeit steckte.

Recht schwer riß ich mich gegen 12 Uhr von der Gesellschaft los. Wir lagen unserer 8 in einer Stube, in welcher uns eine Streu freundlich aufnahm. Allein wir hatten eine Gitarre mitgenommen, und wir sangen, lachten und scherzten noch lange und rekapitulierten den schönen Tag. Als wir uns nach 2 Uhr niedergelegt hatten, überfiel ein paar von uns eine Legion ausgehungerter Flöhe, worüber wieder ein großer Lärm entstand, bis sich endlich die Kreuzträger ein ruhigeres Lager im Pferdestall suchten.

Aus dem Schlafen ward wieder nicht viel, denn um 4 Uhr standen wir auf. Ich war noch eine Stunde bei Schütz und trennte mich mit schwerem Herzen von einem Ort, an dem ich nichts suchte und soviel fand.«

Der hier erwähnte unscheinbare, gelehrte Architekt war natürlich Genelli, der zweite Schwiegersohn ein Herr von Schierstedt, der auch zum Berliner Romantikerkreis gehört hatte und wohl durch Schütz nach Madlitz gekommen war. Er hatte 1806 Amalie, die vierte Tochter des Präsidenten, geheiratet, die 1814 schon sterben sollte, worauf der Witwer sich mit der nächstjüngeren Tochter, Albertine, vermählte, die wiederum nach Schierstedts Tod, 1827, einem Landrat von Voß aus der Neumark das Ja-Wort gab.

Die Brüder Wilhelm und Alexander, die den Krieg, einschließlich dem der Hundert Tage, vom ersten bis zum letzten Tag mitgemacht hatten, kamen 1815 hochdekoriert und befördert zurück zu ihren Familien, die in dem nicht sonderlich großen Haus in Madlitz gemeinsam mit dem kriegsuntauglichen Bruder Heinrich und dessen Familie lebten, weshalb Wilhelm nach Ziebingen auswich, wo er sich offensichtlich mit Tieck nicht vertrug.

Daß es um den Präsidenten in den letzten Lebensjahren stiller wurde, läßt sich angesichts der mehr als zwanzig Enkelkinder, die er allein von seinen drei lebenden Söhnen hatte, schlecht sagen, aber stiller wurde es um seine Beziehungen nach außen hin. Die Söhne, die alle adlig geheiratet hatten und sich fast nur in adligen Kreisen bewegten, hatten andere Interessen und Sorgen als ihr Vater in ihrem Alter, und das geistige Berlin hatte sich natürlich auch verändert und verjüngt. Manchmal kamen noch der mit Tieck befreundete Philosoph Solger und Friedrich August Wolf, der berühmte Altphilologe und Homer-Forscher, der die Bemühungen des Präsidenten um die Literatur der Antike schätzte, aber für die Jüngeren spielte Madlitz bald keine Rolle als Musenhof mehr.

Als im Juni 1816 der sechsundzwanzigjährige Leopold von Gerlach, der später großen Einfluß auf Friedrich Wilhelm IV. ausüben sollte, Madlitz besuchte und dort eine Vornehmheit konserviert fand, die er im neuen Berlin vermißte, konnte er zwar mit dem alten Grafen auch über neuere Gedichte und über Zeitgenossen wie Schenkendorf, Blücher und Hardenberg reden, aber er mußte sich dabei doch auch fragen, ob dieser seit dem Müller-Arnold-Prozeß immer in Opposition zu neuen Entwicklungen stehende alte Herr nicht doch eigentlich schon ein Relikt der Vergangenheit war.

Der Präsident starb am 18. April 1818 »eine halbe Stunde nach Mittag zu Madlitz, in einem Alter von 73 Jahren und 2 Monaten, nach zehntägiger Krankheit«, auf seinem Sterbelager umgeben von seinen sieben noch lebenden Kindern, wie es im Nachruf Genellis in der Haude- und Spenerschen Zeitung hieß. Er wurde auf dem Friedrichsberg, wo schon seine Frau und mehrere seiner Kinder lagen, begraben. Sein Herz aber wurde im Madlitzer Park bestattet auf einer, von nun an Herzberg genannten, Erhöhung am Wasser, auf der dreizehn Steinsitze auch heute noch an die Zahl seiner Kinder erinnern.

Industrie und Ackerbau

Mit dem Beamten Wilhelm Schütz, dem das Geld seines Vaters ein Von vor dem Namen und ein Rittergut hatte beschaffen können und der sich dann durch die Nobilitierung zum eifrigen Verfechter von Adelsvorrechten gemausert hatte, machte sich zu Beginn des Jahrhunderts auch im Finckenstein-Umkreis eine Entwicklung bemerkbar, die das Verhältnis von Adel und Bürgertum künftig bestimmen sollte. Es wurde ein Konkurrenzverhältnis, das aber auch durch gegenseitige Anpassung gekennzeichnet war.

Obwohl die durch die Französische Revolution und Napoleon erzwungenen Reformen nur halbherzig durchgeführt, immer wieder gebremst und in Teilen auch zurückgenommen worden waren, hatten sich doch die ökonomischen Strukturen von feudalen zu bürgerlich-kapitalistischen gewandelt, ein Vorgang, den von der Marwitz, der Verfasser der »Letzten Vorstellung der Stände des Lebusischen Kreises«, einen Krieg genannt hatte, einen »Krieg … der Industrie gegen den Ackerbau, des Beweglichen gegen das Stabile, des krassen Materialismus gegen die von Gott eingeführte Ordnung, des (eingebildeten) Nutzens gegen das Recht, des Augenblicks gegen die Vergangenheit und Zukunft, des Individuums gegen die Familie …«, und dieser Krieg war von den Neuerern letztlich gewonnen worden. Trotzdem aber büßte der Adel seine beherrschende Stellung in Teilen von Staat und Gesellschaft nicht ein. Er hatte sich den neuen Verhältnissen, in denen Rittergüter für jedermann käuflich wurden und sich nur durch industrielles Wirtschaften halten ließen, anpassen können, ohne daß er dabei sein Selbstverständnis, seine Art der Lebensgestaltung und seine Ehrbegriffe verloren hatte, so daß die nach oben drängende neue Elite sich die Existenzformen des Adels, weil sie die der Herrschenden waren, zum Vorbild nahm. Während die bürgerlichen und die frisch nobilitierten Aufsteiger es lernten, sich wie Adlige zu benehmen, lernten die adligen Gutsbesitzer, sich der Mittel des industriellen Zeitalters zu bedienen, also die Arbeit zu mechanisieren, Brennereien und Ziegeleien zu gründen oder gar, wie in Oberschlesien, Kohlenbarone zu werden, Herren der Großindustrie.

Traditionen waren nach wie vor im Adel so mächtig, daß von der neuen Freiheit, jeden Beruf ergreifen zu können, so gut wie nie Gebrauch gemacht wurde. Wer nicht sein Gut bewirtschaftete, ging in den Staatsdienst, in die Diplomatie vor allem oder zum Militär. Bevorzugt wurden dabei die traditionsreichen Regimenter, in denen schon ihre Väter gestanden hatten, während der technisierte Teil der Truppe als weniger vornehm galt. Unter Artilleristen und Pionieren hatte es schon zu Friedrichs Zeiten einzelne bürgerliche Offiziere gegeben; unter den preußischen Kavallerieoffizieren aber gab es noch um 1850 nur einen einzigen, der nicht-adliger Herkunft war.

Natürlich konnte sich adliges Denken und Fühlen besonders in jenen Bereichen behaupten, in denen die Adligen weiterhin dominierten. Theoretisch war Bürgerlichen jetzt der Aufstieg, sieht man von Hofämtern ab, überall möglich, praktisch aber war er in jenen Berufszweigen schwierig, die dem Adel als standesgemäß und erstrebenswert galten. Gelang aber der Aufstieg, war für Nicht-Adlige Anpassung nötig, so daß Lebenshaltung und Ehrenkodex des Adels in Pseudoformen auch bürgerliche Kreise ergriffen. Es waren besonders die Reserveoffiziere, die als schneidig geltende Aristokratenallüren auch ins Zivilleben und an die Universitäten trugen. Die für die wilhelminische Zeit so typische Mischung von industriellem Aufschwung und militärischer Prachtentfaltung, von Prahlerei, Gewinnstreben, Neureichenprotz und preußischen Tugenden entwickelte sich durch diese gegenseitige Anpassung, die mit dem Ersten Weltkrieg ihr schreckliches Ende fand.

Die gräflich-Finckensteinsche Familie auf Madlitz und Ziebingen verhielt sich in dieser Hinsicht nicht anders als andere Adelsfamilien. Von den insgesamt achtzehn erwachsen gewordenen Kindern der drei überlebenden Söhne des Präsidenten schloß nur eine Tochter eine nicht-standesgemäße Ehe mit einem bürgerlichen Gutsbesitzer aus Schlesien, und von den zehn Söhnen wurden zwei Beamte und acht Offiziere, deren aller Karriere im traditionsreichen 1. Garderegiment zu Fuß in Potsdam begann. Zwei von ihnen wurden Flügeladjutanten des Kaisers, vier brachten es bis zum Obersten und einer zum General.

Für die Militärgeschichte bedeutsam wurde aber nicht der General, sondern einer der Obersten, ein Graf Finckenstein mit dem in der Familie seltenen Vornamen Reinhold, der sowohl in den Darstellungen des Deutsch-Österreichischen (1866), als auch des Deutsch-Französischen Krieges (1870/71) vorkommt. In der Schlacht von Königgrätz, auch genannt: von Sadowa, am 3. Juli 1866, in der die Preußen gegen die Österreicher und die mit ihnen verbündeten Sachsen kämpften, befand er sich in der Suite des Königs und bewährte sich als ausgezeichneter Reiter, als er, unter Zurücklassung seiner langsameren Eskorte, in einem nächtlichen Ritt der Armee des Kronprinzen Moltkes Befehl zum Angriff so schnell überbrachte, daß diese rechtzeitig auf dem Schlachtfeld erschien. Während der Schlacht gehörte der Graf zum Gefolge des Königs und konnte diesen, als österreichische Kürassiere ihn angriffen, schützen, indem er die Leibwache zum Gegenstoß führte – eine Tat, die wenig später in einem Gemälde verewigt wurde. Der Künstler hieß Georg Bleibtreu und war einer der fruchtbarsten Schlachtenmaler, der viele der preußischen Siege zwischen Großbeeren (1813) und

Reinhold Graf Finckenstein, Oberst, Flügeladjutant König Wilhelms I., Kommandeur des 2. Garde-Dragoner-Regiments, der sich bei Königgrätz besonders hervortat und fünf Jahre später bei Mars-la-Tour fiel.

Sedan (1870) in Farben verherrlicht hatte. Laut Theodor Fontane, der viele seiner Gemälde in Berliner Ausstellungen gesehen und besprochen hatte, war er ein besonderer Liebling des Publikums.

Seine zweite Ehrung durch ein Gemälde konnte der hochdekorierte Graf nicht mehr erleben; das Bild stellt nämlich seine letzte Attacke dar. Moritz Blanckarts, ein Düsseldorfer Maler, der, als früher Bildreporter, die Kriegsschauplätze im Gefolge von Heerführern bereiste, um für Schlachtengemälde Studien zu machen, wählte als Thema für sein Gemälde »Mars-la-Tour« den Angriff der Gardedragoner, an deren Spitze Oberst Graf Finckenstein, von Säbelhieben getroffen, am 16. August 1870 als Sechsundvierzigjähriger fiel.

Blanckarts, der auch als Schriftsteller wirkte, hat diesen Tod auch in Versen besungen. Das Gedicht beginnt mit der Zeile: »Bei Mars-la-Tour in blut'ger Schlacht«, um dann so zu enden:

»Er aber kämpft mit Löwenmut,
Bis er den letzten Tropfen Blut
Fürs Vaterland vergossen.

So hat im wilden Hufgestampf,
Bedeckt von schweren Wunden,
Graf Finckenstein im grimm'sten Kampf
Den Heldentod gefunden.
Doch lebt sein Name hehr und groß
Mit Preußens Siegen wandellos
Für alle Zeit verbunden.«

Erhaltung für ewige Zeiten

Obwohl der Adel in vielen Bereichen von Staat und Gesellschaft seinen Einfluß bewahren konnte, vermochte er die Umverteilung der Besitzverhältnisse auf dem Lande nicht aufzuhalten. Um die Mitte des neunzehnten Jahrhunderts waren etwa die Hälfte der märkischen Rittergüter nicht mehr in Adelsbesitz. Im Kreis Lebus war die Entwicklung noch nicht ganz so weit fortgeschritten. 1850 kamen hier auf fünfzehn adlige Rittergutsbesitzer zwölf bürgerliche; doch ändert sich auch hier dieses Verhältnis zugunsten der Bürgerlichen, zählt man die größeren Besitzungen, die nie Rittergüter gewesen waren, sondern Klöstern oder Städten gehört hatten, hinzu.

Ähnliche Tendenzen zeigten sich, wenn auch mit unterschiedlichen Zahlen, in den benachbarten Kreisen. In Beeskow-Storkow gab es, beeinflußt durch die ehemals ausgedehnten königlichen Ländereien, die fast alle in bürgerliche Hände übergegangen waren, nur noch drei adlige Besitzer. Und im Barnim, wo um 1800 siebenunddreißig Adlige gegen dreizehn Bürgerliche gestanden hatten, waren fünfzig Jahre später sechsunddreißig bürgerliche Güter daraus geworden, und die Zahl der adligen war auf dreiundzwanzig geschrumpft.

Um diese Entwicklung aufzuhalten oder doch zu verlangsamen, gingen viele adlige Familien dazu über, ihre Besitzungen in Fideikommisse umzuwandeln, also eine Rechtsform zu wählen, die Friedrich der Große, der seines Offiziersnachwuchses wegen am Erhalt der Güter interessiert sein mußte, gefördert hatte, die von der Nationalversammlung 1848 verboten, in der Reaktionszeit danach aber wieder erlaubt worden war. Es handelte sich dabei sozusagen um ein Familiengesetz, das, im Interesse der Nachkommen, den Erben das Verkaufen des Gutes verbot. Der Erbe hatte sich nicht als Privateigentümer, sondern als Verwalter des zu bewahrenden Familieneigentums zu verstehen.

Für Madlitz wurde ein solches Fideikommiß 1866 von den zwei noch lebenden Söhnen des Präsidenten »für ewige Zeiten« errichtet und dabei gleich festgelegt, daß das gesamte Gut Madlitz einschließlich »Wilmersdorf, Antheil Petersdorf und zwei Antheile Kersdorf« aus dem Gemeinschaftsbesitz der drei Brüder an den noch minderjährigen ältesten Sohn des schon verstorbenen Bruders Wilhelm übergehen sollte, der es dann wieder an den »ältesten männlichen ehelichen, den gräflichen Namen Finck von Finckenstein führenden Nachkommen« zu vererben habe, und so fort. »Da der Zweck der gegenwärtigen Fideicommißstiftung«, so heißt es in § 2 umständlicher und genauer, »auf die Conservation und den Flor der Gräflichen Familie in der männlichen ehelichen Nachkommenschaft der oben genannten drei Söhne des Regierungspräsidenten Reichsgrafen Friedrich Ludwig Carl Finck von Finckenstein gerichtet ist, so wird hierdurch ausdrücklich angeordnet, daß die durch gegenwärtige Stiftung zum Fideicommiß bestimmten Güter niemals getrennt und durch Theilung geschwächt werden, daß vielmehr die Succession in dieses Fideicommiß zunächst unter den etwaigen männlichen ehelichen Nachkommen des obengenannten Curanden lediglich mit dem Rechte der Erstgeburt erfolgen, daß also, falls derselbe dereinst mehrere Söhne hinterließe, sein erstgeborener Sohn und dessen männliche eheliche Nachkommen die nachgeborenen Brüder und deren Linie ausschließen und diese Ausschließung der nachgeborenen Brüder und übrigen Verwandten durch den erstgeborenen Sohn des jedesmaligen Besitzers und durch dessen männliche eheliche Nachkommen durch alle Geschlechtsfolgen geschehen soll.«

Ausgeschlossen waren aus dieser Erbfolge nicht nur die unehelichen, sondern auch »die durch nachfolgende Ehe legitimierten Kinder und deren Nachkommen«, ebenso jene, die gerichtlich »zu einer entehrenden Strafe verurtheilt« oder »für einen Verschwender erklärt« und unter Vormundschaft gestellt werden würden. Für die vielen leerausgehenden Verwandten aber wurde zur Ergänzung dieser Bestimmungen dreißig Jahre später, 1895, eine Familienstiftung ins Leben gerufen, aus deren »Zinsen und sonstigen Einkünften« die von der Erbfolge Ausgeschlossenen unterstützt werden konnten. Auch unter den veränderten wirtschaftlichen und gesellschaftlichen Verhältnissen war offensichtlich die gegenseitige Verantwortlichkeit in der Familie noch da.

Hätte es die Bestimmung nicht gegeben, daß nur männliche Nachkommen erbten, wäre Madlitz schon beim nächsten Generationswechsel an eine andere Familie geraten. Denn der von den Fideikommißgründern Eingesetzte, damals noch Minderjährige, der sich vom Rittmeister bei den Dragonern zum tüchtigen Gutsherrn auf Madlitz wandelte, mit dem Titel eines kaiserlichen Kammerherrn und einem Sitz im Herrenhaus geehrt wurde, besondere Erfolge als Forstmann erzielte, häufig, seit 1888 jährlich, Kaiser Wilhelm II. in Madlitz zu Gast hatte, weil dieser, ein passionierter Jäger, den reichen Rotwildbesatz zu schätzen wußte – dieser Finckenstein also hatte zwar fünf Kinder, aber nur nicht erbende Töchter, was vielleicht auch Anlaß für die Errichtung der oben erwähnten Familienstiftung war.

Ziebingen, das von den Söhnen des Präsidenten hatte verkauft werden müssen, um Madlitz überhaupt halten zu können, war 1857 von einem Bruder des Madlitzer Grafen zurückgekauft und von ihm und seinem Sohn durch Deichbauten, Entwässerung von Überschwemmungsgebieten der Oder und Errichtung von Ziegeleien modernisiert worden; und von dort kam nun auch, wie vom Fideikommiß vorgeschrieben, der männliche Erbe, ein Ernst-Wilhelm, 1884 in Ziebingen geboren, der insofern schon einer veränderten Zeit angehörte, als er keine Ritterakademie oder Kadettenanstalt, sondern ein normales Gymnasium, in Bad Freienwalde, besuchte, nicht Offizier wurde und nicht in den Staatsdienst strebte, sondern in Bonn, Heidelberg und Eberswalde erst Jura, dann Forstwirtschaft studierte, in der Mark und in Schlesien eine Ausbildung für Landwirte absolvierte und dann erst, 1918, das Madlitzer Familienerbe übernahm. Seine Frau stammte aus der Familie von Wulffen, die vor den Finckensteins zweihundert Jahre lang in Madlitz gesessen hatte. Und da der neue Gutsherr in Madlitz der letzte vor dem Untergang sein sollte, scheint dem nachgeborenen Betrachter der Einzug einer von Wulffen in das alte Haus ihrer Familie doch nicht ohne tiefere Bedeutung zu sein.

Ein weiteres Finckensteinsches Fideikommiß wurde in dieser Zeit auch im Oderbruch errichtet, in Reitwein, wo ein Jahrhundert zuvor die preußische Armee vor und nach der Niederlage bei Kunersdorf die Oder überquert hatte und der König seinen verzweifelten Brief an den vertrauten Minister von Finckenstein geschrieben hatte, an jenen Finckenstein, durch den die Familie in der Mark ansässig geworden war.

In Reitwein, einem der ältesten, wahrscheinlich schon in vordeutschen Zeiten besiedelten Oderbruchdörfer, hatten zweihundert Jahre lang die von Burgsdorffs gesessen, nun gingen Schloß und Gut durch die Heirat eines Enkels des Präsidenten 1841 an die Finckensteins über, an einen Grafen Rudolf, der als Oberleutnant beim Garde-Regiment zu Fuß gestanden hatte, nach der Heirat mit der Reitweiner Erbin aber, um sich ganz seinen Besitzungen widmen zu können, den Abschied nahm. Ihm, einem frommen Mann, der seine Kirchenpatronatspflichten sehr ernst nahm, hatte Reitwein nicht nur einige soziale Einrichtungen, wie Kindergarten und Altenheim, zu verdanken, sondern auch eine neue größere Kirche, gebaut nach Plänen Friedrich August Stülers, ein neugotischer Bau, dessen Backsteine in einer eigens dafür erbauten Ziegelei aus Reitweiner Lehm hergestellt

Reitwein um 1860, als die von Stüler entworfene Kirche schon stand und im Schloß nicht mehr die Burgsdorffs, sondern die Finckensteins lebten. Die bewaldete Höhe hinter der Kirche ist der Reitweiner Sporn, der sich einige Kilometer weit ins südliche Oderbruch erstreckt. Vom Schloß ist heute keine Spur mehr vorhanden, und die Kirche ist seit 1945 eine Ruine.

wurden, auch die für den gotischen Zierat nötigen Formsteine, von denen dreiundsechzig verschiedene gebraucht wurden, wie uns ein Ortschronist überliefert hat.

Fertiggestellt wurde der für viele Generationen berechnete Bau 1858, doch waren ihm nur siebenundachtzig Jahre beschieden; denn als im Januar 1945 die Rote Armee die Oder erreichte, sie überquerte und bei Reitwein einen wochenlang umkämpften Brückenkopf bildete, wurde die Kirche zerstört. Die Ruine, die immer weiter verfällt, steht noch und ist begehbar. Doch von den Erinnerungen an die Burgsdorffs und Finckensteins ist nichts mehr vorhanden, und deshalb sei hier die verlorene Gedächtnistafel, die an den Bauherrn erinnern sollte, zitiert:

»Im Jahre des Heils 1886 am 19. Mai ging heim zu seinem Heilande Herr Rudolf, Reichsgraf Finck von Finckenstein, geb. am 3. Januar 1813, baute er diese Kirche in den Jahren 1856-1858 zur Ehre Gottes, zur Erinnerung an seine erste Gemahlin Erdmuthe, geb. von Burgsdorff, Erbfrau allhier auf Reitwein und zur Erbauung dieser Gemeinde auf dem Felsen des göttlichen Wortes, auf welchem auch seine Seele ruhete bis in den Tod. – HERR, ich habe lieb die Stätte Deines Hauses und den Ort, da Deine Ehre wohnet. Psalm 26, Vers 8.«

Theodor Fontane hat in seinen »Wanderungen durch die Mark Brandenburg« Reitwein so wenig wie Madlitz und Ziebingen behandelt, er hat aber in seinem Roman »Vor dem Sturm« die Gegend um Reitwein zum Schauplatz gemacht. Seinem erfundenen Ort Hohen-Vietz hat er etwa die Lage von Reitwein gegeben, nämlich im Südteil des Oderbruchs am Fuße des Höhenzuges, der sich, von der Lebuser Hochfläche ausgehend, halbinselartig ins Bruch erstreckt. Auch im Roman liegt die Kirche auf halber Höhe und das Schloß weiter unten am Rande des Dorfes, von dem aus die Helden des Buches zu Fuß bald die Oder erreichen, an deren jenseitigem Ufer sich Göritz befindet, das im Roman Kirch-Göritz heißt.

Sieht man ab von der Kirchenruine, sind heute in Reitwein

keine Spuren aus gräflicher Zeit mehr zu finden, solche aus Kriegszeiten um so mehr. Auf dem bewaldeten Höhenzug im Rücken des Dorfes, dem sogenannten Reitweiner Sporn, von dem aus der sowjetische Marschall Shukow im April 1945 den verlustreichen Angriff auf die Seelower Höhen befehligte, sind im zerklüfteten Waldboden noch Reste der Unterstände und Schützengräben erkennbar, und unterhalb der Kirchenruine, wo einst der Schloßpark grünte, reihen sich die Gräber russischer Soldaten. Vom Schloß aber, das in seinem Kern aus der Renaissance stammte, ist nichts mehr vorhanden. Nach Plünderung und Verwahrlosung wurde es in den sechziger Jahren abgetragen, wie so viele in Ostpreußen, Pommern, Mecklenburg und der Mark.

Einer ideologisch begründeten Zerstörungswut sind in den Jahren nach 1945 neben den Stadtschlössern Berlins und Potsdams auch viele Häuser des vertriebenen und enteigneten Adels zum Opfer gefallen, und zwar nicht nur in der Sowjetischen Besatzungszone, sondern auch in den deutschen Ostgebieten, die nun zum kommunistischen Polen gehörten, wo auch mehrere Schlösser der ostpreußischen und neumärkischen Finckensteins verfielen oder beseitigt wurden, wie zum Beispiel das in Trossin (heute Troszyn), zwischen Küstrin und Königsberg/Neumark, das erst 1873 durch Erbschaft an die Finckensteins gefallen war. Der dortige Graf hatte auch das Patronat über die Kirche in Sellin (heute Zielin), wo Gottfried Benns Vater als Pastor wirkte und mit der Finckensteinschen Familie befreundet war. Gottfried, der spätere Dichter, und sein gleichaltriger Freund, Heinrich Graf Finckenstein, wurden von Pastor Benn auf den Besuch des Gymnasiums vorbereitet, das sie dann gemeinsam in Frankfurt/Oder besuchten, wo sie 1903 ihr Abitur ablegten. Der Freund, dem die Familie auch künstlerische Neigungen nachsagte, ließ sich dann doch zum Juristen und später zum Landwirt ausbilden, während Benn erst Theologie und dann Medizin studierte. Graf Heinrich gehörte im August 1914 zu den ersten

Gefallenen des Weltkrieges. Der Dichter, der später im Berliner Westen als Arzt praktizierte, blieb mit der Familie Finckenstein immer befreundet, auch nach der Vertreibung noch.

1948 wurden durch Befehle der sowjetischen Militärregierung, ergänzt durch SED-Dekrete, alle ländlichen Gutshäuser und Schlösser, die nicht als Wohnungen oder Heime verwendet wurden, von wenigen kunsthistorisch bedeutsamen Ausnahmen abgesehen zum Abriß freigegeben, um Baumaterial zu gewinnen. Und von dieser Möglichkeit zur Denkmalszerstörung wurde häufig Gebrauch gemacht. Wenn sich auch später das Verhältnis der DDR-Oberen zur preußischen Geschichte veränderte und dadurch das Interesse an Denkmalserhaltung größer wurde, so war doch, da nur in seltenen Fällen der Verfall aufgehalten werden konnte, die Gefahr des Abrisses bis zum Ende der DDR immer noch groß. Das ruinös gewordene Gutshaus der Knesebecks in Karwe wurde noch in den achtziger Jahren abgerissen. Und da fast überall in den fremdgenutzten Gebäuden Verfallserscheinungen sichtbar wurden, hätte bei einem Weiterbestehen der DDR sicher noch vielen von ihnen, wie wohl auch dem Madlitzer, der Abriß gedroht.

Hatte schon die Verteufelung und Vertreibung des Adels irrationale Züge, so noch viel mehr, angesichts des in Trümmern liegenden Landes, der nachträgliche Vernichtungsfeldzug gegen die adligen Häuser. Doch war letzteres insofern von einer gewissen Logik, als das Haus für den Adel immer von großem Symbolwert gewesen war. Seit dem Mittelalter, ja schon seit der Antike hatte der Begriff des Hauses mehr bedeutet als nur das Bauwerk. Er war einerseits Synonym für Besitz, Wohnsitz, Heimat, andererseits aber auch für die Gemeinschaft der Personen, die in ihm lebten, gelebt hatten und leben würden, also für die Familie, ebenso aber auch für ideelle Güter, wie Würde und Ehre, und für soziale, wie Vorrecht und Pflicht. Die Vernichtung der Stadtschlösser Berlins und Potsdams sollte die endgültige Vernichtung des »Hauses Hohenzollern« bedeuten. Und als man die Häuser der Itzenplitze in Kunersdorf und der Marwitze in Friedersdorf abriß, waren damit nicht nur die Bauwerke, sondern auch deren Bedeutung gemeint.

Leider wird das Sterben der Herrensitze mit der Wiederherstellung der deutschen Einheit kein Ende haben, da die Enteigneten der Nachkriegsjahre ihre Häuser, von Ausnahmen abgesehen, nicht zurückbekamen, Länder und Kommunen sie oft nicht nutzen können und sich finanzkräftige Käufer selten nur finden lassen. Die Fremdnutzung zu DDR-Zeiten als Wohnungen, Heime, Schulen oder dergleichen, die zwar häufig, wie zum Beispiel in Paretz, Verschandelungen mit sich brachte, aber doch die nötigsten Erhaltungsmaßnahmen erforderlich machte, ist in vielen Fällen nun der Nichtnutzung gewichen, die für die Bausubstanz bedeutend gefährlicher ist. So wird wohl noch manches unwiederbringliche ländliche Bauwerk östlich der Elbe in den nächsten Jahren verschwinden – nicht aber Finckensteins Madlitz, das nach aufwendiger Restaurierung heute wieder in altem Glanze erstrahlt.

Die Oderfront

Als Ende Januar 1945 die sowjetischen Truppen auf ihrem Vormarsch in Richtung Berlin die Oder erreichten, die Kämpfe also keine vierzig Kilometer von Alt Madlitz entfernt tobten, war die Gräfin Barbara Finckenstein, geborene Wulffen, mit ihrer Entscheidung, zu bleiben oder nach Westen zu fliehen, allein. Ihr Mann, der 1918 das Gut übernommen hatte, war schon 1932 gestorben, und ihre Söhne, der zweiundzwanzigjährige Karl Wilhelm und der neunzehnjährige Hans Werner, waren beim Militär.

Während die Briten und Amerikaner das westliche Deutschland besetzten und die Russen im Süden bis Wien vordringen konnten, bewegte sich die Front an der Oder bis Mitte April kaum von der Stelle, doch wurde um die Brückenköpfe, die beide Seiten am jeweils anderen Ufer hatten, erbittert gekämpft. Ziebingen, mit dem Schloßbau Genellis, südlich von Frankfurt am östlichen Ufer gelegen, war schon am 2. Februar von den Russen erobert worden. Der vereiste Fluß hatte ihnen die Überquerung ermöglicht, so daß sie hier schon kurz vor Fürstenberg standen, während die Wehrmacht nördlich davon mit der Frankfurter Dammvorstadt noch eine Stellung am östlichen Ufer hielt. Flußabwärts, in Höhe des Oderbruchs verhielt es sich ähnlich. Küstrin, rechts der Oder gelegen, wurde noch von deutschen Truppen gehalten, auf dem linken Ufer aber hatte die Rote Armee die Brückenköpfe, von denen Reitwein, wo Friedrich der Große vor und nach seiner Niederlage bei Kunersdorf den Fluß überquert hatte, der bedeutendste und lange umkämpfte war.

225

In den frontnahen Dörfern lebte man also bis zum April zwischen Bangen und Hoffen. Man wußte den Krieg verloren, wagte das aber nicht zu sagen. Gern glaubte man den Gerüchten, daß Briten und Amerikaner bis nach Berlin vordringen würden. Der Bevölkerung war es verboten, ohne ausdrücklichen Räumungsbefehl die Flucht zu ergreifen. Da aber dieser Befehl auch zum Ausdruck gebracht hätte, daß der Befehlende selbst an die offizielle Version von der Unüberwindbarkeit der deutschen Stellung nicht glaubte, wagte niemand die rechtzeitige Evakuierung, so daß der Räumungsbefehl meist in letzter Minute erfolgte, also häufig zu spät.

Flüchtlinge von jenseits der Oder, die müde und hungrig mit ihren Pferdewagen und Handkarren die Dörfer durchzogen, wußten von russischer Grausamkeit und chaotischen Zuständen zu berichten. Auf den Chausseen begegnete man Verwundetentransporten. Bei Lietzen wurde mit der Anlage eines Soldatenfriedhofs begonnen. Alte Männer und Frauen wurden zum Ausheben von Schützengräben und zum Bau von Panzersperren beordert. Eigne Truppen kamen und gingen, verschreckten das Vieh mit dem Lärm ihre Panzer, beschlagnahmten Pferde, brauchten Quartiere und stimmten selten nur zuversichtlich; sie waren oft mangelhaft ausgebildet, ohne Kampferfahrung und eilig zusammengestellt.

Von der Oder her war häufig Kanonendonner zu hören. Das Fluchtgepäck stand bereit, denn täglich konnte der Angriff der Russen beginnen. In ständiger Angst vor den Tieffliegern wurden im März die Äcker bestellt.

Der Madlitzer Gräfin war daran gelegen, das Familienarchiv und die Kunstgegenstände nach Westen zu bringen. Doch war das des Fluchtverbots wegen nicht möglich; auch war für das Auto kein Treibstoff da. Sie bangte um ihre Söhne, deren jüngster, Hans Werner, der als Fahnenjunker zu den Verteidigern Küstrins gehört hatte, in diesen Tagen verwundet und von den Russen gefangen wurde. Der Ältere aber erschien unerwartet in den letzten Tagen des März.

Karl Wilhelm, 1923 in Madlitz geboren, war mit seinem drei Jahre jüngeren Bruder zusammen in einem Internat am Chiemsee erzogen worden. Seine Militärzeit hatte 1941 im Infanterieregiment Nr. 5 in Stettin begonnen. Er hatte an der Belagerung Leningrads teilgenommen, war sechsmal verwundet worden und hatte zuletzt zur eingekesselten Kurlandarmee gehört. Nach erneuter leichter Verwundung war es ihm gelungen, den Kessel in einem Jagdflugzeug zu verlassen. Er war beim Oberkommando des Heeres in Zossen gelandet und hatte dort die Erlaubnis zu einem kurzen Besuch seiner Mutter erwirkt.

Madlitz war überfüllt mit Flüchtlingen, die kaum noch ernährt werden konnten. Auch ein Trakehnergestüt aus Ostpreußen hatte hier mit achtzig Pferden eine vorläufige Bleibe gefunden. Das Dorf, das schon im Bereich der sowjetischen Artillerie lag, hatte unter den Kämpfen noch nicht gelitten, war aber, wie der zweiundzwanzigjährige Leutnant feststellen mußte, besonders gefährdet, weil auf dem Wirtschaftshof des Gutes ein riesiges Lager von Brennspiritus, der bei Beschuß in Flammen aufgehen mußte, angelegt worden war. Diese Gefahr abzuwenden war also seine Hauptsorge. Es waren aber keine Fahrzeuge zum Abtansport da.

In dieser Notlage entsann sich Graf Finckenstein einer Bekanntschaft, die er im Kurlandkessel gemacht hatte. Die vom Nachschub abgeschnittene, hungernde Truppe hatte versucht, sich durch Jagd in den dortigen Wäldern zu helfen. Leutnant Finckenstein, der schon als Kind in Madlitz das Weidwerk gelernt hatte, war mit der Aufstellung von Jagdkommandos beauftragt worden, und zu denen hatten manchmal auch höhere Offiziere gehört. Dabei war er mit einem von ihnen näher bekannt geworden, der ihm jetzt vielleicht helfen konnte, mit dem General der Infantrie Busse nämlich, der inzwischen Chef der 9. Armee und damit Befehlshaber dieses Oderfrontabschnitts geworden war.

Der Befehlsstand sollte sich in Bad Saarow befinden, in Rich-

Die Halbinsel im nördlichen Teil des Scharmützelsees, mit Dorf Saarow und dem ehemaligen Herrenhaus der Löschebrands, wo sich im Frühjahr 1945 das Hauptquartier der 9. Armee befand. Die Verteidigung der Oderfront zwischen der Neißemündung und dem Oder-Havelkanal wurde von hier aus kommandiert.

tung der Rauenschen Berge also, auf die (vom Präsidenten als Blaue Berge bezeichnet) eine der Sichtachsen des Madlitzer Gartens gerichtet war. Noch fuhren Personenzüge, wie auch erstaunlicherweise die Post in diesen Tagen noch funktionierte. Finckenstein machte sich also auf und konnte den General wirklich finden. Der Stab hatte nicht in einer der prächtigen Villen reicher Berliner Quartier genommen, sondern sich in das Dörfchen Saarow, das auf einer Halbinsel des Scharmützelsees liegt, zurückgezogen, in ein Herrenhaus aus dem achtzehnten Jahrhundert, das die seit dem Mittelalter hier ansässigen von Löschebrands gebaut hatten, das seit 1919 aber ein Sanatorium beherbergte und jetzt »Eibenhof« hieß.

Hier, in dieser idyllischen Umgebung, durch die keine drei Wochen später die Reste der deutschen Truppen in Richtung Halbe fliehen sollten, um dort eingekesselt zu werden, konnte der Leutnant dem General seine Bitte, Madlitz durch Beseitigung des Gefahrenherdes zu retten, in Eile vortragen, und er fand tatsächlich Gehör. Kurz bevor Finckenstein wieder zu seiner Truppe mußte, konnten zum Abtransport des Spirituslagers Güterwagen der Reichsbahn bereitgestellt werden, so daß wenige Tage vor der sowjetischen Offensive, die in der Nacht zum 16. April einsetzte, das gefährliche Gut beseitigt war. Er konnte auch noch den Fluchttreck der Madlitzer vorbereiten, der dann allerdings von den Russen bald überrollt wurde, und er konnte für das eine noch nicht requirierte Auto Benzin besorgen und in ihm die Teile des gräflichen Familienarchivs in Sicherheit bringen, die noch erhalten sind.

Da die Stoßkeile des sowjetischen Angriffs nördlich und südlich von Madlitz vorbeigingen, war hier, verglichen mit den Oderbruchdörfern, die Zerstörung gering. Die Gräfin floh erst in letzter Minute. Sie sollte Madlitz nie wiedersehen.

Trümmer

Über die Leiden der Landbevölkerung unter fremder Besatzung sind in Ortschroniken, die über den Siebenjährigen Krieg und die napoleonische Zeit berichten, viele Details festgehalten, doch über die ungleich schlimmeren Vorkommnisse des Jahres 1945 schweigt man sich, von Ausnahmen abgesehen, in den Darstellungen ostdeutscher Stadt- und Dorfgeschichten aus. Die Tabuisierung aus DDR-Zeiten wirkt hier anscheinend weiter, und das Wissen um die deutschen Verbrechen in Rußland läßt das Schweigen über russische Verbrechen an Deutschen moralisch erforderlich erscheinen, als rechtfertige die eine die andere Tat.

Da nur wenige Lehrer oder Pastoren, die sich als Zeitchronisten verstanden, den Mut aufbrachten, die Eroberung und Besetzung ihres Ortes durch die Rote Armee im Detail zu beschreiben, weiß man zwar durch mündliche Berichte, daß so gut wie immer nach dem Abflauen der Kämpfe die Plünderungen, Vergewaltigungen, Verhaftungen und auch Morde begannen, aber Einzelheiten sind nur in seltenen Fällen bekannt und dokumentiert.

Neben den Nazis und den als solche fälschlich Denunzierten hatten auf dem Lande vor allem Großgundbesitzer, besonders wenn sie von Adel waren, um ihr Leben zu fürchten; doch ging die Rote Armee dabei völlig willkürlich vor. Es gab Fälle von Erschießungen, von gräßlichen Grausamkeiten, von Verhaftungen, Brandstiftungen und sofortigen Vertreibungen und auch andere, bei denen man die Leitung der Güter noch bis in den

Herbst hinein den Besitzern überließ. Viele Schlösser und Guts-
häuser wurden niedergebrannt, besonders in Ostpreußen und
Pommern, alle geplündert, manchmal auch von den Deutschen,
und von den Kunstschätzen, Archiven und Bibliotheken, die in
Jahrhunderten gesammelt worden waren, gingen fast alle durch
Raub, Brand oder spätere Veruntreuung verloren. Allein im
Madlitzer Umkreis wurden außer den Büchern des Präsidenten
auch die kostbare Eckardtsteinsche Bibliothek in Prötzel, die
33 000 Bände umfassende Bibliothek der Frau von Friedland in
Kunersdorf (in der sich auch Handschriften Chamissos befanden), die Kunstschätze Neuhardenbergs und das Archiv Bethmann Hollwegs in Hohenfinow vernichtet. Nur selten geschah
es, daß Reste einstiger Kulturgüter gerettet wurden, wie die
Bücher derer von Massow auf Steinhöfel und Demnitz, deren
sich die Dombibliothek in Fürstenwalde annahm, oder Teile des
Marwitzschen Familienarchivs, das Bodo von der Marwitz aus
dem im Kampfgebiet liegenden Friedersdorf nach Groß Kreutz
geschafft hatte, von wo es die Russen wegschleppten, aber auf
einem Hausboden liegenließen, so daß es 1951 in das Brandenburgische Landesarchiv geriet.

Das Zerstörungswerk, das in den an Polen und Rußland fal-
lenden deutschen Ostgebieten, also in Ostpreußen, Pommern,
der Neumark und Schlesien, begonnen und im Herbst 1945 in
der Sowjetischen Besatzungszone mit der Enteignung und Vertreibung des Adels fortgeführt wurde, traf eine fast achthundert
Jahre alte Kultur. Das Erbe Preußens, das Hitler gleichgeschaltet
und nach dem Aufstand der Offiziere vom 20. Juli 1944 bekämpft
hatte, wurde so endgültig vernichtet. Der formellen Auflösung
des preußischen Staates durch die Siegermächte 1947 hätte es
nach seinem faktischen Ende nicht mehr bedurft.

In der DDR entstand eine Gesellschaft, in der die alten Familien, ohne deren Namen die deutsche und preußische Geschichte
nicht denkbar wäre, fehlten und mit ihnen ein Element, das Fontane als »poetisch« bezeichnet hatte, damit aber wohl mehr ge-

meint hatte als das. Poetisch oder poesiewürdig zu sein heißt ja nicht nur, schön, malerisch, interessant, sondern auch bedeutend zu sein, eine Bedeutung zu haben, etwas zu bedeuten über sich selbst hinaus. Was poetisch ist, steht nicht nur für sich selbst, sondern gleichzeitig für anderes, Größeres: für einen Namen, eine Familie, eine Lebensform, eine Haltung, eine Verantwortlichkeit, eine Verpflichtung. Jahrhunderte hindurch waren in diesen Familien, für die mit Besitz und Privilegien auch Pflichten verbunden waren, Lebensformen kultiviert worden, die, weil sie nicht jeder Mode und Zeitströmung gehorchten, sowohl Kulturbewahrendes als auch Individualistisches hatten, konservierend und anregend zugleich. Das Engstirnige, Graue, Muffige und Banale, das die DDR-Gesellschaft hatte, hing nicht nur mit der Ein-Parteien-Herrschaft der Kleinbürger zusammen, sondern auch mit dem Fehlen einer traditionsbewahrenden und kulturtragenden Schicht. Die Abwanderung des Bildungsbürgertums und die Vertreibung des Adels hatten eine Leere zur Folge, die nie ausgefüllt werden konnte, da die in den vierzig Jahren nie abreißende Fluchtbewegung immer wieder Selbstbehauptungswillen und Kreativität in den Westen trieb.

Durch die entschädigungslosen Enteignungen vom Herbst 1945, die Bodenreform genannt wurden, alle Landbesitzer von mehr als hundert Hektar betrafen und auch deren Vertreibung aus dem Heimatkreis verfügten (was in den meisten Fällen eine Flucht nach Westen zur Folge hatte), wurde die ländliche Gesellschaft besitzmäßig und kulturell gleichgeschaltet und ihrer führenden Schicht beraubt. Um auch deren Andenken zu vernichten und dabei Baumaterial für Neusiedler zu gewinnen, wurde, wie schon erwähnt, im September 1947 der Abbruch von Gutshäusern angeordnet, wobei historische Grenzen mißachtet, also auch Gärten, Parks und Hofstellen parzelliert wurden, so daß man Schlösser manchmal von Kleingärten, Kaninchenställen und Lauben umgeben findet, und in Dörfern, in denen das Gutshaus beseitigt wurde, ist es schwierig herauszubekommen, wo es einst stand.

Wer in den siebziger und achtziger Jahren Alt Madlitz besuchte und ein wenig von seiner Geschichte wußte, war über den Zustand von Schloß, Park, Dorf und Kirchhof entsetzt. Ursache war nicht der Krieg, der hier wenig zerstört hatte, es war auch weniger die Armut, die sich hier zeigte, als vielmehr ein Schlendrian, der von Verantwortung für mehr als das eigne Grundstück nichts wußte und neben schlechtem Geschmack auch einer Mißachtung der Vergangenheit und ihrer Denkmäler gehorchte, deren Ursache teils angelernte ideologische Voreingenommenheit, teils Unwissenheit war.

Die Aufteilung des gräflichen Grundbesitzes an Landarbeiter und Vertriebene hatte 1945 viele kleine, kaum existenzfähige Wirtschaften entstehen lassen. Eine besitzfeindliche Politik hatte die Mittelbauern in den fünfziger Jahren ruiniert oder vertrieben, und die 1960 vollendete Zwangskollektivierung hatte die Bauern ihrem Land weitgehend entfremdet und zu Arbeitern gemacht. Das alles hatte die Struktur des Dorfes verändert. Die Scheunen und Ställe auf den Einzelhöfen wurden nicht mehr gebraucht und verfielen, und da das Land wenig Wert hatte, wurden weiträumig außerhalb des Dorfes Lagerschuppen und barackenähnliche Ställe für die Massenviehhaltung errichtet, zwischen denen um vergessene Betonteile und verrostete Maschinen das Strauchwerk wuchs.

Der Madlitzer Park war nicht wie an manchen anderen Orten parzelliert und abgeholzt worden, man hatte ihn aber verwildern lassen und teilweise entstellt. Seine kunstvoll geführten Pfade waren von Unterholz überwachsen oder zu Fahrstraßen erweitert worden, so daß ihr System nicht mehr erkennbar war. Das künstliche Kleingebirge hatte undurchdringliches Strauchwerk überwuchert, und die Wasserläufe und Teiche, die stellenweise als Müllgruben benutzt wurden, waren durch Meliorationsmaßnahmen auf den umliegenden Feldern teils ausgetrocknet, teils versumpft. Die hölzernen Gartenarchitekturen, wie die Meierei und Kleists Ehrenpforte, waren verschwunden, die beiden massiv gebauten in lädiertem Zustand jedoch noch vorhanden: der Monopteros, eine Nachbildung aus der zweiten Hälfte des neunzehnten Jahrhunderts, dessen ionische Kapitelle man dilettantisch mit Ölfarbe bestrichen hatte, und die dorische Säulenhalle, die als Kleintierstall diente und von eingezäunten Gemüsebeeten umgeben war.

Die große, von den Parkbäumen umsäumte Rasenfläche, die von den Fenstern des Gartensaals aus den Durchblick in die Ferne gewährte, hatte die pflegelose Zeit überstanden, da sie teils als Sportplatz, teils als Wiese und Weide benutzt worden war. In ihre Mitte hatte man ein häßliches Pumpwerk gesetzt.

Am trostlosesten aber war der Anblick des Hauses, das man immer benutzt, aber nie repariert hatte; nur das Dach war irgendwann neu gedeckt worden, wobei man die Mansardform vereinfacht hatte, was das Hauptgebäude nun vom Seitenflügel, der baulich noch hinfälliger war, unterschied. Die Umgebung des Hauses war durch Abwässer aufgeweicht, durch Abfälle verunziert und durch Zäune, Schuppen und Hundehütten verstellt. Sichtbar war in den Hausmauern die Nässe mannshoch emporgestiegen, hatte den Putz abplatzen und an den Ecken auch schon das Mauerwerk bröckeln lassen. Verheerender aber noch hatte die Nässe im Innern gewirkt.

Im Gartensaal, dessen Kamin man vermauert, das Gräfliche Wappen aber erhalten hatte, war bis etwa 1980 der Dorfkindergarten untergekommen, dann hatte man ihn zum Abstellraum degradiert. In die anderen Räume des Hauses waren nach dem Krieg Vertriebene aus der Neumark und Schlesien eingewiesen worden, in behelfsmäßig hergerichteten Wohnungen, die auch vierzig Jahre später noch wie Notunterkünfte wirkten, da wenig verbessert und repariert worden war. Besonders die sanitären Anlagen waren, soweit überhaupt vorhanden, mit Mängeln behaftet. Jeder, der eine bessere Wohnung in Aussicht hatte, versuchte hier wegzukommen. Zurück blieben fast nur noch Alte. Das Schloß wurde zu einer Art verwahrlostem Dorfarmenhaus.

Der Finckensteinsche Kirchhof, am Weg zur Madlitzer Mühle gelegen, war auf der sanften Anhöhe des Friedrichsberges leicht zu finden. Inmitten riesiger Felder gelegen, täuschten seine Laubbäume aus der Ferne gesehen ein idyllisch gelegenes Wäldchen vor. Aus der Nähe gesehen aber bot sich ein anderes Bild.

Als 1810 die Gemahlin des Präsidenten zu Grabe getragen wurde, schrieb Wilhelm von Burgsdorff in seinem Kondolenzbrief an ihre älteste Tochter Henriette: »Ihr habt die Mutter ohne Zweifel zu dem Hügel begleitet, der Euch immer lieber werden muß. Dort sollte nun eine kleine Capelle gebaut werden und in ihr Gedächtnißtage gestiftet werden.« Diese Anregung wurde damals nicht aufgegriffen, aber 1823, in dem Jahr seines Todes, entwarf Genelli eine Friedhofsanlage mit Kapelle und massiver Umfassungsmauer. Der Entwurf hat sich in seinem Nachlaß erhalten, er wurde aber nie ausgeführt.

Der Begräbnisplatz für die Gemeinde, im Entwurf als »die Bauren« bezeichnet, war auch damals schon dem Gräflichen vorgelagert. Um vom Fahrweg zur Madlitzer Mühle, den der Entwurf »Mühlendamm« nennt, zu diesem zu gelangen, mußte man den der Gemeinde passieren. Eine Mauer, wie die meisten märkischen Dorffriedhöfe, hat dieser hier nie erhalten. Nur ein Drahtzaun schützt bis heute die Grabpflanzungen vor Wildverbiß.

Er schützt aber nur den Friedhof der Gemeinde, nicht die Wildnis aus Lebensbäumen, Efeu, Mahonien, Buchen und Eichen dahinter, die einmal der Campo Santo der Finckensteins war. Ein Durchgang vom einen zum anderen Teil ist nicht vorgesehen. Will man nicht den Zaun des gepflegten Dorffriedhofs überklettern, kann man nur über das Feld zum hinteren Teil kommen, wo sich um 1980 ein Bild mutwilliger, aber totaler Zerstörung bot.

Der Bericht einer Wandergruppe des »Touristenklubs für die Mark Brandenburg« von 1932 enthält eine Beschreibung des

Auf dem Friedhof der Finckensteins wurde von 1788 bis 1945 begraben, in den Jahren danach wurde er zerstört. Die Grabsteine waren alle in gleicher Art und gleichem Format gehalten. Zu den wenigen von ihnen, die unter den Trümmern später geborgen werden konnten, gehört der des Präsidenten.

Familienfriedhofs, aus der hervorgeht, daß »ein prächtiges Marmorkreuz« die »langen Reihen der Gräber derer, die einst Glieder der Familie waren oder ihr nahestanden«, überragte, daß »am Fuße jedes der schlichten Gräber … ein kleiner Stein Namen und Daten« nannte und daß sich »zwischen den Reihen schöne Steinkreuze mit Bibelworten« erhoben, »Symbole für alle, die hier ruhen«. Es werden auch einige Gedenksteine zitiert, wie der des 1824 in Madlitz geborenen »Oberstleutnants und Kommandeurs des 3. Brandenburgischen Infantrieregiments Nr. 66, geblieben in der Schlacht bei Beaumont am 30.8.1870«, oder der eines mit siebzehn Jahren gestorbenen Mädchens, dessen Rückseite die vom Friedersdorfer Marwitz her bekannten Worte zierte: »Hier ruht mein Glück.«

1980 waren von diesem kulturhistorisch so aufschlußreichen Denkmal nur noch efeuüberwachsene Trümmer vorhanden. Noch waren, wenn man genau hinsah, die Gräberreihen erkennbar, aber alle marmornen Steine mit Namen und Daten und auch die Gedenksteine zwischen den Reihen waren herausgerissen und zertrümmert worden. Der Zerstörungswut widerstanden hatte nur das erste der Denkmäler, der lyrisch verzierte Quader, der dem ersten in Madlitz begrabenen Finckenstein gesetzt worden war.

Bei späterer Untersuchung der Trümmer konnten noch einige wenig zerstörte Steine aus den Schutthaufen gerettet werden. Mitte der achtziger Jahre waren die Reste verschwunden. Wann und warum die Vernichtung erfolgt war, ist ungewiß.

Heimkehr

Verglichen mit der Zahl derer, die durch die Landenteignung und -verteilung von 1945 begünstigt wurden, war die der Enteigneten nur gering. Darauf ist möglicherweise zurückzuführen, daß die auf Wählerstimmen angewiesenen Politiker bei der deutschen Wiedervereinigung das Unrecht von damals nicht rückgängig zu machen versuchten, sondern es festschrieben und damit von zwei Übeln das kleinere wählten. Denn die Anullierung des alten Unrechts hätte neues erzeugt.

Der größte Teil des enteigneten Landes war 1945 in den Besitz von Heimatvertriebenen, Kleinbauern und Landarbeitern übergegangen, deren Unrechtsbewußtsein, soweit vorhanden, mehr als durch die kommunistische Propaganda (»Junkerland in Bauernhand!«) durch die Not, in der sie lebten, weitgehend verdrängt worden war. Ein halbes Jahrhundert danach war es bei Kindern und Kindeskindern, die den Boden bebaut und bewirtschaftet hatten, völlig verschwunden. Eine Rückgabe des Landes an die ehemaligen Besitzer wäre als neuerliche Enteignung empfunden worden, nicht als Wiederherstellung des Rechts.

Diese Unterschiede des Rechtsempfindens, die sich durch die Vorurteile verstärkten, die Emigranten und Daheimgebliebene erfahrungsgemäß gegeneinander hegen, hatten zur Folge, daß die alten Besitzer, die nach dem Fall der Mauer, oft nur besuchsweise, in ihre Heimat zurückkehrten, mit Mißtrauen oder auch Feindseligkeit rechnen mußten, als stellten sie eine Bedrohung des mühsam Erworbenen und Bewahrten dar. Waren sie doch für fast alle Einwohner Fremde. Denn von denen, die sie aus früheren Zeiten kannten, waren nur wenige noch am Leben; meist mehr als die Hälfte der Dorfbewohner war nach 1945 aus dem Osten gekommen oder später erst zugezogen; und da sich die Dörfer durch Kriegszerstörung oder wirtschaftliche Erfordernisse baulich verändert hatten, fand mancher Heimkehrer von der Heimat, in die er sich über Jahrzehnte zurückgesehnt hatte, nicht mehr viel vor.

In Madlitz dagegen gestaltete sich die Rückkehr vergleichsweise günstig. Zwar hatte sich auch hier seit den mörderischen Frühlingstagen, in denen der junge Leutnant sein Vaterhaus zum letztenmal gesehen hatte, vieles verändert, doch war noch alles, wenn auch heruntergekommen, an seinem Platz. Der Graf, achtundsechzigjährig inzwischen, der ein erfolgreiches Berufsleben als Finanzkaufmann und Bankier hinter sich hatte, konnte alles sofort wiedererkennen, als er im April 1990 den Ort seiner Kindheit zum erstenmal wieder sah. Da lagen noch immer abseits des Dorfes die Helligen Pfühle, die sich im Mai mit dem Gelb der Sumpflilien schmücken; da stand noch immer, wenn auch baufällig geworden, das Haus, in dem er geboren wurde; und der Park, wenn auch entstellt und verwildert, kündete für den Eingeweihten immer noch von den Zeiten, in denen Tieck hier den Grafen mit den Minnesängern bekannt machte, Graf Karl die Rahel zu vergessen versuchte und sich Burgsdorff mit den Töchtern des Präsidenten, für die er sich nicht entscheiden konnte, am Steinpfuhl erging.

Getrübt aber wurde die Wiedersehensfreude durch den erbärmlichen Zustand des Dorfes und des ehemaligen Gutes. Die Straße, an der sich fast alle Häuser des Dorfes reihen, bestand vorwiegend aus Schlaglöchern; defekte Landmaschinen rosteten irgendwo im Freien; die Gutsvorwerke waren teilweise verfallen. Rings um das Herrenhaus standen Hundehütten und Datschen. Die einst musterhaften Mischwälder waren durch Raubbau in dürftige Kiefernmonokulturen verwandelt worden. Die Äcker

Alt Madlitz vom Friedrichsberg aus gesehen.

waren, um sie weiträumig zu machen, von allen Hecken, Wegrainen, Alleebäumen und Feldgehölzen entblößt worden, so daß die leichten, schnell verwehenden Böden schutzlos den Winden ausgesetzt waren. Und die Gräber der Finckensteins hatte man mutwillig zerstört. Das weckte Entsetzen und Trauer, daneben aber auch ein Verantwortungsbewußtsein, das sich durch die zweihundertjährige Verbundenheit der Familie mit diesem Ort und mit dieser Landschaft erklärt. Der Vertriebene, der eine zweite Heimat am Chiemsee gefunden hatte, sich von der ersten aber innerlich nie völlig gelöst hatte, war bereit, hier Hilfe zu leisten, vorausgesetzt, sie wurde gewünscht.

Das aber versicherte ihm der Bürgermeister, ein Vertriebener aus Hinterpommern, der auch Vorsitzender der Genossenschaft war. Er brachte weder dem Westdeutschen Aversionen noch dem Altbesitzer Mißtrauen entgegen, erhoffte sich vielmehr von ihm Auswege aus der wirtschaftlichen Misere und begrüßte ihn mit den Worten: Wir haben auf Sie gewartet, Herr Graf!

Wochen später war die Landwirtschaftliche Produktionsgenossenschaft, die unter marktwirtschaftlichen Bedingungen nicht bestehen konnte, zusammengebrochen, und der Brief an den Chiemsee, der mit den Worten: Dies ist ein Hilferuf! anfing, veranlaßte den Grafen, sein Kapital und sein Wissen und Können für das Dorf einzusetzen, das so lange mit dem Namen seiner Familie verbunden gewesen war.

Da die dringendste Aufgabe war, den Madlitzern wieder Arbeit zu geben, wurde nach Aufstellung und Auswertung von Flächennutzungs- und Dorferneuerungsplänen und nach Kauf und Pachtung ehemals Finckensteinscher Äcker und Wälder ein moderner Landwirtschaftsbetrieb, ausschließlich für Feldfruchtanbau, geschaffen, der unter fachmännischer Leitung eines Verwalters 1991 schon die erste Ernte einbringen konnte und im gleichen Jahr noch mit der Wiederaufforstung von Laubgehölzen begann. In der Feldmark erwuchs in den nächsten Jahren eine kilometerlange Windschutzbepflanzung, und die neu-

gegliederten Schläge wurden durch Hecken, die dem Nieder-
wild und den Vögeln Schutz bieten, begrenzt. Unter Träger-
schaft der Gemeinde entstand ein Ausbildungs- und Sozialzen-
trum, das, vom Christlichen Jugenddorf-Werk betrieben, vor
allem der Fortbildung und Umschulung dienen soll. Die Dorfstraße erhielt neues Pflaster, wurde mit Bäumen bepflanzt und
beleuchtet; und durch Abriß der erbärmlich aussehenden Mas-
senviehhaltungsställe und durch Renovierung der Kirche wurde
das Dorfbild verschönt.

Graf Finckenstein, von dem alle diese Aktivitäten ausgingen
und bei ihm auch wieder zusammenliefen, der aber auch die
Fähigkeit hatte, Verantwortlichkeiten an Fachleute zu delegie-
ren, nahm in den ersten Monaten seinen Sitz in der idyllisch
zwischen zwei Seen gelegenen Madlitzer Mühle, deren Reiz
aber in DDR-Zeiten durch den Bau eines Stasi-Erholungsheims
weitgehend verlorengegangen war. Später wohnte er in der
Dorfmitte, über dem Büro des Landwirschaftsbetriebes, in dem
von ihm erworbenen Haus eines größeren Landwirtes, der in
den fünfziger Jahren, wie auch andre Bauern des Dorfes, in den
Westen geflohen und nicht mehr zurückgekehrt war. Von hier
aus betrieb er den Kauf seines Geburtshauses, also des Schlosses
samt Park.

Beides war schon in DDR-Zeiten auf die Denkmalsliste gesetzt worden, doch hatte das den Verfall des Gebäudes nicht
aufhalten können; und die halbherzigen Versuche, die Parkan-
lagen zu rekultivieren, waren bald wieder eingeschlafen, so daß
nach endlich erfolgtem Rückkauf von Haus und Garten die Restaurierung von Grund auf beginnen mußte, mit großem Aufwand an Arbeit und Geld.

Kaufbedingung war nicht nur die Beschaffung von Wohn-
raum für die noch im Schloß lebenden Mieter und die Wiederherstellung des Ganzen nach Denkmalschutzrichtlinien gewesen, auch die öffentliche Zugänglichkeit des Parks mußte für die
Zukunft gewährleistet sein.

Wer heute Alt Madlitz besucht, wird das alles erfüllt finden. Das gräfliche Haus, das Schloß zu nennen sich eigentlich verbietet – denn es prunkt nicht mit Größe oder aufwendigem Zierat, besticht vielmehr durch wohlproportionierte Schlichtheit –, das Herrenhaus also ist wieder Finckensteinsches Wohnhaus geworden; es hat seinen Gartensaal mit dem Parkdurchblick, dem Kamin und dem Wappen wieder; äußerlich strahlt es wieder und ist auf seine bescheidene Art schön. Es liegt wieder inmitten von Gartenanlagen, die in die Schattenregionen des Landschaftsparks überleiten, wo die dorische Tempelhalle und die erhöht stehende Rotunde weiß durch Büsche und Bäume leuchten, wo am Steinpfuhl auf der Herzberg genannten Anhöhe dreizehn Steine an die dreizehn Kinder des Präsidenten erinnern, wo sich die wiedererstandenen Pfade, die immer erneut wechselnde Durchblicke bieten, zur großen, von dem häßlichen Pumpwerk befreiten Wiesenfläche, zu Eichen- und Buchenhainen und den Schluchten des Kleingebirges winden und wo den Literaturkundigen alles an die romantische Künstlergesellschaft von Tiecks »Phantasus« erinnert, die, unter Parkbäumen sitzend, nach ihrer abendlichen Gesprächs- und Vorleserunde noch dem Gesang der jungen Gräfinnen, in die jeder verliebt ist, lauscht.

Ein Kleinod in märkischem Sand ist hier wiedererstanden, das nach einem halben Jahrhundert Verfall und Mißachtung des preußischen Erbes reine Freude erzeugen könnte, mischte sich nicht bei dem Gedanken an die vielen Adelssitze und Dorfkirchen, die in der Mark und in Mecklenburg weiter verfallen, Melancholie darunter, der man am besten auf dem kaum noch als solchen erkennbaren Friedhof der Finckensteins nachhängen kann. Auf dem Spaziergang zu den Seen an der Madlitzer Mühle und zur Russenschanze, die an die schwarzen Tage von 1759 erinnert, sollte man eine Gedenkminute an den überwachsenen Gräbern einlegen, wo ein Steinkreuz alle Schändung überdauerte und ein Gedenkstein an das erste hier gestorbene Kind der Familie erinnert: »... da hauchte sie leise der Tod an.«

Teilweise hat der Madlitzer Landschaftspark seine alte Wegführung wieder. Von der dorischen Säulenhalle kommend, erblickt man den Monopteros, den nach Genellis Vorstellungen eine Aphrodite schmücken sollte.

Der Friedrichsberg ist wirklich nur eine sanfte, kaum merkbare Anhöhe, aber wenn nicht mannshoher Mais oder reifendes Korn die Sicht hindert, erlaubt er doch einen Blick auf das Dorf hinunter, dessen Dächer und Bäume, wie schon vor zweihundertfünfzig Jahren, als die Finckensteins hier seßhaft wurden, nur der spitze Turm der Kirche überragt. Von hier aus, aus der Ferne, zeigen sich Landschaft und Dorf als unzerstörbare Idylle, als ein preußisches Arkadien, das sich hier, aus der modernen Zeit fallend, in abseitigen Breiten erhalten hat. Es ist ein Trugbild, das uns Unvergänglichkeit einreden möchte. Auch der Kundige muß sich mühsam aus solchen Träumen reißen, muß sich die Leidenszeiten und Katastrophen Preußens und schließlich seinen Untergang vor Augen führen, muß sich angesichts des wiedererstandenen Madlitz sagen, daß hier in einzigartiger Weise Reichtum, angestammtes Verantwortungsbewußtsein und Achtung vor der Geschichte zusammenkamen und Vorbildliches schufen, das aber nicht Wiedergeburt des Vergangenen, sondern von Ehrfurcht vor dem Vergangenen getragenes Neues und Heutiges ist.

Was hier entstand, zeugt von der Liebe zu einer Familie, die, aus Ostpreußen, also dem Ur-Preußen kommend, dem Staat über Jahrhunderte hin an entscheidender Stelle diente und deren bedeutendste Gestalten die verschiedenen Epochen und Charakterzüge des klassischen Preußen zu verkörpern scheinen. Steht der Feldmarschall und Kronprinzenerzieher für das Militärische, mit dem der Aufstieg unter den beiden Königen, die er erzog, begonnen hatte, so der Kabinettsminister, dem Friedrich auch in den gefährlichsten Lagen vertrauen konnte, für Treue, Rechtschaffenheit und Pflichtbewußtsein, die er als Politiker und Beamter unter drei Königen vorgelebt hatte – bis hinein in jene Epoche, die dann sein Sohn, der Präsident, verkörperte: die Jahrzehnte geistigen und künstlerischen Glanzes, in denen der Ruhm der Rechtsstaatlichkeit und der Waffen durch den der großen Leistungen in Architektur, Bildhauerei, Philosophie und Literatur abgelöst wurde, Jahrzehnte, die politisch solche des Niedergangs und des Aufstiegs, der Änderung und der Beharrung waren, in die aber das Brandenburger Tor und das Marmorpalais gehören, wie auch Schinkel und Schadow, Heinrich von Kleist und Hegel, E.T.A. Hoffmann, Chamisso, die Tiecks, die Schlegels, die Humboldts, Fichte, Schleiermacher, die Rahel – und nicht zuletzt auch die ländlichen Musenhöfe mit ihren Gartenanlagen, von denen der Finckensteinsche in Madlitz und Ziebingen nicht der schlechteste war.

Schloß Madlitz nach seiner Sanierung 1997.

Nachweis der Zitate

Kunersdorf

»Den Untergang meines Vaterlandes ...«, aus: Friedrich der Große, *Briefe, Berichte, Anekdoten*, hrsg. von Gustav Mendelssohn-Bartholdy, Ebenhausen 1912, Bd. 2, S. 6.

»Mirakel des Hauses Brandenburg ...«, aus: Ebenda, Bd. 2, S. 62.

Der Kronprinzenerzieher

»Beglücktes Habersdorff ...«, aus: Joachim, Erich und Melle Klinkenborg, *Familiengeschichte des Gräflich Finck von Finckensteinschen Geschlechts. Urkundenbuch*, Berlin 1921, S. 92ff.

»Unter Allen, so Mir ...«, aus: Ebenda, S. 95.

»Reglement, wie mein ältester Sohn ...«, aus: Cramer, Friedrich (Hrsg.), *Zur Geschichte Friedrich Wilhelms I. und Friedrichs II.*, Leipzig 1835, S. 20-25.

»Es war jedoch Befehl gegeben worden ...«, aus: *Gespräche Friedrichs des Großen mit Catt*, hrsg. von Willy Schüßler, Leipzig 1926, S. 87.

Jugendfreunde

»den Krieg weiterführen, als ob ...«, aus: Friedrich der Große, *Briefe, Berichte, Anekdoten*, hrsg. von Gustav Mendelssohn-Bartholdy, Ebenhausen 1912, Bd. 2, S. 16.

»nachdem die Prinzessinnen ...«, aus: *Aus den Tagebüchern des Grafen Lehndorff*, hrsg. von Haug von Kuenheim, Berlin 1982, S. 123.

Madlitz

»alle drey in Persohn gegenwärtig ...«, aus: Joachim, Erich und Melle Klinkenborg, *Familiengeschichte des Gräflich Finck von Finckensteinschen Geschlechts, Urkundenbuch*, Berlin 1921, S. 114-118.

Theokrit und Kleist

»Meine Felder und meine Gärten ...«, aus: Kleist, Ewald von, *Werke*, hrsg. von August Sauer, Berlin 1882, Theil 2, S. 499.

Der gerechte König

»So getreu und natürlich ...«, aus: Nettelbeck, Joachim, *Eine Lebensbe-schreibung, von ihm selbst aufgezeichnet,* Meersburg – Leipzig 1930, S. 190f.

»Die Reichen haben viele Advokaten ...«, aus: *Goethes Poetische Werke.* Die Aufgeregten. 1. Aufzug, 6. Szene, Berlin 1980, Bd. 6, S. 353.

»Denn ich will, daß in meinem Lande ...«, aus: Schoeps, Hans-Joachim, *Preußen. Bilder und Zeugnisse,* Berlin 1967, S. 78.

»die symbolisierte Opposition«, aus: Schoeps, Hans-Joachim, *Aus den Jahren preußischer Not und Erneuerung. Tagebücher und Briefe der Gebrüder Gerlach,* Berlin 1963, S. 565.

»30. April ... lachender Himmel ...«, aus: Handschrift im Brandenbur-gischen Landeshauptarchiv, Bestand Pr. Br. Rep. 37 Alt Madlitz Nr. 376.

Reform und Opposition

»Geschichte meiner Liebe, geschrieben ...«, aus: Ebenda.

»auffallend unehrerbietigen Tone ...«, aus: Marwitz, F. A. L. von der, *Ein märkischer Edelmann im Zeitalter der Befreiungskriege,* hrsg. von Friedrich Meusel, Berlin 1913, Bd. 2.2, S. 24ff.

»Der Frühlingstag im Garten«, aus: Finckenstein, Friedrich Ludwig Karl, *Der Frühlingstag im Garten,* hrsg. von Michael Niedermeier und Clemens Alexander Wimmer (Mitteilungen der Pücklergesell-schaft, 12. H. – Neue Folge – 1997), S. 75-90.

»sandige Steppen ... diese pfiffige ...«, aus: Pertz, G. H., *Aus Steins Leben,* Berlin 1856, Bd. 1, S. 439.

»Ein Unglück für den preußischen Staat ...«, aus: Ebenda, Bd. 1, S. 441.

»Was haben Sie zu dem Vorfall gesagt ...«, aus: *Briefe an Ludwig Tieck,* hrsg. von K. von Holtei, Breslau 1864, Bd. 4, S. 50.

Der Frühlingstag im Garten

»In einer der traurigsten Gegenden ...«, aus: Tieck, Ludwig, *Phantasus,* hrsg. von K. G. Wendriner, Berlin 1911, Bd. 1, S. 65.

»Man kann Ihren Garten ...«, aus: *Rahels erste Liebe. Rahel Levin und Karl Graf von Finckenstein in ihren Briefen,* hrsg. von Günter de Bruyn, Berlin 1985, S. 73f.

»einer der ausgezeichnetsten Landwirthe ...«, aus: Wimmer, Clemens Alexander, *Schloßpark Alt Madlitz,* Denkmalpflegerisches Gutach-ten, 1994, S. 14.

»Getümmel der Welt« und folgende Zitate aus: Ebenda, S. 89-109.

248

Musenhöfe

»Auf den König v. Preußen«, aus: *Friedrich II. und die deutsche Literatur des 18. Jahrhunderts*, hrsg. von H. Steinmetz, Stuttgart 1985, S. 338.

»Anknüpfend an den Aufenthalt ...«, aus: Fontane, Theodor, Wanderungen durch die Mark Brandenburg, Berlin 1991, Bd. 6, S. 183f.

»Laue Abende der köstlichsten Art ...«, aus: Varnhagen von Ense, Karl August, *Denkwürdigkeiten des eignen Lebens*, Berlin 1971, Bd. 1, S. 238f.

»In Blumberg ist mein Sitz ...«, aus: Canitz, F.R.L. Freiherr von, *Gedichte*, hrsg. von Jürgen Stenzel, Tübingen 1982, S. 281.

»Hier in Kunersdorf ist es ...«, aus: *Briefwechsel zwischen Goethe und Zelter*, Leipzig 1915, Bd. 2, S. 124ff.

»Das geschäftige Treiben in ...«, aus: Bernstorff, Elise Gräfin von, *Ein Bild aus der Zeit von 1789-1835*, Berlin 1896, Bd. 2, S. 85f.

»viele Stunden mit Vorlesen verbrachte ...«, aus: Varnhagen von Ense, Karl August, *Denkwürdigkeiten des eignen Lebens*, Berlin 1971, Bd. 1, S. 225.

»Hegst die Zeichen trauter Baum ...«, aus: Chamisso, Adelbert von: *Sämtliche Werke*, München 1982, Bd. 1, S. 506.

Arethusa

»Dem Pflanzen, Baum und Strauch ...«, aus: Sembdner, Helmut, *Schütz-Lacrimas*, Berlin 1974, S. 33.

»Denn man darf wohl behaupten ...«, aus: Kleist, Ewald von, *Frühling*, kritisch bearbeitet von Graf Friedrich Karl von Finckenstein, Berlin 1804, S. 12.

»Rahels Freund, der Graf ...«, aus: Kleist, Ewald von, *Werke*, hrsg. von August Sauer, Berlin 1881, Bd. 1, S. 165f.

»war nichts, was Kunst, Poesie ...«, aus: Köpke, Rudolf, *Ludwig Tieck. Erinnerungen aus dem Leben des Dichters*, Leipzig 1855, Bd. 1, S. 305f.

Burgsdorff

»verdiente, gehängt zu werden ...«, aus: Ebenda, Bd. 1, S. 106.

»Concentral-Schönheit aller Reize ...«, aus: Körner, Theodor, *Briefwechsel mit den Seinen*, hrsg. von A. Weldler-Steinberg, Leipzig 1910, S. 19.

»schön wie eine Nymphe ...«, aus: *Wilhelm und Caroline von Humboldt in ihren Briefen*, hrsg. von A. von Sydow, Berlin 1909, Bd. 3, S. 36 und 80.

»dem wenigen, was er sprach ...«, aus: *Schillers Werke*, Nationalausgabe, Weimar 1972, Bd. 36.1, S. 395.

»viel Kopf und vielleicht ... «, aus: Ebenda, Bd. 35, S. 265.

»er gefällt mir ebenso ...«, aus: Ebenda, Bd. 29, S. 10.

»Ich liebe so ruhig empfangende Naturen ...«, aus: Ebenda, Bd. 29,
S. 30.

»An eigne Tätigkeit sei ...«, aus: Ebenda, Bd. 37.1, S. 74.

»Er schwärmt auf Bällen ...«, aus: Ebenda, Bd. 36.1, S. 445.

Tieck

»lebusische ... niederbarnimsche ...«, aus: Fontane, Theodor, *Vor dem
Sturm*, München 1980, Bd. 1, Kapitel »Schmidt von Werneuchen«.

»jene schreckliche Ironie ...«, aus: Fontane, Theodor, *Von Zwanzig bis
Dreißig*, Berlin 1982, Kapitel 7: George Hesekiel.

»Bummelcorps ... Rasselbande ...«, aus: Fontane, Theodor, *Wanderungen durch die Mark Brandenburg*, Berlin 1991, Bd. 6, S. 146-149.

»etwas dunkle Partie ...«, aus: Ebenda, Bd. 6, S. 146.

»ruchlosen Bau ... entgegengesetzte ...«, aus: *Briefe an Ludwig Tieck*,
hrsg. von K. von Holtei, Breslau 1864, Bd. 4, S. 65f.

Begegnung in der Oper

»Karl Finckenstein sah ich ...«, aus: *Rahel. Ein Buch des Andenkens für
ihre Freunde*, Berlin 1834, Bd. 3, S. 433f.

Krank in Madlitz

»Ich mußte einmal wieder ...«, aus: *Rahels erste Liebe. Rahel Levin und
Karl Graf von Finckenstein in ihren Briefen*, hrsg. von Günter de
Bruyn, Berlin 1985, S. 129.

Nervenfieber

»unbekannt mit ihr zu werden«, aus: Ebenda, S. 298.

»Graf Finckenstein, ein Enkel ...«, aus: Marwitz, F. A. L. von der, *Nachrichten aus meinem Leben*, hrsg. von Günter de Bruyn, Berlin 1989,
S. 305.

»Der preußische Gesandte ...«, aus: Varnhagen von Ense, Karl August,
Ausgewählte Schriften, Leipzig 1871, Bd. 3, S. 311f.

»Gestern vormittag ... war Finckenstein ...«, aus: *Aus Rahels Herzensleben. Briefe und Tagebuchblätter*, hrsg. von L. Assing, Leipzig 1877,
S. 121-124.

»Der Graf Finckenstein ist tot ...«, aus: *Rahel und Alexander von der Marwitz in ihren Briefen*, hrsg. von H. Meisner, Gotha 1925, S. 126.

»Ja, sagte er. Man ergriff mich ...«, aus: *Rahel. Ein Buch des Andenkens für ihre Freunde*, Berlin 1834, Bd. 2, S. 53f.

Henriette

»In eine edle Familie eingeführt werden ...«, aus: *Tiecks Werke*, hrsg. von G. L. Klee, Leipzig – Wien 1892, Bd. 2, S. 356f.

»göttlichen Kirchenmusikfräulein ... Seit dem Gesang ...«, aus: Brentano, Clemens, *Das unsterbliche Leben*, hrsg. von W. Schellberg und F. Fuchs, Jena 1939, S. 327.

»zwei von den Gräfinnen singen ...«, aus: *Schleiermacher als Mensch. Sein Werden. Familien- und Freundesbriefe 1783 bis 1804*, hrsg. von H. Meisner, Gotha 1922, S. 104.

»Wer in dieser Familie eine Weile gelebt hat ...«, aus: Tieck, Ludwig, *Gesammelte Novellen*, Berlin – Breslau 1835-1842, Bd. 7, S. 7-10.

»das Ende vom Liede ist, daß wir uns hier ...«, aus: Tieck, Ludwig, *Phantasus*, hrsg. von K.G. Wendriner, Berlin 1911, Bd. 1, S. 34.

»Singstücke von Palestrina lieblich ...«, aus: Ebenda, Bd. 1, S. 353.

»Musik spricht«, aus: Ebenda, Bd. 1, S. 337.

»Weihung«, aus: Tieck, Ludwig, *Gedichte*, Dresden 1821, Bd. 2, S. 3.

»Liebe denkt in süßen Tönen«, aus: Ebenda, Bd. 2, S. 33.

»Ich bin ein Engel ...«, aus: Ebenda, Bd. 2, S. 5.

Brief Tiecks vom 6. Nov. 1806, aus: Günzel, Klaus, *König der Romantik. Das Leben des Dichters Ludwig Tieck in Briefen, Selbstzeugnissen und Berichten*, Berlin 1981, S. 238.

»Sie hat sich liebenswürdig ...«, aus: *Briefwechsel zwischen Varnhagen und Rahel. Aus dem Nachlaß von Varnhagen von Ense*, Leipzig 1875, Bd. 3, S. 142.

»Ideal eines unverheirateten Frauenzimmers ...«, aus: Schoeps, Hans-Joachim, *Aus den Jahren preußischer Not und Erneuerung. Tagebücher und Briefe der Gebrüder Gerlach*, Berlin 1963, S. 566.

»Wie ein blinder Passagier ...«, aus: *Caroline. Briefe aus der Frühromantik*, hrsg. von G. Waitz und E. Schmidt. Leipzig 1913, Bd. 2, S. 545.

»würdiger, anmuthiger Lump ...«, aus: Ebenda.

»sein einziger Beschützer Burgsdorff ...«, aus: Arnim, Achim von, *Briefe an Savigny*, hrsg. von Heinz Härtl, Weimar 1982, S. 46.

Caroline

»durch Trägheit und böse Zunge ...«, aus: Schadow, Johann Gottfried, *Kunstwerke und Kunstansichten. Ein Quellenwerk.* Kommentierte Neuausgabe, Berlin 1987, Bd. 1, S. 11.

»zum Schönsten gehören, was ...«, aus: Ebenda, Bd. 1, S. 14.

»Ihr ungebundener Geist duldete ...«, aus: Ebenda, Bd. 1, S. 98.

»wenigen Kenntnisse ... wie ein Zigeuner ...«, aus: Ebert, Hans, *Über Hans Christian Genelli*, in: Forschungen und Berichte der Staatlichen Museen Berlin (DDR), Bd. 17, Berlin 1976, S. 175.

»Genelli ist bei mir gewesen ...«, aus: *Rahels erste Liebe. Rahel Levin und Karl Graf von Finckenstein in ihren Briefen*, hrsg. von Günter de Bruyn, Berlin 1985, S. 200f.

»Ich gewinne ihn alle Tage lieber ...«, aus: Ebenda, S. 102.

»munteren Lebenssinn, außerordentliche ...«, aus: Varnhagen von Ense, Karl August, *Galerie von Bildnissen aus Rahels Umgang und Briefwechsel*, Leipzig 1836, Bd. 1, S. 187f.

»poetisches Ungeheuer«, aus: Nachlaß Genelli in der UB Leipzig, III/38-324.

»elende Geburt ... wie man Kröten ...«, aus: Tieck, Ludwig, *Letters*, ed. by E. H. Zeydel, New York – London 1937, S. 429f.

»Ich schreibe, liebe R. ...«, aus: *Rahel und Alexander von der Marwitz in ihren Briefen*, hrsg. von H. Meisner, Gotha 1925, S. 82f.

»Dieser Krieg hat ...«, aus: *Briefe von und an A. W. Schlegel*, hrsg. von Josef Körner, Zürich – Leipzig 1929, Bd. 1, S. 244.

»Der Beruf ist gefunden ...«, aus: Genelli, Buonaventura, *Aus dem Leben eines Künstlers*, hrsg. von Ulrich Christoffel, Berlin 1922, S. 37 und 42.

Barnime

»Schöner warmer Tag. Lerchen singen ...«, aus: Eichendorff, Joseph von, *Sämtliche Werke*. Historisch-kritische Ausgabe, hrsg. von Wilhelm Kosch und August Sauer, Bd. 11: *Tagebücher*, Regensburg 1908, S. 259.

»Was ich gewollt wird künftig ...«, aus: Sembdner, Helmut, *Schütz-Lacrimas*, Berlin 1974, S. 16.

»Sey kühn mit den Blicken ...«, aus: Ebenda, S. 17.

»Heiß von Bäumen tropft hernieder ...«, aus: Ebenda, S. 26.

»Dem Könige habe ich ... Je mehr in unsern Tagen ...«, aus: Ebenda, S. 63.

»war eine Persönlichkeit, der ich ...«, aus: Ebenda, S. 32.

Einquartierung

»An meine Tochter Henriette«, aus: Handschrift im Brandenburgischen Landeshauptarchiv, Bestand Pr. Br. Rep. 37 Alt Madlitz Nr. 425.

»Wir fanden schon zwei Dragoneroffiziere ...«, aus: Köhler, Karl August, 1813/14. *Tagebuchblätter eines Feldgeistlichen*, hrsg. von Jäkel, Berlin 1912, S. 18ff.

»eine halbe Stunde nach Mittag ...«, aus: (Genelli, Hans Christian), »F. L. K. Reichsgraf von Finckenstein«, in: Berlinische Nachrichten von Staats- und gelehrten Sachen, Nr. 55 vom 7. Mai 1818.

Industrie und Ackerbau

»ein Krieg der Industrie ...«, aus: Marwitz, F. A. L. von der, *Ein märkischer Edelmann im Zeitalter der Befreiungskriege*, hrsg. von Friedrich Meusel, Berlin 1913, Bd. 1, S. 492.

»Bei Mars-la-Tour in blutger Schlacht ...«, aus: Joachim, Erich und Melle Klinkenborg, *Familiengeschichte des Gräflich Finck von Finckensteinschen Geschlechts*, Berlin 1920, S. 338.

Erhaltung für ewige Zeiten

»für ewige Zeiten ...«, aus: Joachim, Erich und Melle Klinkenborg, *Familiengeschichte des Gräflich Finck von Finckensteinschen Geschlechts. Urkundenbuch*, Berlin 1921, S. 216.

»Im Jahre des Heils 1886 ...«, aus: Joachim, Erich und Melle Klinkenborg, *Familiengeschichte des Gräflich Finck von Finckensteinschen Geschlechts*, Berlin 1920, S. 352.

Trümmer

»Ihr habt die Mutter ...«, Burgsdorff, Wilhelm von, *Briefe*, hrsg. von A. F. Cohn, Berlin 1907, S. 87.

»langen Reihen der Gräber ...«, aus: Mitteilungen des Touristenklubs für die Mark Brandenburg, 38. Jg., 1933, Nr. 1-2, S. 1-5.

Ausgewählte Literatur

Zu den Finckensteins

Brandenburgisches Landeshauptarchiv. Bestand Pr. Br. Rep. 37 Alt Madlitz.

Finckenstein, Friedrich Ludwig Karl, *Der Frühlingstag im Garten.* (1811/12). Leopold von Reichenbach: *Der schöne Garten* (1788). *Zwei Gartenlehrgedichte,* hrsg. von Michael Niedermeier und Clemens Alexander Wimmer. (Mitteilungen der Pückler-Gesellschaft. 12. H.- Neue Folge – 1997.)

Finckenstein, Melanie von, *Der Landschaftsgarten von Alt Madlitz in der Mark Brandenburg,* Magisterarbeit an der Phil. Fak. der Albert-Ludwigs-Universität zu Freiburg i. Br. o. J. (etwa 1996).

Götze, Robby Joachim, Rosina Matthieu nat. *Lisiewska pinx. 1749,* in: Weltkunst 1998, H. 11.

Joachim, Erich und Melle Klinkenborg, *Familiengeschichte des Gräflich Finck von Finckensteinschen Geschlechts,* Berlin 1920.

Joachim, Erich und Melle Klinkenborg, *Familiengeschichte des Gräflich Finck von Finckensteinschen Geschlechts. Urkundenbuch,* Berlin 1921.

So ist die Anmuth gestaltet. *Graf Friedrich Ludwig Karl Finck von Finckenstein und sein Madlitz,* hrsg. von Melanie Gräfin Finckenstein, Clemens Alexander Wimmer, Georg Graf Wallmitz. (Mitteilungen der Pückler-Gesellschaft. 13. H. – Neue Folge – 1998.)

Rahels erste Liebe. Rahel Levin und Karl Graf von Finckenstein in ihren Briefen, hrsg. von Günter de Bruyn, Berlin 1985.

Wimmer, Clemens Alexander, *Schloßpark Alt Madlitz.* Gartendenkmalspflegerisches Gutachten, 1994.

Zur Geschichte

Aus den Tagebüchern des Grafen Lehndorff, hrsg. von Haug von Kuenheim, Berlin 1982.

Bernstorff, Elise Gräfin von, *Ein Bild aus der Zeit von 1789 bis 1835*, Berlin 1896.

Briefe Friedrichs des Großen, hrsg. von Max Hein, Bd. 1-2, Berlin 1914.

Cramer, Fiedrich (Hrsg.), *Zur Geschichte Friedrich Wilhelms I. und Friedrichs II.*, Leipzig 1835.

Europäischer Adel 1750-1950, hrsg. von Hans-Ulrich Wehler, Göttingen 1990.

Friedrich der Große, *Briefe, Berichte, Anekdoten*, hrsg. von Gustav Mendelssohn-Bartholdy, Bd. 1-2, Ebenhausen 1912.

Friedrich II. und die deutsche Literatur des 18. Jahrhunderts, hrsg. von H. Steinmetz, Stuttgart 1985.

Gespräche Friedrichs des Großen mit Catt, hrsg. von Willy Schüßler, Leipzig 1926.

Hinrichs, Carl, *Friedrich Wilhelm I. Jugend und Aufstieg*, Hamburg 1940.

Köhler, Karl August, *1813/14. Tagebuchblätter eines Feldgeistlichen*, hrsg. von Jäkel, Berlin 1912.

Koselleck, Reinhart, *Preußen zwischen Reform und Revolution*, Stuttgart 1967.

Koser, Reinhold, *Friedrich der Große als Kronprinz*, Stuttgart – Berlin 1902.

Koser, Reinhold, *König Friedrich der Große*, Bd. 1-4, Stuttgart – Berlin 1902-1904.

Lieven, Dominic, *Abschied von Macht und Würden. Der europäische Adel 1815-1914*, Frankfurt/Main 1995.

Marwitz, F. A. L. von der, *Ein märkischer Edelmann im Zeitalter der Befreiungskriege*, hrsg. von Friedrich Meusel, Berlin 1913.

Marwitz, F. A. L. von der, *Nachrichten aus meinem Leben*, hrsg. von Günter de Bruyn, Berlin 1989.

Nettelbeck, Joachim, *Eine Lebensbeschreibung, von ihm selbst aufgezeichnet*, Meersburg – Leipzig 1930.

Pertz, G. H., *Aus Steins Leben*, Berlin 1856.

Schoeps, Hans-Joachim, *Aus den Jahren preußischer Not und Erneuerung. Tagebücher und Briefe der Gebrüder Gerlach*, Berlin 1963.

Schoeps, Hans-Joachim, *Preußen. Bilder und Zeugnisse*, Berlin 1967.

Tharau, Friedrich-Karl, *Die geistige Kultur des preußischen Offiziers*, Mainz 1968.

Die Werke Friedrichs des Großen, hrsg. von G. B. Volz, Bd. 1-10, Berlin 1913.

Zur Geistesgeschichte, Kunst und Literatur

Universitätsbibliothek Leipzig. Handschriftenabteilung. Nachlaß 255: Genelli.

Arnim, Achim von, *Briefe an Savigny*, hrsg. von Heinz Härtl, Weimar 1982.

Aus Rahels Herzensleben. Briefe und Tagebuchblätter, hrsg. von L. Assing, Leipzig 1877.

Brentano, Clemens, *Das unsterbliche Leben*, hrsg. von W. Schellberg und F. Fuchs, Jena 1939.

Briefe an Ludwig Tieck, hrsg. von K. von Holtei, Bd. 1-4, Breslau 1864.

Briefe von und an A. W. Schlegel, hrsg. von Josef Körner, Zürich – Leipzig 1929.

Briefwechsel zwischen Goethe und Zelter, Bd. 1-2, Leipzig 1915.

Briefwechsel zwischen Varnhagen und Rahel. Aus dem Nachlaß von Varnhagen von Ense, Bd. 1-6, Leipzig 1874-1875.

Burgsdorff, Wilhelm von, *Briefe*, hrsg. von A. F. Cohn, Berlin 1907.

Canitz, F. R. L. Freiherr von, *Gedichte*, hrsg. von Jürgen Stenzel, Tübingen 1982.

Caroline. Briefe aus der Frühromantik, hrsg. von G. Waitz und E. Schmidt, Bd. 1-2, Leipzig 1913.

Chamisso, Adelbert von, *Sämtliche Werke*, München 1982.

Ebert, Hans, *Über Hans Christian Genelli*, in: Forschungen und Berichte der Staatlichen Museen Berlin (DDR), Bd. 17, Berlin 1976.

Eichendorff, Joseph, *Sämtliche Werke. Historisch-kritische Ausgabe*, hrsg. von Wilhelm Kosch und August Sauer, Bd. 11: *Tagebücher*, Regensburg 1908.

Fontane, Theodor, *Von Zwanzig bis Dreißig*, Berlin 1982.

Fontane, Theodor, *Vor dem Sturm*, München 1980.

Fontane, Theodor, *Wanderungen durch die Mark Brandenburg*, Bd. 1-8, Berlin 1991.

Genelli, Buonaventura, *Aus dem Leben eines Künstlers*, hrsg. von Ulrich Christoffel, Berlin 1922.

Goethe, Johann Wolfgang von, *Goethes Poetische Werke*, Berliner Ausgabe, Berlin 1980.

Günzel, Klaus, *König der Romantik. Das Leben des Dichters Ludwig Tieck in Briefen, Selbstzeugnissen und Berichten*, Berlin 1981.

Kleist, Ewald von, *Frühling*, kritisch bearbeitet von Graf Friedrich Karl von Finckenstein, Berlin 1804.

Kleist, Ewald von, *Werke*, hrsg. von August Sauer, Bd. 1-3, Berlin 1881-1883.

Köpke, Rudolf, *Ludwig Tieck. Erinnerungen aus dem Leben eines Dichters*, Bd. 1-2, Leipzig 1855.

Körner, Theodor, *Briefwechsel mit den Seinen*, hrsg. von A. Weldler-Steinberg, Leipzig 1910.

Ludwig Tieck und die Brüder Schlegel. Briefe, hrsg. von E. Lohner, München 1972.

Patitz, Ingrid, *Ewald von Kleists letzte Tage und sein Grabdenkmal in Frankfurt an der Oder*, Frankfurt/Oder 1994.

Rahel. Ein Buch des Andenkens für ihre Freunde, Bd. 1-3, Berlin 1834.

Rahel und Alexander von der Marwitz in ihren Briefen, hrsg. von H. Meisner, Gotha 1925.

Schadow, Johann Gottfried, *Kunstwerke und Kunstansichten. Ein Quellenwerk*. Kommentierte Neuausgabe, Bd. 1-2, Berlin 1987.

Schillers Werke. Nationalausgabe, Weimar 1972.

Schleiermacher als Mensch. Sein Werden. Familien- und Freundesbriefe 1783 bis 1804, Gotha 1922.

Schmitz, Hermann, *Berliner Baumeister vom Ausgang des 18. Jahrhunderts*, Berlin 1914.

Scholz, Kai-Uwe, *Gottfried Benn (1886-1956). Kindheitsorte*, Frankfurt/Oder 1998 (Frankfurter Buntbücher).

Sembdner, Helmut, *Schütz-Lacrimas*, Berlin 1974.

Tieck, Ludwig, *Gedichte*, Bd. 1-3, Dresden 1821.

Tieck, Ludwig, *Gesammelte Novellen*, Bd. 1-10, Berlin – Breslau 1835-1842.

Tieck, Ludwig, *Letters*, ed. by E. H. Zeydel, New York – London 1937.

Tieck, Ludwig, *Phantasus*, hrsg. von K.G. Wendriner, Bd. 1-3, Berlin 1911.

Tiecks Werke, hrsg. von G. L. Klee, Bd. 1-3, Leipzig – Wien 1892.

Varnhagen von Ense, Karl August, *Ausgewählte Schriften*, Leipzig 1871.

Varnhagen von Ense, Karl August, *Denkwürdigkeiten des eignen Lebens*, Bd. 1-2, Berlin 1971.

Varnhagen von Ense, Karl August, *Galerie von Bildnissen aus Rahels Umgang und Briefwechsel*, Bd. 1-2, Leipzig 1836.

Wilhelm und Caroline von Humboldt in ihren Briefen, hrsg. von A. von Sydow, Bd. 1-3, Berlin 1909.

Erbfolge
der Madlitzer Finckensteins

0   Albrecht Konrad (Der Feldmarschall) 1660-1735

1   Karl Wilhelm (Der Kabinettsminister) 1714-1800
        Friedrich Wilhelm
  (2)   Friedrich Ludwig Karl
        Franz Albert Wilhelm
        Elisabeth Amalie Charlotte
        Marie Susanne Caroline
        Friederike Wilhelmine Henriette

2   Friedrich Ludwig Karl (Der Präsident) 1745-1818
        Albertine Dorothea Caroline
        Karl Friedrich Albrecht (Der Gesandte)
        Henriette Amalie Dorothea
        Caroline Marie Ernestine
  (3)   Wilhelm Maximilian Aemilius
        Louise Wilhelmine Sophie Barnime
        Alexander Heinrich Ludwig
        Friedrich Heinrich Leopold
        Friederike Amalie Ernestine
        Albertine Ulrique Louise
        Friedrich Wilhelm Ernst
        Wilhelmine Juliane Elisabeth
        Caroline Albertine Juliane

3 Wilhelm Maximilian Aemilius 1777-1843
   (4)   Karl Ignatius Wilhelm
         Charlotte Henriette Emilie
         Otto
         Wilhelm Clemens
   (6)   Wilhelm Karl Alexander Heinrich
         Wilhelmina
         Konrad Ernst Maximilian
         Reinhold Karl August

4 Karl Ignatius Wilhelm 1808-1850
   (5)   Wilhelm Heinrich Karl

5 Wilhelm Heinrich Karl 1850-1899
         Julie Caroline Elisabeth Klara
         Regina Caroline Luise Magdalene
         Caroline Elisabeth Katharine
         Elisabeth Klara Christine
         Elisabeth Caroline Albertine Sophie Barbara

6 Wilhelm Karl Alexander Heinrich 1815-1876
         Anna Marie Sophie
         Metta Arnoldine Wilhelmine
   (7)   Wilhelm Arnold Karl
         Arnoldine Maria Dorothea
         Elisabeth
         Johanna Alexandra Klara
         Therese Adolfine Laura Sophie
         Adolf Bernhard Karl
         Alexandra
         Frieda
         Bernhard Reinhold Rudolf Romanus
         Ilse Wilhelmine Marie

259

7 Wilhelm Arnold Karl 1855-1915
  (8)   Ernst-Wilhelm Arnold Karl
        Ursula Arnoldine Maria Anna Margarete
        Hans-Werner Karl Arnold

8 Ernst-Wilhelm Arnold Karl 1884-1932
        Ursula Margarete Marie Luise
  (9)   Karl-Wilhelm Arnold
        Hans-Werner Bernhard Karl

9 Karl-Wilhelm Arnold Ernst geb. 1923

Personen- und Ortsregister

Kursive Ziffern verweisen auf Bildunterschriften. Nicht nachgewiesen sind die Hauptorte des Geschehens, die fast auf jeder Seite vorkommen: Berlin, Madlitz, Ziebingen.

Achard, Anton 39, 41
Alberti, Maria 172
Alegri, Gregorio 167
Alt Landsberg 54
Amsterdam 154
Anklam 163
Arensdorf 202
Arnim, Achim von 86, 95, 97f.,
    107, 177, 193
–, Bettina von 95, 97
Arnold, Johann 61ff.
Aspern 158

Bad Saarow 227, *228*, 229
Bärwalde 97
Baumgarten, Alexander Gottlieb
    102
Beeskow 7, 198, 216
Beethoven, Ludwig van 122
Belzig 206
Benn, Gottfried 222
Berends, Karl August 163
Berg, Luise von 144, 153f.
Bernhardi, August Ferdinand
    94, *113*, 114, 176, 184, 194

Bernstorff, Elise Gräfin von 91
Besser, Johann von 53
Bethmann Hollweg (Familie) 231
Blanckarts, Moritz 215
Bleibtreu, Georg 213, 215
Blücher, Gebhard Leberecht 210
Blumberg 88
Boccaccio, Giovanni 77
Bodt, Jan de 29
Brandenburg (Stadt) 53, 112
Brentano, Bettina *siehe* Arnim,
    Bettina von
–, Clemens 95, 107, 165
Breslau 201
Briest, von (Familie) 94
Brinckmann, Carl Gustav von
    127, 141f., 144, 154
Britz 44
Brizzi, Antonio 155, 157, 163
Brockes, Barthold Hinrich 102
Bürger, Gottfried August 85
Burgsdorff, von (Familie) 52f.,
    106, 219, *220*, 221
–, Ernestine 107
–, Wilhelm 104, 106-109, 114,

116, 121ff., 126f., 136f., 141,
144, 165, 173, *174*, 177, 182f.,
193f., 235, 239
Bury, Friedrich 180, 194
Busse, Theodor 227

Campan, Henri 163
Canitz, Friedrich Freiherr von
53, 86, 88f.
Carl, Markgraf von Brandenburg-
Schwedt 68
Carlowitz, Dorothea Regina von
68
Carstens, Asmus Jacob 189
Catt, Heinrich Alexander 36
Celle 79
Cervantes 175
Chamisso, Adelbert von 92, *93*,
94f., 231, 247
Charlottenburg *18*, 72, 79, 142
Crossen 51, 62, 166, 193
Custine, Astolf Graf de 118

Dahme 97
Demnitz 231
Derfflinger, Georg von 15
Dieterich, Johann Christian 177
Dobrzenski, Freiherrn von (Fa-
milie) 51
Dohna, Grafen zu (Familie) 14f.,
30, 39, 52f.
–, Alexander Graf zu (Kronprin-
zenerzieher) 17
–, Alexander Graf zu 190
Dönhoff, von (Familie) 14f., 86
Drehnow 39, 51, 62, 193
Dresden 107f., 111, 116, 158,
162f., 165, 175, 177, 198, 206
Durante, Francesco 165, 167

Eckermann, Johann Peter 112
Eichendorff, Joseph von 193
Encke, Wilhelmine 119, 144
Ephraim, Daniel 130
Erlangen 114, 121, 194
Eugen, Prinz von Savoyen 20,
21, 22, 29

Falkenhagen 201
Fasch, Karl Friedrich 122
Fehrbellin 15
Fichte, Johann Gottlieb 107, 116,
194, 247
Finck von Finckenstein, Grafen
(Familie) 10f., *12*, 14f., *30*, 39,
52f., 89, 92, 157, 173, 178, 213,
219, *220*, 221-224, 235, *236*,
241, 245
–, Albertine 209
–, Albrecht Konrad (Feldmar-
schall) 15ff., 19f., *21*, 22-25,
27ff., 31-34, 36f., 52, 245
–, Alexander 201, 205, 209
–, Amalie 202, 209
–, Barbara 225
–, Barnime 70, 73, 109, 119, 175,
195, 198
–, Caroline (Mutter) 67ff., *71*,
175
–, Caroline (Tochter) 70, 109,
178, 187, 189f., *191*, 192
–, Ernst-Wilhelm 218f.
–, Friedrich (Friedrichsberg) 13,
70
–, Friedrich Ludwig 39
–, Friedrich Ludwig Karl (Präsi-
dent) 51f., 54, 57, 59, 63,
65ff., 69f., *71*, 72f., 79, 81, 97,
99-103, 106, 121, 155, 166f.,

172, 175, 179, 183, 185ff., 190, 192, 195, 197, 199ff., 204f., 209f., 217, 229, 231, *236*, 245
–, Hans Werner 225f.
–, Henriette 70, 109, 167, 169-173, 178, 201, 235
–, Karl (Gesandter) 70, 73, 101, 118f., *120*, 121-124, 126-131, *132*, 133-136, *137*, 138-142, 144-147, *148*, 149-155, 157f., *159*, 160-164, 173, 175, 183, 185, 187, 201, 205, 239
–, Karl Wilhelm 9, 39, 41, 43f., *45*, 46ff., 51f., 225, 227, 229
–, Reinhold 213, *214*, 215
–, Rudolf 219, 221
–, Susanna Magdalena 37, 39
–, Susanne 51
–, Wilhelm 70, 201, 205, 209, 217
–, Wilhelm Heinrich Karl 219
Finckenstein (Schloß) 14, *21*, *30*, 31, 39, *42*, 68, 72, 119, *125*, 247
Fintelmann, Gustav Adolph 81
Fontane, Theodor 86ff., 90, 94, 97, 110ff., 178, 215, 221, 231
Fouqué, Caroline de la Motte 94
–, Friedrich de la Motte 86, 92, 94, *96*, 193, 198, 201
Frankfurt am Main 149
Frankfurt an der Oder 7, 10, 41, 51, 53, 57, *58*, 62, 66, 83, 121, 136, 166, 193, 204, 206, 222, 225
Freienwalde 19, 135
Friedersdorf 72, 87, 97, 154, *156*, 185, 204, 224, 231
Friedland, Frau von *siehe* Lestwitz, Helene

Friedländer, Rebekka 141
Friedrich I., König in Preußen (als Kurfürst Friedrich III.) 16f., *21*, *27*, 53, 68
Friedrich II., König von Preußen 8, 9f., 15, *18*, 26, 28, 31, 33f., *35*, 36f., 39, *40*, 41, *42*, 43, 46, 52-55, 57, 60-63, 66, 70, 73, 75, 85f., 88f., 115, 119, 124, *125*, 130, 179, 216, 225, 245
Friedrich von Homburg, Prinz 15
Friedrich Wilhelm, der Große Kurfürst 15f., 19, 43, 53, 88
Friedrich Wilhelm I., König von Preußen 15, 17, 19f., 22-29, 32, 34, 47, 52
Friedrich Wilhelm II., König von Preußen 46, 119, 127, 150
Friedrich Wilhelm III., König von Preußen 46, 74, 201
Friedrich Wilhelm IV., König von Preußen 43, 111, 178, 210
Fürstenberg 225
Fürstenwalde 9f., 202, 204, 231

Garzau 79
Gedike, Friedrich 104, *105*, 207
Genelli, Buonaventura 187, *188*, 189, *191*
–, Christiane 192
–, Friedrich 123, 179
–, Hans Christian 82, 97, 123, 127, *143*, 153f., *168*, 179f., *181*, 182-187, *188*, 189f., *191*, 192, 194, 197, 201, 209f., 225, 235, *244*
–, Janus 123, 179f., 187, 189
Genf 41

Gentz, Friedrich 123, 154
Georg, Prinz von Hannover 24
Georg I., König von England 26
Gerhardt, Paul 88
Gerlach, Leopold von 65, 173, 210
Gerlach, Philipp 47, *125*
Gessner, Salomon 102
Gilgenburg 14
Glauchau 68f.
Gleim, Johann Wilhelm Ludwig 54, 57, 59, 101
Gluck, Christoph Willibald 167
Gneisenau, Neidhardt Graf von 75
Goethe, Johann Wolfgang von 62, 88f., 102f., 107f., 116, 127f., 155, 180, 185, 194
Gotha 149
Göttingen 106f., 114
Grimm, Wilhelm 97
Großbeeren 213
Groß Kreutz 231
Gualtieri, Peter von 127, 141, 154

Habersdorf 29
Hagelberg 206
Halbe 106
Halberstadt 54, 101
Halle 41, 53f., 63, 114, 121
Haller, Albrecht von 102
Hardenberg, Friedrich von *siehe* Novalis
Hardenberg, Karl August Fürst von 68, 72, 155, 205, 210
Hasenfelde 202
Hegel, Georg Wilhelm Friedrich 247
Heinrich, Prinz von Preußen 9

Herder, Johann Gottfried 89, 102, 116
Hermes, Johann Timotheus 54
Hertzberg, Ewald Friedrich Graf von 44f.
Herz, Henriette 87
Hitzig, Julius Eduard 92
Höchstädt 20
Hoff, Susanna von 17
Hoffmann, E.T.A. 94, 247
Hohenfinow 231
Houwald, Ernst Freiherr von 97
Hubertusburg 44
Humboldt, Caroline von 107, 131, 140f., 194
–, Wilhelm von 94, 107f., 123, 141, 154

Iffland, August Wilhelm 142
Itzenplitz (Familie) 90, 92, 224
–, Henriette Charlotte Gräfin von 91f.

Jean Paul 116, 186
Jena 99, 107f., 116, 123, 171
Jomelli, Nicolo 167
Jordan, Max 190
Jüterbog 97

Karg, Detlev 83
Karl XII., König von Schweden 23
Karlsbad 102, 107, 127, 135, 155, 205
Karwe 54, 97, 223
Katte, Hans Hermann von 37, 41, 53
Kay 62f.
Kersdorf 48, 217

Kleist, Ewald von 53ff., *56*, 57, *58*, 59, 66, 80, 86, 88, 100, 102, 199
–, Franz von 53
–, Heinrich von 15, 53, 98, 136, 247
Klopstock, Friedrich Gottlieb 172
Knesebeck, von (Familie) 223
–, Karl Friedrich von 54
Knorring, Karl Gregor von 176
Koch, Robert 163
Köhler, Karl August 100, 166, 206
Kolberg 53, 60
Königgrätz 213, *241*
Königsberg/Neumark 222
Königsberg (Pr.) 53, 121
Königs Wusterhausen *siehe* Wusterhausen
Kopenhagen 43
Köpke, Rudolf 102f.
Körner, Christian 107
–, Theodor 107f.
Körte, Wilhelm 100f.
Kuenheim, von (Familie) 14f.
Kummerow 198
Kunersdorf (Schlacht) 7, *8*, 9, 44, 62, 219, 225
Kunersdorf bei Wriezen 79, 86f., 89-92, *93*, 94, 224, 231
Kunth, Gottlieb Johann Christian 141
Küstrin 41, 63, 65f., 222, 225f.

Landsberg/Warthe 205
Langhans, Carl Gotthard 92
Lebus 7, 29, 204f., 216
Lehndorff, Grafen von (Familie) 52f.

–, Ernst Ahasverus Heinrich Graf von 44
Leibniz, Gottfried Wilhelm 17, *18*
Leipzig 149, 182
Leningrad 227
Lenné, Peter Joseph 92
Leo, Leonardo 165, 167
Leopold I., Fürst von Anhalt-Dessau 20, 23
Lessing, Gotthold Ephraim 54, 57, 85, 88f., 102, 172
Lestwitz, Helene Charlotte von (Frau von Friedland) 89f., 231
Leuthen 43
Levin, Ludwig 126
–, Markus 126, 130, 142
–, Moritz 126
–, Rahel 87, 101, 107f., 118f., *120*, 121-124, 126-131, *132*, 133-136, *137*, 138-142, *143*, 144-147, *148*, 149-154, 157f., *159*, 160-164, 173, 183, 185, 201, 239, 247
–, Rose 126, 154
Lichtenau, Gräfin *siehe* Encke, Wilhelmine
Lietzen 29, 38
Lissabon 60, 62
London 43, 53, 107, 154
Lotti, Antonio 167
Louis Ferdinand, Prinz von Preußen 123, 154
Ludwig XIV., König von Frankreich 16, 24
Luise, Königin von Preußen 144, 150

Magdeburg 9, 44, 51, 55
Malplaquet *21*, 22
Marchetti-Fantozzi, Josepha 118
Marienburg 14
Marlborough, John Churchill
  Duke of 20, 22
Mars-la-Tour *214*, 215
Marwitz, Alexander von der 87,
  154, 163, 185, 189
–, Bodo 231
–, Eberhard 155
–, Friedrich August Ludwig 72-
  75, 155, *156*, 185, 204f., 211
Massow, von (Familie) *49*, 231
Mello e Carvalho, Maria Rosa
  Bianca de 155
Mendelssohn, Henriette 141, 161
Merkel, Garlieb 194f.
Metternich-Winneburg, Clemens
  Fürst 150, 206
Meyer, Mariane 141, 146
Möglin 79
Moltke, Helmuth von 213
Müller, Adam 72, 198
Müller (Maler-Müller), Friedrich
  189
Müllrose 7, 204
München 177, 189

Napoleon 29, *30*, 39, 75, 149ff.,
  156, 158, 171, 177, 187, 200f.,
  206, 211
Nedlitz 86
Neidenburg 14f.
Nelson, Horatio 151
Nennhausen 86f., 92, *93*, 94f., *96*
Nettelbeck, Joachim 60
Neuhardenberg 68, 231
Neuruppin 41, 54

Neustadt 75
Nicolai, Friedrich 92
–, Gottlob Samuel 57
Novalis 110, 116f.

Osterode 14
Ötscher 7

Pachta, Josephine Gräfin von
  135, 146f.
Palestrina, Giovanni 165, 167,
  169
Paretz 224
Paris 24, 53, 107, 121, 150, 154
Pergolesi(e), Giovanni Batista 165
Petersdorf 217
Petershagen 201f.
Pindar 100, 208
Podewils, Heinrich Graf von 44
Pommerzig 62, 65
Potsdam 22, 150, 213, 222f.
Prag 69, 75, 173, 201
Prittwitz, Joachim Bernhard von
  7, *8*, 68
Prötzel 79, 231
Putlitz, von (Familie) 14

Quilitz *siehe* Neuhardenberg
Quitzow, von (Familie) 14

Rambach, Friedrich Eberhard
  114
Ramler, Karl Wilhelm 53, 57,
  100
Rathenow 15, 44, 92
Rauch, Christian Daniel 92
Reichardt, Johann Friedrich 107,
  114, 172
Reimer, Georg Andreas 87, 177

Reitwein 7, 86, 219, *220*, 221f.,
225
Rheinsberg 79
Richter, Johann Paul Friedrich
siehe Jean Paul
Righini, Vincento 118
Rom 154, 167, *174*, 177, 180,
182, 189, 192
Roßbach 43
Rousseau, Jean-Jacques 102
Roux, Peter 121
Ruppin *siehe* Neuruppin

Saalfeld 154
Sack, Friedrich Samuel Gottfried
54f.
Sadowa 213
Sankt Petersburg 43
Sauer, August 101
Savigny, Friedrich Karl von 95,
165, 177
Schadow, Johann Gottfried 92,
180, 184, 247
Schelling, Friedrich Wilhelm Jo-
seph 116
Schenkendorf, Max von 210
Schierstedt-Reichenwalde, Au-
gust Wilhelm von 202, 209
Schiller, Friedrich von 89, 102,
108, 185
Schinkel, Karl Friedrich 114,
182, 247
Schlegel, August Wilhelm 107,
112, 116, 123, 155, 176f., 184,
186f., 194f., *196*
–, Caroline 172, 177
–, Dorothea 172
–, Friedrich 107, 112, 116, 123,
154, 198

Schleiermacher, Friedrich Daniel
Ernst 87, 166, 190, 194f., *196*,
247
Schlüter, Andreas 17, 19, 25
Schmettau, Grafen von (Familie)
62
Schmidt, Arno 26
Schmidt, Friedrich Wilhelm Au-
gust (von Werneuchen) 110
Schönburg 69
Schönburg-Glauchau, Albert
Graf von 68f.
Schütz, Wilhelm von 97, 104,
193ff., 197ff., 201, 207ff., 211
Schwerin, von (Familie) 52f.
Sedan 215
Seelow 204
Sellin 204
Shakespeare, William 103, 175
Shukow, Georgi Konstantino-
witsch 222
Soldau 15
Solger, Karl Wilhelm Ferdinand
75f., 209
Sophie, Kurfürstin von Hannover
24
Sophie Charlotte, Königin in
Preußen 17, *18*, 23
Sophie Dorothea, Königin von
Preußen 24, 26f., 34, 37, *40*
Sophokles 167
Spandau 44, 72f., 155, 185, 205
Staël-Holstein, Anne-Louise-
Germaine de 195
Steffens, Henrik 116
Stein, Karl Freiherr vom und zum
75, 158
Steinhöfel 48, *49*, 204
Sterne, Lawrence 115

Stettin 65, 227
Stille, Christian Ludwig von 54
Stockholm 41
Straupitz 97
Stüler, Friedrich August 219

Tamsel 86
Tegel 86, 95, 97
Tempelberg 204
Teplitz 107, 135, 138, 163
Thaer, Albrecht Daniel 79, 89
Theokrit 55, 99
Thompson, James 100, 102
Tieck, Agnes 107, 171f., *174*
–, Amalie 114, 116, 170, 172f.,
175
–, Dorothea 114, 116
–, Friedrich 92, 107f., 112, *113*,
123, *132*, 141, 154, *174*
–, Ludwig 75-79, 87, 97, 99,
102ff., 106ff., 110ff., *113*, 114-
117, 123, 141, 154, 165f., *168*,
169-173, *174*, 175-178, 182,
184f., 193ff., *196*, 197f., 201,
206, 209, 239, 243
–, Sophie 112, *113*, 172, *174*,
175ff., 194f.
Tilsit 15
Trossin 222

Ulrike Eleonore, schwedische
Prinzessin 23
Unzelmann, Friedrike 127, 139,
142
Ursinus (Bischof) 25

Varnhagen von Ense, Karl August
87, 94, 108, 146, 154, 157f.,
159, 178, 183ff., 190

–, Rahel *siehe* Levin, Rahel
Virgil 55
Vogelsdorf 70, 72
Voltaire 41
Voß, Johann Heinrich 99, 167,
199
Voß, Otto Karl Friedrich von
47, 72, 209

Waagen, Christian 172
Wackenroder, Wilhelm 104, 106,
112, 114f., 117, 194
Walewska, Maria Gräfin 29, *30*
Weber, Anselm 118
Weimar 89f., 107f., 116, 128
Wieland, Christoph Martin 89,
102
Wien 69, 107, 153ff., 157f., 161,
177, 179, 205, 227
Wiepersdorf 86f., 95, 97
Wilhelm I., deutscher Kaiser *214*
Wilhelm II., deutscher Kaiser
218
Wilhelm III. von Oranien 16
Wilhelmine, Markgräfin von Bay-
reuth 28, 31, 33f., 37
Wilmersdorf 11, 217
Woellner, Johann Christoph 119
Wolf, Friedrich August 209
Wolf, Christian 102
Wörlitz 79
Wulffen, von (Familie) 10f., 48,
49, 50, 219
Würzburg 194
Wüsten-Görlsdorf 202
Wusterhausen 31, 33
Wustermark 44

Yorck von Wartenburg, Hans
   Ludwig Graf 200

Zellin 222
Zelter, Karl Friedrich 90
Zimmer, Patritius Benedict 177
Zossen 227
Züllichau 62

Abbildungsnachweis

Atelier Arnhardt: 228
Artemis & Winkler, Zürich: 196
Bildarchiv Foto Marburg, Marburg: 30 (o)
Bildarchiv Preußischer Kulturbesitz, Berlin: 125 (u)
Andrea Boockmann, Göttingen: 30 (u)
Karl Wilhelm Graf Finckenstein/Foto C.A. Wimmer: 71 (o)
Karl Wilhelm Graf Finckenstein/Foto K.W.F.: 71 (u)
Gleimhaus Halberstadt: 105
Sammlung Bernhard Klemm, Frankfurt (Oder): 58
Privatbesitz: 12, 82 (o), 82 (u), 96, 113, 220, 236, 240, 244, 246
Staatliche Museen Preußischer Kulturbesitz, Berlin,
   Alte Nationalgalerie: 159
Staatsbibliothek zu Berlin – Preußischer Kulturbesitz, Handschriften-
   abteilung, Sammlung Varnhagen: 120, 132, 137, 143, 148
Stadtarchiv Berlin, Ansichtensammlung: 125 (o)

Die übrigen Abbildungen stammen aus folgenden Büchern:
Marianne Bernhard (Hg.), *Deutsche Romantik. Handzeichnungen*,
   Bd. 2, München 1974 (S. 1393): 174
Ulrich Christoffel (Hg.), *Buonaventura Genelli. Aus dem Leben eines
   Künstlers*, Berlin 1922 (Tafel IX, Tafel XIII): 188, 191
Die Werke Friedrichs des Großen. Bd. 3: Geschichte des Siebenjährigen
   Krieges. 1. Teil, Berlin 1913 (S. 121): 40; Bd. 7: Antimachiavell und Te-
   stamente, Berlin 1913 (S. X/1): 42; Bd. 9: Dichtungen. 1. Teil, Berlin
   1914 (S. 32/1): 45
Erich Joachim, *Familiengeschichte des Gräflich Finck von Finckensteinschen Geschlechts.* 1. Teil: Darstellung und biographische Nachrichten. 1. Halbband: Die Finck von Finckenstein in Altpreußen, Berlin
   1920 (Tafel 35, Tafel 62): 21, 214
Richard Knötel, *Die eiserne Zeit vor hundert Jahren. 1806–1813. Hei-
   matbilder aus den Tagen der Prüfung und der Erhebung*, Kattowitz
   u.a. 1906 (Tafel XVI): 203

Adolph von Menzel. Das graphische Werk in zwei Bänden, Bd. 1, München 1976 (S. 330, S. 415, S. 196, S. 137): 8, 18, 35, 93

Friedrich Meusel (Hg.), *Friedrich August Ludwig von der Marwitz. Ein märkischer Edelmann im Zeitalter der Befreiungskriege,* Berlin 1908 (Frontispiz): 156

Herman von Petersdorff, *Fridericus Rex. Ein Heldenleben,* Berlin 1925 (S. 179, S. 483): 56, 64

Hermann Schmitz, *Die Bauwerke und Kunstdenkmäler von Berlin. Berliner Baumeister vom Ausgang des achtzehnten Jahrhunderts,* Berlin 1925 (S. 189, S. 267, S. 43): 49, 168, 181

Karten auf Seite 272:

oben: Ausschnitt aus einer Karte von Friedrich Wilhelm von Schmettau (1767–1787)

unten: Die Karte wurde erstellt von Ditta Ahmadi und Peter Palm, Berlin 1999

Die Gegend um Madlitz –
Mitte des 18. Jahrhunderts und heute

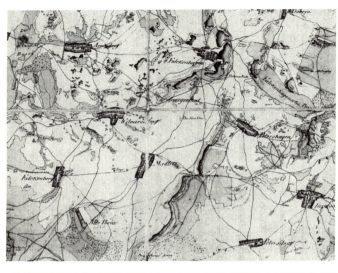

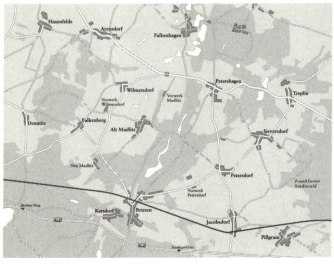